21世紀歴史学の創造 3

研究会「戦後派第一世代の歴史研究者は21世紀に何をなすべきか」編集

土地と人間

現代土地問題への歴史的接近

小谷汪之
山本真鳥
藤田 進
［著］

有志舎

シリーズ「21世紀歴史学の創造」

全巻の序

一九九〇年前後における東欧社会主義圏の解体とソヴィエト連邦の消滅は、アメリカによる単独覇権主義の横行に道を開いた。しかし、そのアメリカ単独覇権主義も、二〇〇一年九月一一日の世界貿易センタービル崩落をきっかけとして引き起こされたアフガニスタン、イラク侵攻とその行き詰まりの中で、破綻をきたした。そのことは二〇一一年一月にチュニジアから始ったアラブ・イスラム圏の動きによってても示されている。同年五月、パキスタンに潜伏していたオサーマ・ビン・ラーディンをアメリカの特殊部隊が強襲して殺害したことはアメリカ単独覇権主義の最後の足掻きとも言えるであろう。しかし、アメリカ単独覇権主義崩壊の後に、新たな世界の枠組みをどのように作ればよいのか、依然として視界は不透明である。

二〇世紀末から二一世紀初頭にかけてのこのような激動は、単に政治上の大変動であっただけではなく、世界史認識の根底をも揺り動かした。それは、人類の過去を全体として大きく捉え、その延長上に人類の未来を展望しようとする志向性を弱める方向に作用した。日本におけるその一つの現れとして、日本社会全体の「内向き志向」、いわゆる「ガラパゴス化」現象がある。それは裏面で偏狭なナショナリズムと結びつき、例えば学校教育の現場においては、戦前を思わせるような日の丸掲揚、君が代斉唱などの強制が一段と強化されている。にもかかわらず、このような右傾化した歴史観が国民の間で日常化しつつあるようにも見える。その中で、日本の女性の社会的地位やジェンダー構造のさまざまな問題点も改めて浮き彫りになってきている。

このような状況において、二〇一一年三月一一日に突発した東日本大震災と福島第一原子力発電所崩壊事故はナショナリズムとインターナショナリズムの間の入り組んだ関係を明るみに出した。それは国境を閉ざそうとする動きと国境を越えて連帯しようとする動きの間のせめぎ合いとも言うことができるであろう。

シリーズ「21世紀歴史学の創造」の執筆者であるわれわれは、純粋の戦後世代に属する者として、前述のような時代を生きてきた。われわれは、上から誰かに力で教え込まれたり、教育されたりということではなく、第二次世界大戦後の日本社会や世界全体の時代的雰囲気の中で、ごく自然に一定の「教養」を身につけてきた。それは、人類全体を意識しつつ、人間の平等と「市民的自由」を尊重し、国家権力のみならず社会的権力を含むあらゆる権力の横暴を拒否する姿勢となって現れている。

しかし、現在の日本社会の状況を見ていると、このようないわゆる「戦後」的な「教養」が力を失いつつあるように思われる。そのことが日本社会全体としての右傾化を許しているとしたならば、「戦後的教養」そのもののなかに、歴史の展開に対応できないようなある種のひ弱さが本質的に内在していたということではないであろうか。一九八〇年代以降に顕著となったポストモダン的な思潮の広がりはそのことと無関係ではあるまい。たとえ、ポストモダン的思潮が「外国産」で、日本におけるそれは「輸入品」だったとしても、「輸入」される必然性は存在したのであろう。

「戦後的教養」の根底をなしてきたのは科学、特に自然科学のような法則定立的な科学への信頼であった。しかし、今回の東日本大震災と福島原発事故はそれが過信だったのではないかという疑問を多くの人びとに抱かせた。一九世紀の西欧で生まれ、二〇世紀を通して生き続けて、日本の「戦後的教養」を形作った「科学主義」は今曲がり角に来ているように思われる。

「戦後的教養」の衰退を、より具体的に世界史認識の問題に即していえば、マルクス主義的な世界史認識のみならず、「市民主義」的な世界史認識の大枠すら崩れつつあると言うことができる。このような状況において、歴史学の存在意義そのものを否定するような風潮が密かに広がりつつあるようにも感じられる。しかし、人間の実存的土台が歴史にある限り、歴史学が意味を失うことはないであろうし、また失わせてはならない。そのために、われわれは、「戦後的教養」の中で身につけた歴史学をどのように発展させれば、新たな歴史の展望を切り開くことができるのかということを、自らに問わねばならない。

＊＊＊

ここに記してきたことは、このシリーズの執筆者たちが共有している今日的世界史認識であり、このシリーズに込めた歴史研究者としての決意の一端である。しかし、このような世界史認識と決意を共有するに至るまでには、長期にわたる討議の過程が必要であった。二〇〇五年七月一日、研究会「戦後派第一世代の歴史研究者は21世紀に何をなすべきか」（略称「戦後派研究会」）を立ち上げたのがその第一歩であった。この研究会のメンバーは、結果として、必ずしも「戦後派第一世代」の者だけではなくなったが、新たな「21世紀歴史学」の創造を目指すことにおいては一致している。この研究会の目標は端的に言えば二つ、「われわれは何をしてきたのか」、そして「われわれは何をしなければならないのか」の追求である。研究会の開始以来七年に及ぶ討議を重ねながら、研究会メンバー全員が本シリーズの執筆に取り組んできた。

このようにして刊行開始に至った本シリーズ各巻の目指すところを簡単に述べれば次のようになるであろう。

第一巻と第二巻では、一九九〇年代以降盛行を極めてきた「国民国家」論を今日の問題状況の中で再検討し、「国民国家」論のあるべき視座と射程を提示する。第一巻では、「国民国家」論の原論的側面に重点を置きながら、市民社会とエスニシティの問題にまで射程を延ばす。第二巻では「日本型国民国家」の特質を追求する。第二巻に収録された座談会「世界史の中の国民国家」は研究会メンバーほぼ全員の参加による討議の記録である。

第三巻は、人間存在にとって根底的な条件である土地の問題を主題とする。今日、人は多く私的土地所有に囚われた社会に生きているが、私的土地所有から自由であった社会もあるし、私的土地所有からの自由を展望しようとした社会もあった。そのようなさまざまな社会の視点から「土地と人間」という普遍的な課題に迫る。

第四巻では、帝国と帝国主義のあいだの関係性、例えばその連続性と不連続性といった問題を追求する。具体的には、ハプスブルク家の統治するオーストリア＝ハンガリー二重帝国、ツァリーズムのロシア帝国、陽の沈まぬ帝国イギリス、をとりあげる。

第五巻は、「社会主義」を単に過去の現象としてではなく、二一世紀の問題として、さらには人類の未来の問題として再検討する。具体的には、ソヴィエト連邦、ハンガリー、中国、ベトナムを対象とする。

第六巻では、三人の執筆者が既存の歴史学や歴史叙述の枠にとらわれることなく、実験的な歴史叙述を試みる。本巻の座談会においては、これらの実験的歴史叙述について、執筆者と他の研究会メンバーとの間で議論が展開される。

第七巻では、「21世紀の課題」を歴史学の立場から追求するが、その際、「グローバリゼーションと周辺化」という視点から、特に「アメリカとパレスチナ」に視座を据える。さらに座談会を設定して、「グローバル化」時代といわれる状況を見据えて「われわれの未来」を展望する。

別巻Ⅰは研究会メンバー一六名全員の分担執筆で、第一部では、戦後の歴史学を彩ってきたさまざまな「言葉」を今日の観点から再検討し、第二部では、研究会メンバーが各自の研究の軌跡を「私の研究史」として略述する。第三部は本研究会そのものの記録である。さらに、「戦後五〇年の歴史学：文献と解説」を付載する

前述のように、「3・11」が各方面に与えた衝撃の大きさは計り知れないものであった。それは、単に科学技術の危うさを露呈しただけではなく、歴史学にも深刻な課題を投げかけた。このことを歴史学に対する新たな挑戦として主体的に受け止めて、急遽用意されたのが別巻Ⅱである。

＊　＊　＊

「革命と戦争の世紀」としての二〇世紀を通り過ぎた人類と世界は、今、あてど無く漂流しているように見える。だからこそ、もう一度人類と世界の過去を全体として大きく捉え、長い歴史的射程で二一世紀以降の時代を展望することが求められているのであり、われわれの歴史学にはそれに応える責務がある。このシリーズがその責務の一端を担うことができれば幸いである。

二〇一二年五月一日

シリーズ「21世紀歴史学の創造」全九巻

執筆者一六名　一同

まえがき

人が生きていくうえで、土地はなくてはならないものである。だから、人は歴史において、土地とさまざま関係を取り結んできた。

歴史上、人の土地に対する最初の意識的な関係行為はテリトリー（縄張り）の主張である。歴史のある段階において、人の集団は一定の範囲の土地を自らのテリトリーと意識するようになる。人の生命を維持し、集団を再生産するための経済行為が採集狩猟を主とするものでありつづけるかぎり、一般的にいって、このテリトリーの内部に土地所有という概念が発生することはない。しかし、ある集団において、農業という経済行為が優越するようになってくると、土地は集団内のより小さな生産単位――それを、ここでは、「家族」と呼ぶことにする――によって、個別に利用されるようになっていく。各「家族」はテリトリー内の一定の範囲の土地を個別に占取して、個別に耕作するようになるのである。このような歴史段階の社会を確実な歴史史料で実証することは困難であるが、僅かに残された貴重な証言の一つはタキトゥスの『ゲルマーニア』である。タキトゥスは「古ゲルマン」の社会について次のように記述している。

「耕地はまず耕作するものの数に比例して、それぞれ一つのまとまりとしての村落に［その共有財として］占有され、次いで［各村落における］耕作者相互のあいだにおいて、各人の地位に従って配分される。配分の容易さは田野の広さが保証する。年々、彼らは作付け場所を取り換える。しか

し、耕地はなお剰っているのである。」（タキトゥス『ゲルマーニア』泉井久之助訳註、岩波文庫、一九七九年）

ここに描かれた「古ゲルマン」の社会においては、各「家族」に配分された土地は毎年その全部を耕作することができないほど広大であったから、各「家族」は自己の割当地の中で、耕作する土地を年毎に「取り換え」ていた。このような状況においては、テリトリーとしての共同占取地の中に、各「家族」によって私的に占取される土地が存在していたとしても、それを土地所有と意識するようなことはほとんどなかったであろう（いわば土地の「無所有」状態）。

このような状況において、人の集団がその構成「家族」の数を増加させていけば、各「家族」に配分される土地は細分化され、さらにはしだいに固定化されて、私的な「所有地」としての性格を強めていくであろう。他方、「なお剰っている」土地は、各「家族」の「所有地」から区別された集団全体の「共同所有地」として、集団によるより強い規制の下に置かれるようになっていくであろう。こうして、テリトリーの内部における土地の「無所有」状態から、後に「私的土地所有」と「共同体的土地所有」と表現されるようになる二つの土地所有形態が同時並行的・相互規定的に形成されていったと考えられる。

「私的土地所有」の形成は、いずれ、「土地の私的所有を媒介とする人の人に対する支配」を生み出すこととなる。そして、ひとたび生み出された「土地の私的所有を媒介とする人の人に対する支配」は土地所有をめぐる争いを必然的に激化させ、土地所有関係によって規定された社会を生み出す。それは、同時に、土地所有と現実の土地使用（耕作）とが分離し、土地所有が「抽象化」していく過程でもある。

このようにして、土地所有を媒介とする、人と人の間の階級的収取関係が形成されることとなるのであるが、西欧中世の封建制度はその典型的な形といってよいであろう。

しかし、発達した農業社会で、何らかの形で土地の私的所有が成立している社会であっても、人と人とのあいだの主要な関係が土地所有関係以外の関係によって律せられている社会も存在した。いわゆる「職《しき》の体系」によって構成されていた日本中世社会はその一例ということができる。インドをはじめとするアジア中世・近世の諸社会にも、同じような構成をもつ社会は広く見られたであろう。そこでは、ある種の私的土地所有は確かに存在したのだが、それが社会関係全体の土台にはなっていなかったのである。

地球上には、私的土地所有を発達させることなく、独自の発展を遂げた社会も数多く存在した。部分的には農業を含みながらも、採集狩猟経済を高度に発達させた社会においては、テリトリー（縄張り）の観念はますます強固になっていくが、土地所有という観念は生まれたとしても微弱なままに留まるであろう。それは、社会発展の一つの個性的なあり方であって、そのような社会を「未開社会」と呼んだのは、私的土地所有の発展を歴史発展の唯一の尺度とする西欧近代的な歴史観・社会観の偏見というべきものである。

一五世紀末、いわゆる大航海時代が始まると、まず南アメリカ大陸の諸社会において、人と土地との関係に大きな変動が引き起こされた。農業の発達によりテリトリー内部に私的土地所有がある程度展開していた社会であれ、主としてテリトリーによって規定されていた社会であれ、いずれにしろその変動に巻き込まれ、変質していかざるをえなかった。一八世紀、西欧列強による植民地支配が世界中に本格的に拡がっていくと、非西欧世界の諸社会は根底的な社会変動を経験することになった。それは、一般的にいえば、西欧近代的な私的土地所有（土地に対する排他的・絶対的な私的支配権）の論理があらゆる社会に貫徹していく過程であった。その過程において、さまざまな形で私的土地所有を発達させてきた社会においては、それぞれの私的土地所有が強行的に近代的私的土地所有に編成替えされていった。イギリス植民地支配下、インドに導入された地税制度（ザミーンダーリー制度とライーヤトワーリー制度）はその典型的なケースである。

他方、土地所有よりもテリトリーの方が重要な機能を果たしていた社会が西欧列強によって征服されて、直接に支配されたり、その勢力圏下に置かれると、テリトリーの概念は征服者国家の領土主権の概念に吸収されてしまう。その時、被征服者に残された旧来のテリトリーは征服者国家の領土主権下における「集団的土地所有」とみなされるようになる。テリトリーが強制的に近代的な「共同所有地」として設定しなおされ、近代的私的土地所有の対立概念とされるのである。そして、この近代的「共同所有」はいずれ分割されて、個別的な私的土地所有へと改変されていくことになる。アメリカ合衆国における「インディアン」土地政策はそのことをよく示している。

本書の主題は、大航海時代以降の世界に生起した、人と土地との関係における変動の振幅を歴史的に測定することにおかれる。具体的には、第1部で主としてインドと日本における「近代的私的土地所有の創出」過程とその後の歴史展開を、それぞれの長い歴史のなかに位置づけ、そこに淵源する今日の「土地問題」を展望する（第一〜三章）。それは、必然的に、西欧近代産の「私的土地所有神話」とそれを無批判的に受容した近代日本の社会科学や歴史学の批判に行きつかざるをえない（第四章）。

第2部では、西欧との接触の時点で、採集狩猟民のバンド社会から、焼畑や水田耕作をもつ首長制社会まで、さまざまな政治形態を含んでいた太平洋地域社会を取り上げ、その近代・現代における土地をめぐる変動を広い視野から見通す。それをとおして、排他的な土地所有権というものの存在しなかった社会に、植民地支配が何をもたらしたかを検討する。

第3部では、オスマン帝国領内のイスラム的土地所有のあり様が、一九世紀半ばヨーロッパ列強の管理下で大きく変貌し、土地が直接耕作農民（フェッラー）の手から剥ぎ取られていく過程を描き出す。そしてその仕上げとしての、二〇世紀イギリス帝国主義の植民地支配とその下でのパレスチナの土地と農民の実態を明らかにしていく。

小谷汪之

二〇一二年六月一日

シリーズ「21世紀歴史学の創造」第3巻

土地と人間

――現代土地問題への歴史的接近――

《目　次》

第1部

土地と自由
――「土地神話」を超えて

小谷汪之

序

二つの「土地神話」

ひところ、「土地神話」という言葉が巷に氾濫していた。平たくいえば、「土地は必ず儲かる」という「神話」なのだが、もう少し正確にいえば、土地というものはそれを通常の経済行為で使用することによって上げうる収益から算出された地価よりも高い価格で確実に転売しうるという「神話」であった。このような「土地神話」がバブル期の狂熱的な土地投機・土地転がしとそれに引き続く底なしの破局を引き起こしたことは記憶に新しい。土地は本来誰のものでもないし、まして土地が自分で金儲けをするわけでもない。土地が法外な儲けを生み出すようになったのは、人々が「土地神話」という「共同幻想」につき動かされる社会ができたからで、それがしょせんは「幻想」に過ぎないことを暴露したのが土地バブルの崩壊だったのである。

このようなものとしての「土地神話」を作り出したのは近代という時代であった。土地に対する排他的・絶対的支配権としての近代的私的土地所有、その行き着いた先が「土地神話」だったのである。だから、「土地神話」を生み出し、それを「共同幻想」にまで育て上げたのは、近代的私的土地所有の創出と展開という歴史過程に他ならない。そこに今日に至る「土地問題」の淵源がある。この近代的私的土地所有創出・展開の歴史過程において、人と土地との関係がどのように変化したのか、それが考えてみたい第一の課題である。第一、二、三章はこの課題に当てられる。

ところで、「土地神話」は単なる「俗信」なのではない。「土地神話」というべきものは学問的・思想的領域にまで広くひろまっている。土地バブルとその崩壊につながったあらゆる「神話」を「土地神話」というならば、「土地神話」は土地バブルの崩壊を経た今日でもなおさまざまな学問分野で生き延びているのである。

「文明開化」明治の時代に、西欧近代思想の圧倒的な影響下に形成された日本の社会科学や歴史学は、西欧近代思想の生み出した「土地神話」をほとんど無批判に受容してきた。それは、次のような「神話」である。

一、始原的共同体では土地は共同所有であり、土地の定期的割替が行われていた。
二、土地の始原的共同所有のただなかから私的土地所有が形成され始めることによって、社会の発展が始った。したがって、私的土地所有の発展度が社会の発展度を表示する。
三、私的土地所有の発展は人を共同体などの制約から自由にし、個の自立を可能にする。
四、アジアでは、土地共有の始原的共同体が近代まで残存した。したがって、アジアでは、社会は停滞的で、人は共同体などから自由になりえなかった。

このような「私的土地所有神話」いいかえれば「私的土地所有発展史観」は、「文明開化」明治の時代に西欧近代思想から受容され、戦中を密かに生き延び、戦後日本の社会科学や歴史学において復活、猛威を振るい、今日まで根強い影響を及ぼしている。それゆえに、日本の社会科学や歴史学における西欧近代産「私的土地所有神話」の受容とその展開の過程を批判的に検証し、それを超克する道を模索することが今なお求められているといわねばならない。第四章はこの課題に当てられる（以下、日本史史料の引用にあたっては、旧体字・旧仮名遣い・カタカナを常用漢字・現代かな遣い・ひらがなに改めた）。

第一章
近代的私的土地所有の創出

第1節　ライーヤトワーリー制度と地租改正

近代的私的土地所有というと、従来、イギリスの事例、すなわち、資本主義的大借地農経営に支えられた大土地所有が引き合いに出されることが多かった（椎名 1973）。しかし、これは世界史的に見てきわめて特異な例外的事例であり、イギリス近代におけるような土地所有者（地主）―農業資本家―農業労働者という三階層構造を近代的土地所有（資本主義的土地所有）の一般的あるいは規範的形態とすることには何の歴史的根拠もない。夙に島恭彦がリチャード・ジョーンズの「地代論」（ジョーンズ 1950:32, 144）に依拠して指摘したように、このような農業制度は「地球上の耕地の百分の一にもたりない土地に妥当するに過ぎない」（島 1941:75）。

他方、ゲルマン法のゲヴェーレ（石井 1976；ミッタイス 1961）を基盤とした社会においては、近代的私的土地所有の形成は、「政治的ヘルシャフトと結びついた土地所有権が経済的処分権（経済的・私法的な用益・処分の権利―引用者）を中心としたそれへと転化していく過程」として進行したとされる

（村上 1979:95）。ゲルマン法に特有の政治的・公法的権利としてのゲヴェーレが経済的・私法的権利としての土地所有権に転換することによって近代的私的土地所有が成立したとされるのである。

しかし、日本やインドのような「後進国」の場合には、それらとはまったく異なる歴史経過をたどった。日本史において、近代的私的土地所有を創出した政策としてよく知られているのが地租改正である。この地租改正の先蹤として、従来、イギリス（東インド会社）によって一九世紀前半に、南インド（マドラス管区）と西インド（ボンベイ管区）に導入されたライーヤトワーリー制度と呼ばれる地税制度が引き合いに出されることが多かった。明治維新政府は何らかの方法でライーヤトワーリー制度についての知識を得ていたのではないかと思われる（補注1、一〇四頁以下参照）。

地租改正とライーヤトワーリー制度には、前近代的な土地所有を近代的私的土地所有として再編、法認して、個々の土地所有者を個別に納税責任者としたこと（村請制の廃止）、その結果として農民的土地所有を集積した地主的土地所有が広範に発展したこと、この二点において本質的な相同性がある。

しかし、他方で、これら両制度のあいだにはかなり大きな相違点もある。それは、ライーヤトワーリー制度における地代（純生産）計算式と、地租改正における地価・地租算定方式との間の相違に集約的に現われている。本章では、両制度の歴史的相同性を前提としつつ、それにもかかわらず何故両制度の間に相違が生じたのかという問題を考察していきたいと思う。

(1) ライーヤトワーリー制度

ライーヤトという言葉はアラビア語で、もともとは、ラクダなどの群れを意味する言葉である。それが、ムスリム諸政権の成立・拡大とともに、ペルシア語を通してインドにまで伝わり、国家臣民、より限定的には農民を意味する言葉として広く使用されるようになった。このライーヤト（農民）一人一人から個別に地税を徴収する制度がライーヤトワーリー制度（ryotwari settlement ライーヤト・ワール地税取決め）である。ライーヤトワーリー制度はザミーンダーリー制度（zamindari settlement ザミーンダール地税取決め）と並んで、イギリス（東インド会社）がインドで導入した代表的な地税制度である。

両者のうち最初に導入されたのはザミーンダーリー制度で、一八世紀後半、イギリス東インド会社がインドで最初に獲得した本格的な領土であるベンガル地方で実施された。ザミーンダーリー制度においては、一定の領域の徴税権（ザミーンダーリー）を認められたザミーンダールが納税責任者とされ、毎年、イギリス東インド会社との間で納税額の取決めが行われた。一七九三年、永代ザミーンダーリー制度が実施されると、この年の納税額がその後永久に固定され、ザミーンダールは近代法的な土地所有権者とされた。

一方、ライーヤトワーリー制度は一七九〇年代にマドラス管区で試行的に始り、一八三〇年代にはボンベイ管区にも導入された。ライーヤトワーリー制度においては、個々の農民（ライーヤト）が近代的土地所有権者として法認され、それぞれの農民が個人として納税義務を負った（それまでのマラーター王国政府などのもとでは、農民に課せられる諸税は村請であった）。一人一人の農民の地税額を決定するために、その農民の所有するすべての土地が丈量され、等級付けされた（survey）。そのうえで、以下のように、イギリス古典派経済学《ポリティカル・エコノミー》の地代論に依拠して、それぞれの土地の純生産が算出され（数式

1）、地税の査定（assessment）が行われた。それにもとづいて、個々の農民との間で地税額の取決め（settlement）が行われたのである。

すなわち、地主から土地を賃借した農業資本家が農業労働者を雇用して農業経営を行い、雇用した農業労働者に労賃を支払い、自己の投下資本に対する平均利潤を確保したうえで、なお残った剰余が純生産ということで、これが地主に支払われる地代となる。この土地所有者（地主）の取り分である純生産（地代）にのみ課税するならば、農業資本家による資本蓄積を阻害することもなく、農業労働者の生活を圧迫することもないので、最も理想的な税制だとするのがリカードの課税理論である。ライーヤトワーリー制度はこのリカード課税理論に依拠して、純生産（地代）にのみ課税することを原理とした。

しかし、一九世紀インドの農民はもちろん農業資本家ではなく、一般的には自営小農民であった。それにもかかわらず、ライーヤトワーリー制度という地税制度では、農民はまず地主として、自己の土地を農業資本家たる自分自身に貸与し、その農業資本家たる自己が自分自身を農業労働者として雇用して、資本主義的に農業経営をしているという想定のもと、リカード課税理論にもとづいて、純生産（地代）が算定されたのである（詳しくは、小谷 1979:193-96）。

ボンベイ管区におけるライーヤトワーリー制度は、最初、R・A・プリングルによって試行的に開始されたが、非常な重税となって農村を荒廃させた。それで、手直しが行われたうえで、一八三六年、H・E・ゴールドスミッドとG・ウィンゲイトによってプーナ県

純生産（net produce）＝粗生産（gross produce）－生産費
生産費＝費用価格（種子農料＋農具減価償却費＋労賃）＋平均利潤

数式 1

表1　ボンベイ管区の地税査定額（1エーカー当たり）

土地の等級	プリングルの地税査定額（A）			ゴールドスミッドの地税査定額（B）			B/A（%）
	ルピー	アンナ	パエサー	ルピー	アンナ	パエサー	
一等黒土地	1	6	0	0	12	0	55%
二等黒土地	1	1	3	0	8＊	0＊	47（59）%
三等黒土地	0	13	0	0	9＊	7＊	74（62）%
一等赤土地	1	1	9	0	6	10	39%
二等赤土地	0	11	9	0	5	2	44%
三等赤土地	0	7	9	0	4	2	53%
一等バラド地	0	10	0	0	3	0	30%
二等バラド地	0	7	3	0	2	5	33%
三等バラド地	0	5	6	0	1	0	18%

（注）
1　1ルピー=16アンナ，1アンナ=12パエサー．
2　表中＊をつけた数値には疑問がある．二等黒土地の数値と三等黒土地の数値が誤って入れ替ってしまったのではないかと思われる．B/A欄のカッコ内の数値は入れ替わったものとして計算した数値である．
3　B/A（%）の欄は，原表にはないが，ゴールドスミッドの地税査定額がプリングルの地税査定額の何%になるかを示すために付した．
（出典）プリングルの地税査定額は［Kumar 1968: 118, Table D］，ゴールドスミッドの地税査定額は［Kumar 1968: 120, Table E］による．

インダープル郡を皮切りとしてボンベイ管区全体に本格的に導入された。土地はまず、黒土地、赤土地、バラド地（砂質地）の三種類に分けられ、そのそれぞれがさらに一等地、二等地、三等地に分けられた。それから、各等級の土地ごとに、単位面積当たりの地税額が査定された。表1はプリングルとゴールドスミッドによる、各等級の土地一エーカー当たりの地税査定額を示したものである。

表1から、二人の査定官の地税査定額に大きな違いがあったことが分かる。これは、前述のように、プリングルが依拠した純生産（地代）にもとづく計算方法が現実離れしたものであったため地税が過重となり、農村を荒廃させたので、課税方法を手直しせざるをえなかったからである。結局、最後に行き着いたゴールドスミッドの地税計算では、純生産（地代）に依拠する算定方式は実際上ほとんど放棄され、従前のマラーター王国政

府が徴収していた地税額を参照して、各等級の土地の地税査定額が定められた。このようにして算出されたゴールドスミッドの地税査定額はプリングルのそれのほぼ半分あるいはそれ以下となった（B/A の欄を参照）。いいかえれば、ライーヤトワーリー制度導入当初、ボンベイ管区政府はマラーター王国政府が徴収していた税のほぼ二倍かそれ以上の税を徴収しようとしたのである。前述のように、ライーヤトワーリー制度では、地税は純生産（地代）にのみ課せられるという原理になっていた。したがって、農民は農業資本家としての自己に対する平均利潤と農業労働者たる自分自身に支払われる労賃とを確保したうえで、地主としての自己の取り分（地代）に課せられる地税を支払えばよいはずであった。それにもかかわらず、このような重税になったということはライーヤトワーリー制度という地税制度がどれほどインドの現実を無視したものであったかということを如実に示している。それだけに、ライーヤトワーリー制度は西インド地方の既存の社会関係に対して破壊的な影響を及ぼすことになったのである。

(2) 地租改正

地租改正においてもライーヤトワーリー制度と同様に、農民（あるいは地主）に対して近代的土地所有権が法認され、村請制が廃止されて、個々の農民（あるいは地主）が個別に地租納入責任者とされた。地租改正の場合、農民自作地の土地「収益」は数式2のような計算式で算定された。

この（収穫米×米価）、すなわち収穫米代金はライーヤトワーリー制度における「粗生産」

$$\text{土地「収益」} = (\text{収穫米} \times \text{米価}) - (\text{種籾肥代} + \text{地租} + \text{村入費})$$

数式 2

（gross produce 粗利）にあたるが、それから（種籾肥代＋地租＋村入費）を控除したものを、ここではカッコつきで「収益」と表現することにする。「種籾肥代」はライーヤトワーリー制度における生産費（費用価格）中の「種子農料」である。この「収益」計算では、農具償却費と労賃（自分自身の労働に対する対価）が生産費に含まれていないが、その理由については後に検討する。

地租改正研究史においては、この土地「収益」を平均利潤率で資本還元して地価を算出し、その地価の三％を地租としたとして、数式3を掲げて説明するのが一般的である（種籾肥代は収穫米代金の一五％、地租は地価の三％、村入費は地価の一％、利潤率六％）。

しかし、これは近代的代数式で表すとこうなるということであって、当時の文書にこのような代数式が出てくるわけではない。「資本還元」という言葉も、当時の文献には見られない。明治維新当時、このような数式を使うことはできなかったからである。それで、地租改正条令（明治六年）の「地方官心得」第一二章では、農民自作地の地価・地租算定法として、次のような方式「検査例　第一則」が示されている（カッコは引用者による注記）。

田一段（反）歩

此の収穫米一石六斗　　但一石に付代金三円

代金四円八十銭

内

$$地価＝\frac{収穫米代金−（種籾肥代＋地租＋村入費）}{0.06}$$

数式3

金七十二銭　　　　　　　　　種籾肥代（として）一割五分引

残金四円八銭

内

▲金四拾銭八厘　　　　　　　▲地租（の）三分の一（の）村入費引

▲金一円二十二銭四厘　　　　▲地租

▲（村入費と地租を合わせて）一円六十三銭二厘

残金二円四十銭八厘（これは二円四十四銭八厘の誤。史料集編纂時の誤記あるいは誤植か。以下の数値に誤りはない）

但仮に六分の利と見做し（資本還元すると）、

此の地価四十円八十銭

此の百分の三（として）（地租）一円二十二銭四厘

（『明治前期財政経済史料集成』第七巻、三三八頁）

こう地価・地租算定法が示されているのであるが、この場合、地租額が算出される前に、収穫米代金から地租と村入費（地租額の三分の一）を控除するというありえない計算をしている。したがって、この「検査例　第一則」に示された順序で地価・地租を計算することは不可能である。そのためであろう、この方法とは別に、次のような「地租算法」がその後に示されている。

「収穫米代の内、種肥代を引去たる残数を甲と名づけ（割注略）、之を実とし、二《つぎに》年間金利ノ歩合へ百ヲ乗じ税率三と村費の一とを加へ法とす。（割注略）法を以て実を除き、得る所の数を村入費とし、之に三を乗じて地租とす」

（『明治前期財政経済史料集成』第七巻、三二九頁）

いくらか分かりにくいので、書き直せば、数式4のようになる。

こうして、地租は収穫米代金から種籾肥代を控除した額の三割（三〇％）になるというわけである。これに前引の「検査例　第一則」の数値を入れれば、収穫米代金から種籾肥代を控除すると四円八銭となり、その三割として、地租は一円二二銭四厘となる。ということで、前引の「検査例　第一則」の地租計算は正しいのであるが、どうしてこのような二重手間ともいうべき算定法を取らねばならなかったのであろうか。だいたい、地租が収穫米代金から種籾肥代を控除した額の三割ということであれば、その地租額から逆に地価を算定することは容易で、何も「検査例　第一則」のようなありえない地価・地租算定法を示す必要などなかったはずである。地租改正の手続きを地方官に理解させるために作成された「地方官心得」の第一二章冒頭に、不可能かつ実質的には無意味な「検査例　第一則」を掲げたという、この奇妙な事態をどのように考えるべきなのであろうか。

大蔵省租税寮は土地「収益」を平均利潤率で資本還元して地価を算出し、その三％を地租とするという近代的な課税法を西欧の課税理論から学んだものと思われる。しかし、当時の日本の一般的な知識の水準では、この課税法を代数式によって表示することができなかった。そのために、「検査例　第一則」のような実例による説明を試みたが、

実＝（収穫米代金－種籾肥代）、法 =6（金利）+3（地租）+1（村入費）=10
村入費＝実 ÷ 法＝0.1× 実＝0.1×（収穫米代金－種籾肥代）
地租＝3× 村入費＝0.3×（収穫米代金－種籾肥代）

数式4

旨くいかなかった。それで、大蔵省租税寮としては、別の方法で地租を算定できないか、工夫をこらして、前述のような「地租算法」を案出した（この「地租算法」のミソは「法」が一〇になるようにしたところにある。この「地租算法」を考えだしたこと自体は当時の官僚の有能さを示している）。

したがって、前引の「検査例　第一則」は「たてまえ」のようなもので、実際の眼目は、地租が収穫米代金から種籾肥代を控除した額の三割になるという結論にあったと思われる。収穫米代金から種籾肥代を控除した額は、前近代社会の農民経営に広く見られた、農具の減価償却費と労賃（自分自身の労働に対して支払われるべき対価）を控除しない収益計算における土地収益、すなわち当時の農民にとっての「実収」であるから、地租は土地からの「実収」の三割ということで、これならば農民にも分かりやすく、自分で地租額を算出することも可能だったであろう（地租改正においては、地価・地租額は農民自身による自己申告が原則であった）。

しかも、種籾肥代は収穫米代金の一五％であるから、地租は収穫米代金（粗利）の二五・五％ということになり、計算はきわめて容易である（現実には、生産費を粗利の一五％とされたのでは、多くの農家経営は困難だったであろうが）。

ちなみに、地価の方は収穫米代金から種籾肥代を控除した額、すなわち、土地「実収」の一〇倍となる。当時、土地を売買するとき、何らかの方式で算出された土地収益（例えば、小作料）の一〇倍を売買価格とするという慣行が広く見られたとされるが、この地価額はその土地売買価格と一致する（この慣行については、福島 1970:112–15）。この点でも、農民にとって理解しやすかったであろう。

このように、土地「収益」（この「収益」は、収穫米代金から、「種籾肥代＋地租＋村入費」を控除したもの）を平均利潤率で資本還元して、地価を算定し、その三％を地租とするという近代的な課税法か理解できなくても、容易に地価・地租額を算出することができたのである。こういう方法があったから、一般の農民でもあまりとまどうことなく地租改正作業にかかわることができたと考えられる。

以上のことからして、土地「収益」を平均利潤率で資本還元して地価を定め、その三％を地租とするという地価・地租算定法は、実際には、「たてまえ」にすぎなかったと考えるべきである。明治一九年の「甲号地租改正條例按」では、田畑の地価算出法について、「其収穫額の内　割五分を減殺し之に拟価を乗じ、〇・一を以って除したるものを地価とす」（『明治前期財政経済史料集成』第七巻、三七一頁）としている。これはまさに、地価を収穫米代金から種籾肥代を控除した額の一〇倍とするということに他ならない。（補注2、一〇六頁以下）

しかし、それにもかかわらず、土地「収益」を平均利潤率で資本還元して、地価を定めるという「たてまえ」は維持された。「近代国家」たらんとした維新政府にとって、地租改正を租税制度の近代的改革と主張するからには、地価・地租算定式を近代的な課税理論に依拠したもののように装うことが譲れない一線だったからであろう。

地租改正においては、田畑の面積も農民が自ら申告することになっていた。しかし、農地は通常正確な正方形や長方形をなしてはいないから、その面積を測るには、いわゆる三角測量を行わなければならない。『地租改正報告書』（明治一五年）に附載された「三斜丈量の図」（図1）は、地租改正に際して、三角測量が実際に行われたことを示している（図1から明らかなように、地境が曲線の場合は、「三斜丈量」を行っても本当に正確な面積は出せないのであるが）。だが、「三斜丈量」（「三斜法」、三角測

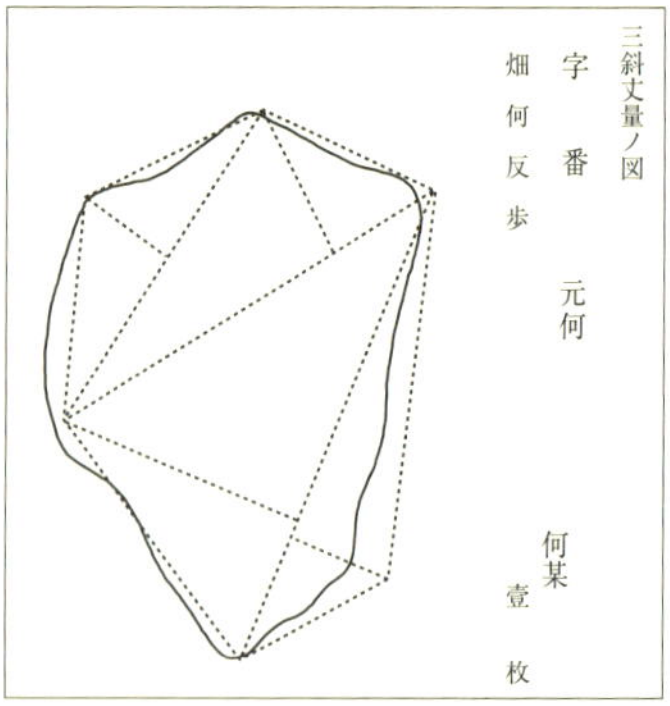

図１

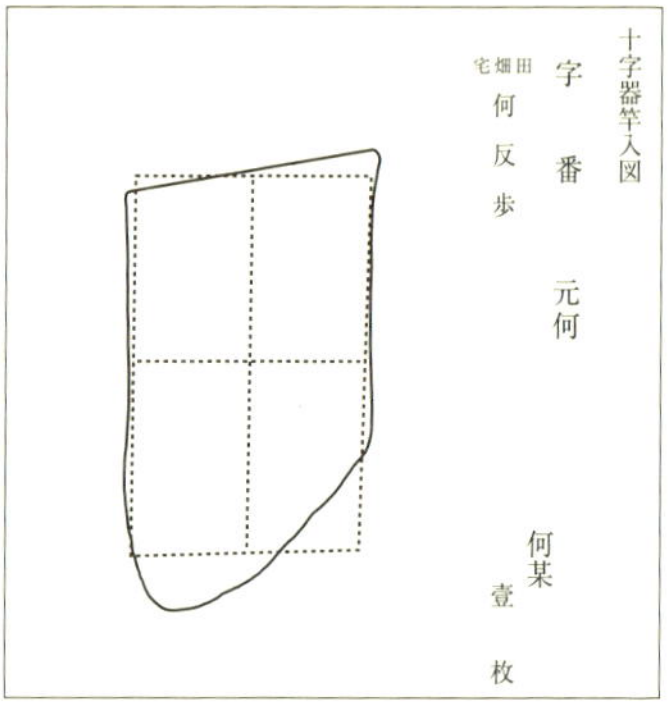

図２

（出典）『明治前期財政経済史料集成』第７巻，14～15 頁．

量）という方法は、当時の農民には「高度」すぎて、自分では実施できなかったであろう。それで、「十字法」と称される便法が広く使用された。「たとえば、神奈川県では、（中略）、最初十字法によるべきことを布達して、村吏らを便宜の地に招集し方法を官吏から教授し、ついで三斜法を用いてもよいとし、両者交用したので、全管を通じ十字法七割、三斜法三割であったという」（福島 1970:334）。十字法という面積測定法は『地租改正報告書』附載の「十字器竿入図」（図２）に示されているもので、「不整形な土地を直角矩形のものになぞらえて、縦横の長さで計算する」（同上:333）という方法であった。この「十字法」による面積測定は、土地の形状が矩形から遠ざかれば遠ざかるほど大きな誤差を生じることになるが、方法としては単純なものであるから、当時の農民にも実施可能だったであろう。地租改正における土地丈量とはそのぐらいの精度のものだったのである。*

＊　幕藩制下の検地における「十字器竿入」の様子は、（渡辺 2008:65）の図５に見ることができる。

(3) ライーヤトワーリー制度と地租改正の相違点

ライーヤトワーリー制度と地租改正は、前近代的な土地所有を近代的私的土地所有として法認し、村請制を解体して、個々の土地所有者を個別的に納税責任者とした、という点において、同一の歴史的本質をもっている。しかし、それにもかかわらず、ライーヤトワーリー制度における地代（純生産）計算式と地租改正における地価・地租算定式を比べると、次の二点で異なっている。

第一に、地租改正の場合は、ライーヤトワーリー制度と異なり、生産費（費用価格）に農具の減価償却費と労賃（自分自身の労働に対する対価）が含まれていない。農具償却費や自分自身の労働に対する労賃といった概念そのものが存在しなかったのは、日本のみならず、多くの前近代社会において広く見られた現象と考えられる。地租改正の地価・地租算定式で、農具償却費と労賃が控除されなかったのは、地価・地租を高額に設定するための方便だったのであろうが、それとともに、当時の農民の一般的な生産費あるいは土地収益の考え方にあわせたものとも考えられる（自小作経営における農具償却費と労賃を控除しない収益計算の一例として、［竹安 1968：237–42］を参照）。

第二に、ライーヤトワーリー制度とは異なり、地租改正における土地「収益」計算式では「種籾肥代」のほかに地租と村入費が粗利（収穫米代金）から控除されている。これには、近世末・明治初年に特徴的であった、土地売買などの際の地価算定法が反映されていると考えられる。例えば、大蔵省租税寮に対する福岡県からの「意見具申」（明治五年）によれば、収穫米代金から「貢租諸掛」を引いた「残■」を「作徳」と称して、その「作徳」の一〇倍、あるいは一五倍、二〇倍を地価として土地の売買が行われていたという（福島 1970：112–13）。このような地価計算は、生産費（種籾肥代）を支出することのない地主の小作地経営の場合に一般的に見られたものであろう。

以上のことから、地租改正の土地「収益」計算式は、収穫米代金から「種籾肥代」のみを引いて土地収益とする農民的土地収益計算と、収穫米代金から年貢諸掛を引いて「作徳」とする地主的土地収益計算とを組み合わせたものと考えることができる。

地租改正は、前述のように、「たてまえ」としては近代的な課税理論に依拠していた。しかし、当時の日本における一般的知識の水準は近代的課税理論を理解できるような状況にはなかったし、そのような状況を無視して、近代的課税法を無理やり押し付けることは難しかった。そのために、地租改正における地価算定法には、当時の日本をとりまいていた歴史的諸条件が矛盾を含んだまま反映されることとなったのである。

以上の点において、地租改正の地価算定式は、純然たる近代的課税理論を導入しようとしたライーヤトワーリー制度の地代（純生産）計算式とは異なっていた。それは、地租改正が曲がりなりにも農民（あるいは地主）の理解や合意を取り付けつつ実施することを前提としていたのに対して、ライーヤトワーリー制度の場合は植民地被支配者インド人の理解や合意など一切顧慮することなく、イギリス古典派経済学《ポリティカル・エコノミー》の課税理論をそのままインドに導入しようとしたからである。当時のインド人にとって、このような課税理論はとうてい理解できるものではなかったから、それに対して理論的に反論するなどということは不可能であった。

第2節　ライーヤトワーリー制度・地租改正の歴史的前提

(1)　前近代的土地所有

ライーヤトワーリー制度・地租改正によって創出された近代的私的土地所有の特質は、両制度の歴史的前提をなした前近代的土地所有と対比することによって、より明確になるであろう。それで、ここではまず日本近世の土地所有についてみていくことにする。

従来、地租改正によって、領主的土地所有下にあった農民的土地占有権が近代的土地所有権として法認されたとする考え方がよく見られた。例えば、次のような捉え方である。

「地租改正は、しかし、現実に展開する土地所有関係の趨勢を無視して、権力の恣意によるその所有関係の変更を迫ったものではない。すでに徳川幕藩体制下において着実に進行していた土地占有権の事実上の土地所有権への転化という事実に立脚して、その歴史的動向を体制として追認することで、かつての領有権―占有権が重畳的に存在する土地の権利関係を、一元的な私的所有関係として法認したのである」(佐々木 1989:191)。

幕藩体制下、「事実上の土地所有権」に転化しつつあった農民的土地占有権が地租改正によって近代的土地所有権として追認されたというわけである。しかし、このような捉え方だけで地租改正の歴史的意義を十全に捉えることができるであろうか。地租改正は従来の人と土地との関係を根底的に破壊することによって、もっとはるかに広範な社会的変動さらには文化的な変動さえも引き起こしたのではないのか。

丹羽邦男は、地租改正後の近代的土地所有との対比において、近世農民の土地所有の性格を次のように特徴づけている。

「近世の農民の土地所有は、具体的な、その土地の占有利用関係そのものである。すなわち、屋敷地に建てた住家に住み、自分のものである田畑を耕作し、用水・林野を利用するという具体的な、土地との関係（中略）が、近世の農民の土地所有であり、したがって、農民以外の身分のものは土地所有者になることはできない。また、農民とは、必ず特定の村共同体の成員なのであって、その村から離れて土地を所有することはありえない」（丹羽 1989: 41）。

このようなものとしての近世農民の土地所有は、当然、村落共同体から強い規制を受けていた。そこでは、村の土地はその村の者が所持するべきであるという意識が強く働き、村落共同体が村法で村の土地を他村の者に売却したり、質入したりすることを禁止している場合が少なくなかった。また、いったんは村外の者に渡ってしまった土地を請け戻そうとする動きがいろいろな形で広く見られた（渡辺 1994: 第五、六、七章）。

(2) 割地制（土地割替）

近世的土地所有のこのような性格がもっとも明瞭に現われるのは、いわゆる割地制である。これは一定年数ごとに農民の耕作地をくじ引きによって割替える制度で、「村請制下の近世村落が、農民間の貢租負担を公正公平にするために創始した」（渡辺 1994: 169）ものであり、そこに、村落共同体の「共同意志が作用していることはまちがいない」（奥田 2001:148）。このような、村による割地制（青野春水のいう「村型割地制」）は越前、越後、筑前、尾張、磐城などに広く見られた。金沢藩、富山藩、高知藩、宇和島藩、松山藩、今治藩などでは、藩の主導によって割地制が実施された。藩によっては、近世的村落体制の確立や貢租増徴を目的として、割地制を導入することもあったのである（青野のいう「藩型割地制」。以上、［青野 1982］）。何らかの形で割地制が行われていた地域は、草高にして、全国の割程度とされている（丹羽 1989:54–55）。

一例として、松山藩野間郡川上村の割地（天保六［一八三五］年）を見ると、田畑ともに地味・用水の便・遠近等を考慮して、面積は異なるが等価とみなされる三三鬮《くじ》（組）に分けられた。田地全体は石高にして一三八石三斗二合、面積にして一六町七反二畝三歩で、一鬮（組）は平均して四石一斗八升二合余、五反二〇歩余となった。畑地全体は石高にして一二石四斗三升六合、面積にして一一町九反九畝二一歩で、一鬮（組）は平均して三斗七升六合余、三反六畝一〇歩余となった。これをもとに各農民の耕作地（田地と畑地のそれぞれ）をくじ引きで決めるのであるが、一鬮以上を所有する農民はそれぞれにくじを引いた。しかし、一鬮未満しか所有していない農民は何人かの農民を組み合わせて一鬮になるようにし、代表者（組頭）がくじを引いた。この場合は、一鬮の土地が何人かの農民に割り振られたのである。一鬮以上を所有する農民は一六人で、農民全体の二三％ほど、他は一鬮未満の所有者であったから、一鬮を多人数で分割して所有する農民の方がずっと多かった（青野 1982:354–55）。

割地制は、新潟県、石川県、富山県などでは、地租改正後も部分的に存続し、大地主の土地までが割替えられた（丹羽 1964:207–17）。さらに、信濃川の上流、千曲川と犀川の合流点付近（現在の地名でいえば、須坂から小布施にかけての地域）の村々のように、戦後の農地改革によって最終的に廃止されるまで、割地制が存続した地域もあった（古島編 1953；青野 1982:119, 152–58）。

世界史的に見ると、この割地制のような土地の定期的割替を伴う共同体の事例は、一九世紀に世界各地で次々と「発見」された。オランダ領のジャワ島では、デーサ（サンスクリット語で国を意味するデーシャが転訛した語）と呼ばれる共同体が「発見」された。デーサにおいては、農民の耕地が定期的に割替えられていた（小谷 1982:97–106）。同じ頃、ロシアの黒土地帯に、ミール（ロシア語で世界の意）と呼ばれる共同体が存在し、土地を定期的に割替えていることがプロシア人ハクスタウゼンによって報告された（Haxthausen 1973；小谷 1982:20–33）。これらの共同体は、当時、土地共有の始原的共同体の残存として、西欧思想界において大きな注目を浴びた。しかし、今日では、その認識は誤りで、デーサにおける土地割替は一八世紀、ミールのそれは一七世紀になって、共同体全体に一括して課せられる重い税の負担に耐えるために生み出されたものであることが明らかになっている。これらの共同体においては、各家族の労働力の量に比例して土地を再配分することによって、共同体の生産力を最大限まで高めるために、既存の私的土地所有を共同体的規制下に置いて、土地の定期的な割替を行っていたのである。

ライーヤトワーリー制度が導入された南インド（マドラス管区）にも、土地を定期的に割替える共同体（村落）がかなり広く存在した。一般にミーラースダール村落と称された村落で、これらの村落では、ミーラースダールと呼ばれる村落特権階層の人々が共同で村落全体の土地その他の資源を支配し、それぞれの持分権（株数）にしたがってそれらを享受していた。村落の土地（耕地）は個々のミーラースダールの持分地と共有地に分けられていた。共有地はウルクディ、パラクディなどと呼ばれた従属的農民に「小作」に出され、その「小作料」はミーラースダール層全体の共同の収益として、村請の税支払いなどに当てられた。各ミーラースダールの持分地では、下人的労働力（主として、不可触民たち）を使役して直営地経営が行われていた。このミーラースダールたちの持分地（直営地）がしばしば定期的に再配分されていたのである。それは、村落特権層としてのミーラースダールたちの間の権益の平等性を維持するためであった（小谷 1979:64-70）。したがって、この場合も、土地共有の始原的共同体などといったものとは何の関係もない。

このように、土地の定期的割替を伴う共同体は、世界各地で、さまざまな時代にさまざまな契機から形成され、一九世紀まで存続していた。日本近世の割地制は、その一例であり、世界史的に見た場合、決して特異なものではない。かつて、新渡戸稲造は「越後の割地制を取り上げ、その土地所有形態はラヴレーの言う土地総有制に該当するものであるとし、その起源は同じくラヴレーの言う農業共産制にあるとし、原始共産村落遺制説を提唱した」（青野 1982:20; Nitobe, 1890:18）が、このような現実離れした歴史認識がでてくるのは前述のようなミールやデーサにかんする事実誤認をそのまま引き継いだからである（福田徳三は早くから新渡戸の誤りを指摘している［福田 1925:167-68］）。

しかし、このような土地の定期的割替は、土地に対する一物一権の排他的・絶対的支配権としての近代的私的土地所有とは相容れないものであったから、ライーヤトワーリー制度や地租改正はそれを廃絶しようとしたのである。

(3) 質地と農民ワタン（百姓株）売買

日本近世においては、田畑永代売買禁令（一六四三年）による制約もあって、質地の形による土地売買が行われていたが、その場合も、元金を返せばいつでも土地を取り戻すことのできる「無年季質地請戻し慣行」が広く見られた。幕府の流地（質流れ）法によれば、一〇年以上におよぶ質地（入質）を認めず、流地後一〇年経過した質地については請戻しの訴訟を認めないということになっていたが、実際には、年季を過ぎた質地の請戻しが在地の慣行として認められていたのである（白川部 1999:25–26）。特に、農民経営が危機に陥った場合には、これを維持・再建させるために、流地になった質地の請戻しが認められていた（神谷 2000:222–27）。このような状況は多くの地方で地租改正時まで続いていた（丹羽 1964:171–76）。

日本近世における質地と似た慣行はイギリス植民地支配前のインドにも存在した。一例を挙げれば（Elphinstone, 1872: Appendix vi–vii）、一八一七年、デカン高原マラーター王国プネー郡のある村で、困窮した二人の農民が所有する農地とそこにある灌漑用の井戸をある者に、二七年の年季で質に入れた。質入価格は九一七ルピーということであるから、かなりの高額である（当時、マラーター政府の書記官職の月俸は一〇ルピー程度であった）。質地取主はこの土地を二七年間用益することによって、質取金を回収したうえ、利益も上げることができるので、年季が明ければ、この農地と井戸は二人の農民に「無償」で返されることになっていた。[*] ここまでは、質地取引である。

* この「無償」返還という点で、日本近世の質地の場合とは異なる。ただし、日本近世でも「本来の質地慣行」は「無償」返還であったという（大塚 2002:279）。

ところが、この契約の後、質地入主の二人の農民はさらに困窮したため、六年半後に質地取主に新たな取引を申し入れた。それは、農地の半分と井戸の使用権の半分を質地取主に永久に譲渡する代わりに、残りの半分を直ちに返してもらうというものであった。質地取主も同意し、新たな契約が結ばれたが、その際には、農地の半分と井戸の使用権の半分の価格として、六七五ルピーを質地取主が質地入主に支払うということになった。この価格は農地と井戸の使用権全部の残り二〇年半分を買い戻すために支払わなければならない金額であるとされている（したがって、この額は、九一七ルピーに二七分の二〇・五を乗じた額で、約六九五ルピーとなり、七は九の誤記あるいは誤植であろう）。いささか分かりにくいが、質地入主の二人の農民が六七五（六九五）ルピーを質地取主に返却して、いったん農地と井戸の権利全部を買い戻し、それから今度は同じ六七五（六九五）ルピーで、農地と井戸の権利の半分を質地取主に売却したということにしたというわけである。したがって、この六七五（六九五）ルピーという金額はこの取引を「合法化」するための名目上の金額で、実際には、この新たな取引に伴う金銭のやり取りはなかったということになる。現実に行われたことは、質地入主の二人の農民が農地と井戸の使用権の半分を質地取主に永代で譲渡する代わりに、残り半分の農地と井戸の使用権を無償で返してもらったということである。しかし、この新たな取引はこれで終わったわけではない。

さらに、この新たな契約により、質地取主には村の居住区（村落居住区は耕地から截然と区分され耕地に家を建てることは許されなかった）内にある二人の質地入主の宅地の西側半分が譲渡され、そこに好むがままの家を建てて住むことができるとされたのである。このことは、新たな取引で譲渡されたものが単なる井戸つきの一地片だったのではないということを示している。そうであったなら、農地とともに宅地まで譲渡されるということはなかったはずだからである。次項に見るような他の同種の史料と考えあわせると、この新たな取引によって譲渡されたのは二人の質地入主が持っていた「農民ワタン」の半分であったことが分かる。ワタンとは村のような共同体の正規の成員としての資格あるいは株のことであるから、農民ワタンはいわば百姓株で、モノとしては、耕地と宅地から構成されていた。この農民ワタン（百姓株）を持つ農民、すなわち村の正規の成員としての農民のことをワタンダール農民（ワタン持ち農民、いわば本百姓）と称した。だから、この新たな取引によって、質地取主はこの村の正規の成員としての資格（農民ワタン、百姓株）を獲得し、ワタンダール農民として、この村に居住することになったのである。そのかわり、質地取主は村請の諸税を分担するだけではなく、村のすべての慣習を守り、村役人や村落職人たちへの給付を分担することを義務づけられた。この農民ワタン売買文書は村書記によって作成され、村長や村大工、村床屋などの村落職人が証人となっている。農民ワタンの売買は村落共同体の承認がなければできなかったからである。

このように、前植民地期西インドにおいては、土地を質に入れることはできたが（それも、実際には、一般耕地ではなく、灌漑設備のある生産力の高い土地に限られたのであろうが）、土地そのものを売却することは、原則として、できなかった。土地はあくまでも農民ワタン（百姓株）の一構成要素だったのであり、一体のものとしての農民ワタンから土地だけを切り離して売買することはできなかったのである。だから、土地が人手に渡るのは、一般的には、農民ワタン（百姓株）の売買や譲渡を通してのみであった。

一方、日本近世における「百姓株」の場合は、「本百姓たることの経済的基礎条件となっていた高請地と、本百姓身分とが完全に分離して百姓株のみが独立して譲渡売買されることとなり、はっきりと百姓株という一つの売買の目的となりうる権利が存在するようになった」（内藤 1968:218）とされる。ただし、このような百姓株の売買は主として「百姓跡株」の継承ないしは再興にかかわるものであるから、百姓株の保全の問題として、次項で取り上げる方が適切であろう。

(4) 農民ワタン（百姓株）の保全

ところで、インドにおける農民ワタン（百姓株）の売買のより一般的な形態は村落共同体による売却であった。前植民地期西インドの村では、疫病の流行や飢饉や戦乱などによって、農民一家が絶滅してしまうことがしばしばあった。そのような場合、その農民家族の持っていた農民ワタン（具体的なモノとしては耕地と宅地）はガトクル gatkul（gat=gone, dead, kul=family）すなわち「絶滅農民家族ワタン」と呼ばれて、村の共有とされた。村はこの土地をバラバラに切り売りするようなことはせず、一括して管理し（実際には、村長が管理）、ウパリー uparī（「余所者」）あるいはスクワスティー sukhvastī（「幸せに住む者」）と呼ばれる農民（村に居住するが農民ワタンを持たない農民）に小作させるか、あるいは彼らに一体としての農民ワタンとして売却した。したがって、それを購入した者はその村の正規の成員である農民（ワタンダール農民）として、村落共同体に迎え入れられたのである（小谷 1989:49-53）。次の史料はその一例である。

一七九九年、プネー郡ハヴェーリー郷マオン村のゴーンダジー・ダウリーの息子パプージーその他五人はプネーに来て、プネー郡の郷主と郷書記（郷主は数十ヵ村を束ねた地域共同体の長、郷書記は地域共同体の書記。彼らは、政府との関係では、世襲的郡・郷役人であった）に、次のように願い出た。[*]
「私たちは長きにわたって、上記村のスクワスティーです。しかし、私たちは村を助けるためのワタン（百姓株）をもっていませんでした。村は、飢饉とその間の政府の税、その他の理由で大きな負債を抱えました。他方、私たちにはワタンがありませんので、私たちは村に対して、もし、私たちにワタンとしての耕地と宅地、そして他のワタンダールたちが享受しているのと同様の特権paulnookを与えてくれるならば、喜んで金銭的に困難な状態にある村を助ける意志がありますと申し出ました。それに対して、村の方では、私たちの申し出を考慮して、カラム・ダラという名前の絶滅農民家族ワタン地のうち、六ルカー（ルカーは小額の貨幣単位であるが、この場合は村請の諸税の負担比率を表す単位である）の土地を、一五〇ルピーの支払いで私たちに与えました。この絶滅農民家族ワタン地は、もともと、八ルカーの土地でしたが、それから半ルカーが免除されて七ルカー半とされている土地です。これについて、私たちはこの村の村書記によって書かれたワタン証書を貰いましたが、それには、（私たちに与えられた）村の居住区内の宅地と三項目の特権について記載されています。このようにして、私たちは上述の権利を得て、それを享受しています。今般、それを郷主殿、郷書記殿に保証していただきたく、参上しました」。

＊　史料では、ワタンという言葉と、それと同義のミーラースという言葉が互換的に使用されているが、ワタンに統一した。カッコ内は引用者による注記。

この願い出を受けて、郷主と郷書記は調査のうえ、上記のワタン証書によって授与された農民ワタンを子々孫々永久に享受する権利を認める旨の保証書を発行した（'Replies of Captain Robertson to

Queries', dated 10th October 1821, *SPREIH*, pp. 538-39)。

このように、村は何らかの理由で絶滅してしまった農民家族のワタン（百姓株、具体的には耕地と土地）をガトクル（絶滅農民家族ワタン）として保全しておき、適切な申し出があればそれを一括して売却して、その購入者を村の正規の成員（ワタンダール）として受け入れたのである。

この慣行は、日本近世における百姓跡株（跡式）の保全ときわめてよく似ている（藤木 1997）。「関東御領所下知状」（寛文一一［一六六六］年）の一条は次のように規定している。

「百姓を追出其跡之田畑不可致持添、前々よりの百姓相果跡目於無之ハ其趣中聞、男女ニよらず其筋目の者を取立得差図、其跡無相違可渡之断なく家をこほち取四壁を荒し田畑を持添百姓をつぶし候ハ、可為曲事」（内藤 1968:95）。

これとほぼ同文の規定はほとんどの「五人組帳前書」に記載されており、「死失」した「百姓一軒分之跡」の家屋敷を壊したり、田畑を兼併したりして、「一軒分之百姓跡」を潰すことが禁じられている（神谷 2000:133）。

本百姓の家が当主あるいはその後家一人だけになって、百姓株を継承する者がいなくなってしまうと、その死後百姓株を誰に譲渡するかを明記した遺言状のようなものが作られ、名主などに提出された。これによって百姓株を譲渡された者は、もしそれが必要でなければ、その百姓株を有力な本百姓の家に譲渡した。譲渡を受けた家（本家）では、その百姓株を分家としての次男、三男などに与えて、本百姓として自立させた（株継別家）。その際、百姓株に土地が付随していなかったり、不十分だったりした場合は、本家が農家経営の成り立つだけの土地を分与した。こうして、百姓株は継承され、保全されたのである（内藤 1968：第三章）。

実際に本百姓が潰れてしまった場合には、「潰百姓跡」は村の共有のもとに置かれて（村持）、一体のものとして保全され、村全体でその耕作を保証し（惣作）、適切な者がいればそれを一体として継承させた。例えば、寛文年間、陸奥のある村では、「飢饉で潰百姓が多くできたため、その田地を田地不足のものに、一軒前につき金一両で質地に入れたことにして配分し、潰百姓の再興のときに「本主」に請戻しさせることにした」。「潰百姓は、一軒前の株式として確立しており、それが請戻しの本主として、惣百姓によって合意されている」（白川部 1999：71–72）のである（潰百姓再興の具体的な手続きの一例としては、［大塚 1996：138–66］を参照）。

このように、日本近世における「百姓跡株」の保全と前植民地期西インドの「ガトクル」（絶滅農民家族ワタン）の保全とはほとんど同義といっても過言ではない。それは、「家職・家産」としての百姓株（農民ワタン）を所有する農民たちが村落を構成し、その村落を単位として諸税が賦課される（村請制）という共通性にもとづくものと考えられる。このような条件下において、百姓株（農民ワタン）の保全は村落の安定的存続にとって不可欠であり、百姓株（農民ワタン）を持つ家が潰れてしまった場合には、何らかの方法でその継承あるいは再興が図られたのである。そのために、前植民地期西インドの村では、村に居住するウパリー農民（スクワスティー農民）に、村が無償で農民ワタンを譲渡することも行われた。以下はその一例で、サースワド町（村）の村長などが二人のウパリー農民に与えた「ワタン証書」（一七五二年）である。

「シャカ暦一六七四年ジュエーシュタ月白分七日、この日にサースワド郡の郷主、サースワド町

（村）の村長、サースワド郡の郷書記ドーンドー・マルハール・プランダレーがピカージー・シンデーの息子で、現在サースワド町（村）に居住しているバーブーラーオとトゥコージーに与えたワタン証書。

貴殿らは（我々の）前に来て、次のように請願した（シュソール暦の年号略）。「私たちは上記の町（村）に長い間居住し、貴殿らから宅地vādāも与えられています。しかし、ワタン地としての耕地（がありませんので）、耕地を与えてください」。このよき請願を心に留めて、アンベーという名のタル（耕区）内に、・五カンディー*の耕地を与えた。その四囲は、南にスペー村との境界、西にジャーコージー・ジャグダレー（の耕地）、北にサクラージー・パーティール（の耕地）、東に郷主バヒルジー（の耕地）。このように四囲を定めて、与えた。慣行どおり課せられた税を納めて、幸せに耕作し、（ワタンを）享受せよ。このワタンを貴殿らに子々孫々、代々与えた。それを享受して、幸せに暮らせ。（後略）」（ASS V-72; 小谷 1989:44）。

＊カンディーは重量単位であるが、この場合はルカーと同様に村請の諸税の負担比率を表す単位である。

このように、前植民地期西インドの村には、村の正規の成員（ワタンダール）ではないが、その村に長く居住し、ガトクル（絶滅農民家族ワタン地）を耕作する農民（ウパリー、スクワスティー）が広く存在した。村落の側では、彼らに無償でガトクルを与えて、村の正規の成員（ワタンダール）として迎え入れることもあった。農民ワタン（百姓株）を保全することは、それほどまで、村落共同体の存続にとって不可欠だったのである。

第3節　ライーヤトワーリー制度・地租改正の歴史的意義

日本近世の割地制、質地、百姓跡株保全の慣行やイギリス植民地支配前のインドにおける質地、ガトクル（絶滅農民家族ワタン）保全のあり方に見られるような人と土地との関係は、単純な（近代的な）物権的関係ではなかった。土地は単に個人（家）による私的所有（私的支配）の客体だったのではなく、共同体的・社会的諸関係の中に深く埋め込まれていたのである。

ライーヤトワーリー制度と地租改正の歴史的意義は、このような前近代社会における人と土地とのあいだの社会的諸関係を根底的に解体して、個々の農民をバラバラの私的土地所有権者にしてしまったところにある。いいかえれば、両制度は人と土地との関係を単純な物権的関係に作り変えることによって、土地（耕地）を人（農民）から容易に分離しうるただのモノとしたのである。川島武宜は明治維新後の「土地改革」に関説して、「かくして土地と一体的に結合した人的関係が土地から分離せられ、土地支配権をして単純に直接に物に対する権利に収縮せしめたのである」（川島 1949:82）とのべているが、これとまったく同じことをライーヤトワーリー制度についてもいうことができる。

このように、ライーヤトワーリー制度・地租改正によって強制的に創出された近代的私的土地所有は、土地をそれがもともと埋め込まれていた共同体的・社会的諸関係から切り離して、自由に売買することのできる単なるモノとし、土地所有権を単純な近代的物権とすることに、その歴史的本質があった。地租改正における地価・地租算定法はそのことを明瞭に示している。前述のように、地租改正においては、地租は土地からの収益、すなわち、収穫米代金から種籾肥代を引いた額の三割であった。もし、地租改正が単に土地から徴収すべき税（地租）の額を確定するためだけのものであったならば、土地からの収益の三割を地租とするということだけで十分で、地価を算定し、その三％を地租とするというようなことは不必要だったであろう。それにもかかわらず、地価を算定することが必要だったのは、その土地の地価を明記した地券を発行することによって、土地を誰でも自由に、そして心配なく売買できる、ありふれたモノ＝商品とするためだったのである。地租改正以後、地券面上の地価を代金として実際に土地の売買が行われた例があることはそのことを示している*（神谷 2000：306）。

＊ ただし、この政策的意図は当時の農民意識から乖離した面があって貫徹しなかったため、一八八七（明治二〇）年、土地登記制度が導入された（川島 1949：233-42）。

この点において、地租改正はライーヤトワーリー制度以上に徹底していた。ライーヤトワーリー制度の場合は、地価を算定し、それを明記した地券を発行するということは行われなかったので、土地売買の際には、「一〇年買い ten years' purchase」といって、その土地に対する地税査定額の一〇年分を土地価格とするのが一般的であった。

ライーヤトワーリー制度と地租改正においては、近代的土地所有権者としての農民（あるいは地主）が「科学的」に算出された正当な地租（地税）を支払うという近代的土地所有体制が生み出され（もっとも、両制度とも実際には、可能な限り高額の税を徴収することを第一の目的としていたのではあるが）、土地所有と土地使用・収益とが結合した近代的な「勤労的」農業経営が実現されるはずであった。

しかし、両制度が実施された後に結果として起こったことは、次章でみるように、ともに広範な農民経営の崩壊であり、農民たちが手離した土地を集積した地主的土地所有の急速な展開であった。

第二章 近代的土地所有としての地主制

第1節　近世的地主―小作関係から近代地主制へ

(1)　近世的地主―小作関係

日本の近世においては、地主―小作関係がすでにかなり形成されていた。田畑の永代売りは幕府の禁令によってできないことになっていたのであるが、土地の質入を通して、いわゆる質地地主―小作関係が発生していたのである。しかし、近世の地主―小作関係は、地租改正を経た後の近代地主制とはその性格を大きく異にしていたと考えなければならない。

近世の地主―小作関係には、年貢・諸掛と小作料の納付関係で、次の三つの形態が存在した（丹羽1964:56)。

(一) 地主が小作人から小作料を徴収し、そのなかから年貢を領主に、諸掛を村役人に納める。

(二) 小作人が、年貢、諸掛、小作料を、それぞれ領主、村役人、地主に納める。

(三) 小作人が年貢、諸掛、小作料を一括して村役人に納め、そのなかから村役人が諸掛を控除し、領主に年貢、地主に小作料を振り分ける。

これらのうち、（一）の形態は近代の地主―小作関係に近似しているようにみえるし、近世においても、これが一般的だったという見解もある（宮川 1969:53）。しかし、事態はそう単純ではなかった。丹羽によれば、「広く全国をみたばあい、少なくとも幕領（中略）においては」、（二）（三）の形態が「普通の存在であった」（丹羽 1989:93）。この（二）と（三）の形態においては、「小作人は、多かれ少なかれ、年貢負担者＝本百姓すなわち村共同体の成員の地位を依然として保持している」（同上）。したがって、この場合、地主の私的土地所有権（土地そのものに対する私的支配権）は弱く、地主はたんなる小作料収取者にすぎないという状態に近かった。質地地主―小作関係では、一般にこのような形態をとることが多かった。また、藩領においては、年貢収取を確保するために、藩が小作人を年貢負担者として直接に把握し収奪しようとして、それを阻害しかねない地主の小作料収取に強い制約を課する場合が多かった。それは、年貢を納める前に、小作料を納めることを禁止するというような形をとった（丹羽 1964:55–83）。

地主の土地支配に対しては、以上のような幕藩領主制的制約のほかに、村落共同体の側からも強い規制が及ぼされていた。例えば、割地制が行われていた越後の村々においては、「小作料は、地主・小作人の相対で決定されるのではなく、「村極」即ち村で決定された」。したがって、小作料は「どの地主の土地でも同額（「村並ノ小作入付」）」であった（青野 1982:158）。そのことは河内地方のような先進地帯でも同様で、実際に納入される小作料の決定は「「村極」として村単位で行われる」ことが多かった（竹安 1968:23）。「凶作時における小作料の減免もほぼ一村全体として行われ」た（同:131）。このような場合、たとえ上記の（一）の形態であっても、地主の土地支配権は村落共同体によって強く制約されていたのである。さらに、特殊な形態の地主―小作関係として、竹安繁治が「田地支配慣行」と呼ぶものがあった。それは近世後期の河内地方に見られた、次のような慣行である。例えば、A村の土地をB村の農民甲が所有していたとしても、「甲が直接高請けすることをせず、高名前をA村の特定の農民乙に預けて、A村帳面上はこの乙の保有高として取扱っている場合」があった。「この場合地主たるB村農民甲のA村における保有地（持添《もちぞえ》）は」、「村方帳面上はあくまでも高名前を預かったA村農民乙の保有高であり、彼は甲から高名前を預かることによって名目上の保有人になるとともに、実質的にその田地の「支配」を委ねられ、小作米の取立から貢租諸掛の納入、村入用の負担に至るまでの管理事務を代行するのである」（竹安 1966:371）。この慣行は「幕末期にはすでに地主的土地所有の一般的な展開を見せている畿内でさえ」、「村の土地が村外に流れる」のを阻止しようとする村落共同体の規制が働いていたことを示している（丹羽 1989:69-70）。この「田地支配慣行」は河内のほかに、山形、新潟、長野でも存在したことが明らかにされている（同 :71）。

このように、日本近世の地主―小作関係は、地租改正後のそれとは異なり、地主の強固な私的土地所有権（土地そのものに対する強固な私的支配権）に立脚していたのではなく、幕藩領主制による年貢収取体制と村落共同体慣行によって、厳しく規制されていたのである。

(2) 近代地主制へ

これらの諸規制のうち、幕藩領主制による規制は版籍奉還・廃藩置県によって廃止され、村落共同体的な規制は、地租改正の実施過程において、上から政策的に排除されていった。村落共同体規制のもっとも強い形態であった割地制は各耕地の所有権者を確定しようとする地租改正の趣旨に合わないものであるから必然的に廃止された（いくらかの地域ではその後も密かに続けられたのであるが）。その他のさまざまな村落共同体規制も基本的には廃止されていった。長野県では、「越石《こしこく》」地主（他村の地主）に対する「役料」「役代」名義の取立てが問題とされた。この慣行は、他村の農民などが自村の土地を所有している場合、通常の「村費」以上の金銭を徴収することによって、自村に村外地主所有地が拡大することを防ごうとするものであった。また、新潟県には、「中小作」と呼ばれる慣行が存在した。「中小作人」は、他村の地主と自村の小作人の間に立ち、小作人の入れ替えなど小作地経営の実権を掌握し、地主へは「少分の徳米」を納めるだけであったとされる。この慣行も、村による村外地主に対する規制として機能していた。地租改正事業は、このような村外地主に対するさまざまな村落共同体規制を排除し、結果として、「村外地主の私的土地所有権の保護・強化」をもたらした（丹羽 1989:291–95）。質地地主―小作関係においても、地券交付の過程で、質取主の権利が私的土地所有権として法認され、実際の耕作者で貢租負担者であった質入主に認められていた質地請戻しの権利は否定された（丹羽 1964:171–207）。

このように、地租改正後の近代地主制は、近世における地主―小作関係を制約していたさまざまな領主制的強制や村落共同体規制などを上から政策的に排除することを通して形成されていったのである。それゆえに、地租改正を経て形成された近代地主制を近世における地主―小作関係の単なる量的拡大として捉えることはできない。

地租改正によって近代法的根拠を確立された地主的土地所有は、その後、いわゆる松方デフレを通して急速に拡大した。全国の耕地に対する小作地の割合は、一八八七（明治二〇）年の三九・五％から、一九〇七（明治四〇）年に四四・九％、一九三〇（昭和五）年には四八・一％のピークに達した（古島編 1958：332）。

この日本近代の地主制は、一般に、寄生地主制と呼ばれている。寄生地主制は、「寄生」という言葉の語感にもよるのであろうが、ややもすれば、「半封建的」性格のものとみなされてきたが、決してそうではない。寄生地主制は近代的法制に依拠した、まさに近代的地主制なのであり、地租改正によって法認された近代的私的土地所有が必然的に行き着いた先なのである（庄司 2003：16–18, 34–35）。寄生地主的土地所有を「半封建的」土地所有関係と捉える考え方（例えば、［宮川 1959］）はイギリス近代の大土地所有を近代的（資本主義的）土地所有の規範的形態とする考え方の単なる裏返しに過ぎない。前述のように、世界史的に見たとき、イギリス近代の地主的土地所有の方が異例なのであって、近代的大土地所有の一般的形態は寄生地主的土地所有、すなわち、農業経営から遊離し、小農民経営に「寄生」する地主的土地所有の形態だったと考えるほうが世界史の事実に近い。そのことは、以下にのべるように、インド近代における地主的土地所有の発展にも見ることができる。

第2節　インド近代における地主的土地所有の形成と展開

(1) デカン反乱

インド（ここでは、特に西インド）の場合、イギリス植民地支配以前には地主―小作関係はほとんど存在しなかった。それは、前述のように、農民ワタン（百姓株）から切り離して、農民の土地だけを売買することが原則的にできないといった、社会的・共同体的規制が働いていたからであるが、もう一つには、労働力に比して土地が相対的に余っていたという前近代インドの状況においては、農地を買得・集積して地主化することに経済的意味があまりなかったからである。したがって、農地だけの売買は、水路建設といった例外的な場合を除いて、一般に行われなかった。

前述のように、前植民地期の西インド農村には、村落共同体の正規の成員である農民（ワタンダール農民）の他に、ウパリーあるいはスクワスティーと呼ばれる小作人的階層が存在した。しかし、彼らは、何らかの理由で絶滅してしまった農民家族のワタン地、すなわち、ガトクル（絶滅農民家族ワタン地）を村から借りて小作していたのであって、個人としての地主の土地を小作していたのではない。いいかえれば、彼らは村の共有の小作人だったのであり、この関係を地主―小作関係と呼ぶことはできない。また、ヒンドゥー寺院などに「土地」が寄進される場合も、多くは土地そのものが寄進されたのではなく（未開墾地が寄進される場合もあったが）、その土地から国家に代わって租税相当分を徴収する権利（収租権）が寄進されたのであり、その場合「寄進地」に私的な地主―小作関係が形成されるということは一般的にはなかった。

このような状態にあった西インド地方（ボンベイ管区）において、イギリス植民地支配下、ライーヤトワーリー制度が導入された。前述のように、ライーヤトワーリー制度においては、ライーヤト（農民）が近代法的な土地所有者と認定されて、個々の農民とのあいだで納入すべき地税の額が取り決められた。それ以前のマラーター王国政府のもとでは、農民に対する諸税は村請制で、村に一括して課せられた諸税に対して、村の農民が全体として連帯責任を負った（最終的には村長が納税責任者）。しかし、ライーヤトワーリー制度においては、納税義務は個々の農民に帰せられ、地税を滞納すると、滞納者の土地は収公され、公売に付された。その点で、地租改正の場合と全く同じである。

ライーヤトワーリー制度のもとで、土地（農地）は農民ワタン（百姓株）から切り離されて、自由に譲渡・売買しうる単なるモノ＝商品となった。こうして、農民ワタン（百姓株）は意味を失って消滅していき、村落共同体体制はその主要な基盤を破壊されたのである。しかも、それは、額面どおり、農民に安定した近代的土地所有権を保障するものではなかった。ライーヤトワーリー制度の導入が土地の担保能力を高めたこともあって、農民たちは土地を担保として借金をするようになった。さらには、納税のために土地を売却するといったことも起こり始めた。こうして、質流れなどによる隠然たる地主的土地所有（土地所有者名義の変更を伴わない実質的地主的土地所有）のみならず、土地の合法的な売買による公然たる地主的土地所有も形成され始めたのである。

一八三六年に、プーナ県インダープル郡で初めて本格的に実施されたライーヤトワーリー制度は、ほぼ三〇年かかって、ボンベイ管区全体に拡げられた。こうして一回目の「地税取決め settlement」が終わった直後の一八六七年、この間の経済的変動を地税制度に反映させるために、直ちに「地税再取り決め revision settlement」が始まった。それが進行中の一八七五年、「デカン反乱 Deccan Riots」と呼ばれる騒擾が勃発した。その年の五月、ボンベイ・デカンの中心部デーシャ地方で、農民などが村に住む金貸し（サーウカール sawkar と称された）の家を襲い、借金証文を破棄したり、抵当に入れた動産を取りかえしたりし始めたのである。実際に騒擾が起こったのは、最終的に、プーナ県一三村、アフマドナガル県二二村、サーターラー県一村で、死者を出すようなことにはならなかったが、九五一人が逮捕され、そのうち五〇一人が有罪とされた（*SRGIHD*, Vol. I:9; 深沢 1987:220）。この「デカン反乱」はボンベイ管区政府のみならずインド中央政府（総督政府）にも強い衝撃を与えた。「デカン反乱」の原因になったような農村の状況は英領インドのいたるところに存在すると考えられたからである。「デカン反乱」直前の社会状況について、ボンベイ管区政府からインド中央政府への「書簡」（一八七七年四月六日付）は次のようにのべている（カッコは引用者）。

「一八五〇年頃、幸運の時期が幕を開けた。鉄道工事が始まり、厖大な数の労働者が雇用され、農民ryots たちの間で大きな金額のお金が費消された。それからアメリカの戦争（南北戦争、一八六一～六五年）がやってきた。この戦争のお陰で、何百万（ルピー）というお金が綿花を買い付けるためにデカンに向けられた。農産物価格は高騰し、農民たちの所得は以前には考えられなかったような額に昇った。それとちょうど同じ頃、一連の巨額な公共工事がプーナとその周辺で始まった。それは必要としている人たちに仕事を与え、その地方に流通するお金の量を増大させた。（中略）一八六六年から、繁栄の潮は引き始めた。一八六六～六七年、この地方は深刻な旱魃に見舞われ、一八六七～六八年にも、部分的な不作が起こった。一八七〇～七一年から、公共事業への支出は激減し、アメリカの戦争の終結後数年間は何とか維持されていた農産物価格がこの年には下落し始めた。その結果、一八七五年には、五年前だったら一ルピー出しても買えなかった量の穀物が四アンナ（四分の一ルピー）で買えるようになった。一八六七年には、三〇年前から行われ始めたライーヤトワーリー地税取決め ryotwari settlement の期限が切れ始め、この年から再取り決め revision が始まった。暴動の起こったいくつかの郡 taluka では、再取決めによって、政府の税の査定額 assessment がかなりの程度増額される結果となった。一方、人口はこの間に着実に増加し、土地に対する人口圧は最初の地税取決めが行われたときよりもはるかに強くなった。そのうえ、この地方では、土壌の質を考えたとき、農民の土地保有規模は小さく、農業人口一人当たり平均二エーカーから九エーカーである。これらすべての状況が農民の生計を窮屈にさせた。（中略）彼らの借金は再び増大し始め、彼らは、以前以上の規模で、土地を抵当に入れ始めた」（*SRGIHD*, Vol. I:9–10）。

一八五〇年代に鉄道建設がはじまり、一八五三年には、インドの最初の鉄道がボンベイとその北部ターナ間（三三キロ）で開通した。これらの鉄道建設には厖大な数の農民などが雇用された。一八六〇年代になると、アメリカ南北戦争が勃発して、アメリカ南部からのイギリス向け綿花輸出が途絶した。そのため、インド綿花が輸出向けに大量に買い付けられ、綿花価格が急騰して、「綿花ブーム」が起こった。「綿花ブーム」に連動して、他の農産物価格も大幅に上昇した。しかし、南北戦争の終結によって、「綿花ブーム」は終わり、七〇年代後半になると、農産物価格は急落した。しかも、当時進行中だった

「地税再取決め」が高い農産物価格を基にして行われたため、地税を増額させることになり、農民たちは窮迫し、土地を担保に借金するようになっていった。これらの結果として起こったのが「デカン反乱」だったのである。

ボンベイ管区政府は調査委員会Deccan Riots Commissionを設置して「デカン反乱」の原因を調査した。その調査結果にもとづいて、ボンベイ管区政府は、一八七九年、「デカン農業者救済法」Deccan Agriculturists' Relief Actを制定した。この法律はボンベイ管区政府の法律ではあるが、前述のような理由で、その制定過程にはインド中央政府も深く関与した。一八八八年、ボンベイ管区政府は「デカン農業者救済法」の施行状況を調査するために、ウッドバーンA.F. Woodburnを特別調査官に任命した。調査は「デカン農業者救済法」が実際に施行されたプーナ、アフマドナガル、サーターラー、ショーラープルの四県だけではなく、比較のために、施行されなかったナーシク、ハーンデーシュ、ビジャープルなどの諸県でも行われた（なお、同法はこれら既施行の四県以外の県でも施行することができることになっていた）。

(2) 地主的土地所有の形成と展開

一八八九年、ウッドバーンはボンベイ管区政府に調査報告書を提出した。それには「農業者」（「デカン農業者救済法」の規定による「農業者」）の負債状況や金貸し（sawkar）の土地所有状況に関する一八の統計表が付表Appendixとして付されていた。その一つ（Appendix E Form No. 3）によって、「デカン反乱」が起こった三つの県における土地所有者の負債状況を見てみると、表2のようにな

表２　土地所有者の負債状況

県名	調査対象土地所有者総数	負債なし土地所有者	地税査定額の5倍以内の負債A	地税査定額の5～10倍の負債B	地税査定額の10～15倍の負債C	A+B+C	地税査定額の15～20倍の負債D	地税査定額の20～25倍の負債E	地税査定額の25倍以上の負債F	D+E+F
プーナ	17,603人 100%	6,046人 34.3%	2,030人	1,767人	1,187人	4,984人 28.3%	997人	772人	4,804人	6,573人 37.4%
サーターラー	11,361人 100%	4,086人 36%	1,438人	1,409人	1,064人	3,911人 34.4%	700人	564人	2,100人	3,364人 29.6%
アフマドナガル	12,631人 100%	5,665人 44.8%	2,289人	1,438人	842人	4,569人 36.2%	570人	459人	1,368人	2,397人 19.0%

（出典）*SRGIHD*, Vol. II, p. 124（Appendix E Form No. 3）

る。表中のA＋B＋Cの欄とD＋E＋Fの欄は原表にはないのであるが、負債が個々の土地所有者の所有地に対する地税査定額の一五倍未満とそれ以上との二階層に分けるために付け加えた。それは、当時、土地の資産価値は、最大限、その土地に対する地税査定額の一五倍とされていたからである（ウッドバーン「調査報告書」、*SRGIHD*, Vol. II: 49, 75, &c.)。したがって、負債が地税査定額の一五倍を超える土地所有者は自己の所有地全部をもっとも有利な条件で売却したとしても払いきれないほどの負債を抱えていたということになる。そういう土地所有者が、例えばプーナ県の場合は、土地所有者全体の四〇％近くに昇っていたのであり、彼らはほとんどすべて「農業者」であったと考えられる。金貸しである土地所有者がそのような負債を負っていたとは考えにくいからである。このような多大な負債を抱える「農業者」は、最低のアフマドナガル県でも、土地所有者全体の約二〇%である。これが一八八〇年代末のボンベイ・デカンにおける「農業者」負債の一般的状況であった。

「農業者」の負債状況は、個別村落の悉皆調査を見ると、一層明らかになる。一例として、ナーシク県第一副徴税官デヴィドソンによるソームプル村の調査（一八八八年）を取り上げる。この村は灌漑畑（バーガーイート）の多い、一見豊かな村とされているが、その土地所有者総数は六六人、そのうち二三人はマールワーリー（マールワール地方出身の商人・高利貸）のような「余所者」で、彼らの所有地はこの村の総地税査定額約三、三二五ルピーの内、約一、一〇〇ルピー、すなわち約三分の一を占めていた（彼らには負債はなかったと考えられる）。三人はビール・トライブ（部族民）の者で、借金をすることもできないほど貧困であった。残りの四〇人が「農業者」で、マハーラーシュトラ地方の農民カースト、クンビーの者が二七人、灌漑畑での野菜・花・果物栽培を専業とする農民カースト、マーリーの者が九人、その他ドービー（洗濯人）二人、ナーヴィー（床屋）一人などである。表3はこれら四〇人の「農業者」の負債状況を示すものであるが、原表における記載順序を地税査定額の大きい順に並べ替えた。また、B/Aの欄は負債が地税査定額の何倍になるかを示すために、付け加えたものである。

表3から、次の二点を指摘することができる。

（一）全体的に「農業者」の負債額は大きい（四〇人中二四人が地税査定額の一五年分以上の負債）。しかし、地税査定額（これは土地の資産価値に対応している。土地の等級差、灌漑畑の有無などにより、土地の資産価値は土地所有面積とは必ずしも対応しない）と負債額とのあいだに相関関係は存在しない。クンビーの場合、負債額のばらつきが顕著であるが、それは土地を抵当に入れて多額の借金をして

表3　ナーシク県ソームプル村の「農業者」(40人)の負債状況（1888年）

カースト		地税査定額（A）ルピー	アンナ	負債額（B）ルピー	B/A	備考
クンビー	1	251	13	200	0.8	土地を抵当
	2	174	7	5,000	28.7	土地を抵当
	3	152	10	100	0.7	
	4	118	13	5,000	42.1	土地を抵当
	5	118	12	3,500	29.5	土地を抵当
	6	113	7	300	2.6	
	7	96	0	600	6.3	土地を抵当
	8	73	7	1,500	20.4	土地を抵当
	9	72	6	3,000	41.5	土地を抵当
	10	65	6	2,000	30.6	土地を抵当
	11	63	0	1,000	15.9	土地を抵当
	12	61	12	150	2.4	土地を拡大
	13	57	4	3,000	52.4	土地を抵当
	14	51	2	600	11.7	土地を抵当
	15	50	12	200	3.9	
	16	48	6	250	5.2	
	17	32	15	1,500	45.5	土地を抵当
	18	31	11	600	18.9	土地を抵当
	19	17	8	150	8.6	土地購入
	20	10	14	500	45.9	
	21	10	4	0		
	22	7	2	4,000	561.8	土地を抵当
	23	6	14	400	58.0	土地を抵当
	24	5	4	0		
	25	5	2	0		
	26	1	6	1,000	714.3	
	27	0	13	500	617.3	
マーリー	1	78	9	2,500	31.8	土地を抵当
	2	77	1	4,000	51.9	土地を抵当
	3	73	0	125	1.7	
	4	64	4	3,000	46.7	土地を抵当
	5	63	2	3,000	47.5	土地を抵当
	6	52	5	500	9.6	土地を抵当
	7	44	12	500	11.3	土地を抵当
	8	10	0	1,300	130.0	土地を抵当
	9	4	12	800	168.4	
ヴィーダル		7	14	250	31.7	土地を抵当
ドーバー	1	32	2	1,500	46.7	土地売却
	2	8	6	300	35.8	
ナーヴィー		7	0	50	7.1	

（注）1　1ルピー=16アンナ.
　　2　B/Aの数値は小数点以下二桁で四捨五入.
（出典）Letter of J. Davidson, First Assistant Collector of Nasik District to Collector of Nasik, dated 20 July 1888, *SRGIHD*, Vol. II, p. 137.

いるクンビーとそうではないクンビーとの差によるものである。負債の理由としては、土地の買い増しがあげられている例があり（クンビー1、2、9）、積極的な農業経営を行おうとしていた「富農」的な農民の存在が想定される。他方、下層のクンビーの負債は生活難によるものであろう。マーリーの場合は、あまり階層差が無く、ほとんど一様に土地を抵当に入れて多額の借金をしている。その理由は明記されていないが、灌漑用井戸の掘削、揚水用役牛の維持・購入といった灌漑設備に対する「投資」が考えられる。

（二）「農業者」といっても地税査定額の点から見て、極めて大きな階層差がある。地税査定額の大きい上層農民の一部には、前述のように「富農」的農民も存在したのであろうが、他方、地税査定額の小さい下層の農民は自小作ないしは小自作、さらに実質的には農業労働者というべき階層をなしていて、これらの下層農民を小作人とすることによって、地主経営が可能になっていたと考えられる。この階層差は前植民地期以来のワタンダール農民（本百姓）とウパリー農民（あるいはスクワスティー農民）という階層差のうえに、ライーヤトワーリー制度下一種の農民層分解が進行した結果であろう。

これとほぼ同様の傾向は他の二村にかんするデヴィドソンの調査表にも見ることができるが、これらの村における「農業者」の負債額と階層差はソームプル村ほど大きくはない（*SRGIHD*, Vol. II:136, 138)。そのうちの一村、ナーシク県ナンドガオン郡サコーラー村の場合、一四四人の土地所有者のうち、三四人は非「農業者」（彼らの多くは商人・金貸しであろうが、その地税査定額は記されていない）、残りの「農業者」一一〇人中、クンビー一六人（地税査定額合計二九二ルピー一〇アンナ）、マーリー八人（地税査定額合計一一二ルピー）、その他のカーストの者六人（地税査定額合計四〇ルピー六アンナ）は負債がなかった。したがって、負債のある「農業者」は八〇人となるが、そのなかには、クンビー三三人、マーリー二七人の他に、油屋（テーリー）二人、床屋（ナーヴィー）一人、不可触民一二人（マハール八人、マーング一人、チャンバール三人）などが含まれていた（不可触民たちの所有地は、前植民地期、村落職人としての彼らに村から給付されていた免税の「職地」だったと考えられる）。全体として彼らの地税査定額は小さく（最高が五五ルピーで、約半数は一桁台）、土地を抵当に入れて、多額の借金をしている者はあまり多くない。ただし、資産（家と土地）額よりも負債額の方が大きい「農業者」が三四人いて、彼らは「完全な破産状態」にあるとデヴィドソンは評価している。

このような状況において重い負債を負った農民などの土地を集積して、金貸し（sawkar）による地主的土地所有が急速に展開していた。そのことは、マールワーリーのような「余所者」商人・金貸しの所有地がソームプル村の総地税査定額の約三分の一を占めていたことに端的に示されている。表4と表5は、表2と同様にウッドバーン報告書附載の統計表（Appendix E Form No. 5）から作成したものであるが、一八八七〜八八年における地主的土地所有の進展状況を、より一般的に示している。

表4によれば、金貸し（sawkar）が名義上は違うが実際には土地所有者である場合と名義上も土地所有者である場合とを合わせると、金貸しである土地所有者が土地所有者総数のほぼ二五〜三〇%を占めていたことがわかる。これを総耕地面積および総地税査定額中の比率で見たのが表5である。これによれば、総耕地面積のほぼ二〇〜二五%、総地税査定額の二三〜二八%を金貸しの所有地が占めていたことがわかる。

前述のように、一八世紀前半、イギリス植民地支配が西インド地方（ボンベイ管区）において確立さ

表4　金貸し（Sawkar）である土地所有者の比率

県名	調査村数	村落土地台帳上の所有者であるが、金貸しに土地を譲渡した者	村落土地台帳上も金貸しが所有者	その他の所有者	合計
プーナ	81	4,986人（24.1%）	1,405人（6.8%）	14,285人（69%）	20,676人
サーターラー	28	1,588人（22.7%）	247人（3.5%）	5,155人（73.7%）	6,990人
アフマドナガル	97	2,618人（14.4%）	1.696人（9.4%）	13,815人（76.2%）	18,129人

（出典）*SRGIHD*, Vol. II, p. 128 (Appendix E Form No. 5).

表5　金貸し（Sawkar）の所有地の比率

県名	金貸し（Sawkar）の所有地の比率							
	自分名義の所有地の比率		他者名義の所有地の比率		合計		その他の所有地の比率	
	総面積当たり	地税総査定額当たり	総面積当たり	地税総査定額当たり	総面積当たり	地税総査定額当たり	総面積当たり	地税総査定額当たり
プーナ	11.5%	13.7%	14.4%	14.0%	24.9%	27.7%	75.0%	72.2%
サーターラー	6.3%	6.9%	11.8%	16.0%	18.1%	22.9%	81.7%	77.0%
アフマドナガル	12.0%	12.8%	10.4%	11.1%	22.4%	23.9%	77.4%	76.0%

（出典）*SRGIHD*, Vol. II, p. 128 (Abstract of Appendix E Form No. 5).

れた時、ボンベイ・デカン地方には地主的土地所有あるいは地主―小作関係はほとんど存在しなかった。それから約七〇年後、ライーヤトワーリー制度が導入されてからは三〇～五〇年後、金貸しによる地主的土地所有がここまで展開したのである。さらに、金貸し（sawkar）という範疇には入らない、バラモンや「上層農民」（例えば、表3中の地税査定額の大きい農民層）の一部にも金貸しを行う者がいたから、地主的土地所有の比率は表4、表5の数値よりも実際には高かったと考えられる。*

＊　商人・金貸し以上に、「上層農民」による貸し金の重要性を強調する見解もある（Cf. Charlesworth, 1985:192-203）。

困窮化した農民などの土地を集積して地主化していった金貸しには、地元（マハーラーシュトラ）の商人（ワーニー）も含まれていたが、前出のソームプル村に見られたように、マールワーリー（マールワール地方出身者）やグジャラーティー・ワーニー（グジャラート地方の商人層）といった「余所者」商人・金貸しの方が多かった。*

＊「デカン反乱」直前のプーナ県におけるマールワーリーの土地所有状態については、（Charlesworth, 1985:105）の統計表、参照。

「デカン反乱」が実際に起こった諸県では、この傾向が他の県よりも顕著で、このことも騒擾が起こる一つの要因となっていたと考えられている（*SRGIHD*, Vol. I:129, Appendix E, Note to Form No. 6）。

このように、ライーヤトワーリー制度における近代的私的土地所有の法認は農民の土地所有権を確立して、土地の所有と使用・収益とが密接に結合した近代的な「勤労的」土地所有・経営の一般的形成を実現するという方向には向わなかった。植民地インドにおける近代的私的土地所有は、なによりも「寄生的」な地主的土地所有の形成・展開として自己を実現したのである。そこにも、ライーヤトワーリー制度と地租改正の相同性を見ることができる。

第三章　土地と自由

第1節　土地をもつことによる自由

前述のように、大正後半から昭和の初め、日本では地主的土地所有が頂点に達した（一九三〇［昭和五］年で全耕地の四八・一％が小作地）。その頃になると、日本各地に、さまざまな農民の動き、特に小作農民の動きが表面化し、地主―小作関係が大きな社会・政治問題となった。そのため、一九二〇（大正九）年には、小作法制定を目標として、小作制度調査委員会が設置され、法案の研究が開始された（川口1990:序章）。このような状況のなかで、一九二二（大正一一）年四月、賀川豊彦、杉山元治郎らによって、日本最初の全国的農民組織である日本農民組合（日農）が結成された。結成に先立って、同年一月に刊行され始めたその機関紙は『土地と自由』と題された。この題名は、おそらく、ロシア・ナロードニキの「土地と自由」結社*の名から借りたものであろう**。

＊　Zemlya i Volya. 一八七六年結成、七九年、「土地総割替派」と「人民の意志派」に分裂した。

＊＊　機関紙創刊号に、このことは明記されてはいない。

日本農民組合創立大会において採択された綱領中の「主張」第一条には「耕地の社会化」が掲げられている（『土地と自由』第四号、一九二二年四月二五日、八頁）。しかし、この「耕地の社会化」というスローガン（詳しくは後述）と当時の農民（小作人）の土地に対する一般的な意識との間にはかなりのズレがあったようである。この点に関連して、坂根嘉弘は次のようにのべている。

「近世中期ごろまでに形成された「家」は家名・家産・家業の三位一体として把握されるが、ここでは家名や家産の基礎となり、「村」社会でのステイタス（家格）を基礎づけた「土地をもつこと」が特別視されたことが重要である。この土地所有（とくに屋敷地と田）に対する特別な意識は、近代になっても「家」制度とともに根強く残った。（中略）「村」社会においては、「土地をもつこと」が単なる不動産所有の意味を超えて、（中略）特別な意味をもち、それゆえに「土地をもちたい」という農民の強い意識をたえず形成することになった。「土地を所有せぬ者は農民たる資格がない、損得に拘らず土地を購入し一つは世間体をよくし、一つは農業に丹精したい」（鎌田正忠『農民心理の研究』明文堂、一九三二年、からの引用。鎌田は三重県地方小作官─引用者）という農民の叫びは、このことをよく示している」（坂根 2002a:413）。

「たとえば、丹波小作人同盟会（京都府南桑田郡、一九一九［大正八］年設立）の綱領の一つには「我等は団結力に依り合理的の方法を以て我等の地位境遇の改善を計り自作農たらんことを期す」とあり、（中略）ここには、自作農への強烈な志向が見られるのである。それは、のちに日農などが掲げたスローガン（「耕作権の確立」）でとどまるものではなく、あくまでも土地所有権の獲得をめざしていたのである。そこには、「家」的土地所有意識に規定された、きわめて強い土地＝自作地要求意識が見られるのである。このような土地所有意識のもとで、小作争議を展開していた。したがって、「此の際小作人が土地を買うなどと云う考へ間違いをしてはならぬ（中略）小作人は耕作して居れば良いのである、土地を買う必要はない」と強調した日農の主張（「耕地の所有問題」『土地と自由』四一号、一九二五年五月一〇日―引用者）は、このような農民の「家」的土地所有意識と当初から乖離していた」（坂根 2002b：463）。

たしかに、当時、小作農民の間で、土地を所有したいという欲求が極めて強かったことは日農機関紙『土地と自由』の記事の中でもしばしば指摘されている。一例として、岩内善作「我国農民運動の方向」（『土地と自由』第三号、一九二二年三月一五日、二頁）を見てみよう。

「近頃小作農民が、土地に対する所有欲がいかに熾烈なるかは、彼の中農が資金の利廻り上自作用の土地を残し他を売却するをたまたま耳にするが、其土地を皆競うて資金を他より無理に融通しても買いとると云う事実を見ても、自作の土地を所有せんとする欲求がいかに熾烈なるかを推察することが出来よう」。

この点については、杉山元治郎も小作人に対して「土地買取を急ぐな」とくりかえし警告している。「小作人は永しい間土地なきために苦んだ、虐げられた、それで寝ても醒めても忘れぬことは『土地欲しい、土地欲しい』と云うことである、土地所有欲に目が眩んでいるのである、あわれにも土地さえ持てば幸福になれると思うているのである」（「土地買取を急ぐな（所謂自作農創定を排す）」、『土地と自由』第一六号、一九二三年二月二五日、一頁）。

しかし、このような土地所有を「絶対視」する農民意識、杉山が指摘するような、ただ「土地欲しい、土地欲しい」というだけの農民意識を近世以来の「「家」的土地所有意識」とすることは妥当であろうか。それは、むしろ、地租改正における近代的私的土地所有の創出と村請制の廃止が村落共同体の弱体化を招いた結果として、強まった農民意識と考えるべきではないだろうか。近世においては、「家名・家産・家業の三位一体」としての農民（本百姓）の「家」を支えていたのは単に「土地をもつこと」ではなく、土地と結びついた「百姓株をもつこと」だったのであろう。しかし、地租改正によって、それまで農民の「社会的存在」を支えていた「百姓株」は意味を失い、むき出しの個別的な土地所有だけが農民の「家産」として立ち現われることになった。農民にとって、土地所有以外頼れるものはなくなったのである。土地所有を「絶対視」する農民意識は、この過程を経て、時とともに強まっていったものと考えられる。したがって、「「家」的土地所有意識」が「絶対化」するようになったのは地租改正を経た近代という時代においてであったと考えるべきであろう。

「耕地の社会化」をスローガンに掲げる日農の前には、このようなものとしての農民の「近代的」な土地所有意識が立ちふさがっていたのである。

第2節　私的土地所有と「公益」

ライーヤトワーリー制度もまた農民ワタン（百姓株）を無意味化して、農民《ライーヤト》を個々ばらばらな土地所有者とした。それゆえに、ライーヤトワーリー制度下のインド農民の間にも、地租改正以後の日本農民と同じように、土地所有を「絶対視」、「神聖不可侵」視する意識が生まれていったと考えられる。

一九二一年、ボンベイ州政府の支持のもと、ターター電力会社によってプーナ県ムルシー郡に水力発電所用のダムが建設されることになった。このダムによって土地が水没することになる農民たちはダム建設反対運動に立ち上がった。彼らは、当時インド国民会議派を率いて「市民的不服従運動」を展開していたガーンディーに支援を求めた。それに応えて、ガーンディーは、同年五月に開かれたマハーラーシュトラ国民会議派の会議で、次のようにのべた。

「私は、自分たちの権利のためにたたかっているすべての人々に対してつねに共感をもっている。ムルシー郡の人々は彼らの農地の所有権 ownership of their farms を守るために闘っていると私は理解している。私は彼らの主張の側に立っている。私は、自らの命をかけて所有 possession を守ろうとしている人々をつねに支持する（後略）。もし人が一片の土地に対する権利を放棄したくないと考えているならば、その土地を法律（土地収用法―引用者）によって取得することはわが国の伝統に沿うことではない。（中略）父親がわが子を売ることを欲しないように、人は当然自分の土地を手離したくはない。これは太古の時代以来の我々の本性 our nature from ancient periods である。私は、ターター会社がムルシー郡のサティヤーグラヒー（ダム反対活動家）たちに対して（土地収用法の適用という）手段を取らないことを望む」（Vora, 2008:263-64）。

ガーンディーは『ヤング・インディア』紙（一九二一年四月二七日）に寄せた論説でも、ターター電力会社に対して、土地収用法にうったえることを自制するよう求めた。土地収用法の適用によって、農民たちは「彼らの貴重な土地、それをめぐって情操やロマンスや人生を生きるに値するものとするすべてのものが生まれる土地を強制的に奪われる」ことになるとガーンディーはそこで指摘している（Vora,

2008：264）。

一九二四年まで続いたこのダム建設反対闘争は、しかし、農民に対する個別的な代替地の提供や補償金支払いなどの切り崩しにあい、結局、敗北した。ライーヤトワーリー制度によって、個別土地所有者化された農民たちにとって、自分たちの個々の土地所有が「貴重な」ものとなっていたのであり、彼らの共同の利益は個別的な切り崩しに耐え切れなくなってしまっていたのである。

このダム建設反対闘争はガーンディーにとって微妙な問題を含むものだったようである。ガーンディーは、前引のような発言にもかかわらず、このダム建設反対闘争に対して口先だけの支援に止まったとされているが、それは、一つには、ターター財閥を中心とするボンベイ・グジャラート資本がガーンディーの強力な財政的支援者だったことによると考えられる。しかし、それだけではなく、当時のガーンディーの土地所有にかんする考え方そのものにも、問題があったと思われる。ガーンディーは、『真の独立への道（ヒンド・スワラージ）』（一九〇九年に、グジャラーティー語で執筆）以来、つねに、素朴で簡素な村落生活を理想として語り続けた。しかし、経済思想といえるほどのものをもっていなかったガーンディーは、その理想とした素朴で簡素な村落社会の物質的基礎については、手紡ぎ車（チャルカー）に象徴される村落手工業以外には何も語ってはいない。土地所有にかんしては、ほんのつけたしのように、「一般の民はそれ（首都）から離れて、自分の田畑を耕作していました」（『真の独立への道（ヒンド・スワラージ）』八三頁）とのべているだけで、地主制といった具体的な農村社会関係についてはー切言及してない。ガーンディーが、前引の言葉に見られるように、土地の私的所有に対する農民の執着を「太古の時代以来の我々の本性」としているのは、当時の彼にインドにおける土地所有の歴史にかんする考察が欠けていたためである。本書第二章でのべられているように、私的土地所有の「絶対性」という観念はインド史上植民地的近代になって初めて生み出されたものであり、それは必然的に地主制の発展と結びつくものであった。しかし、当時のガーンディーは私的土地所有の「絶対性」をインドの太古以来不変の原理のように思い込んでいたのである。そこにガーンディーの歴史認識の貧困が露呈している。

ガーンディーにしろ、ムルシー郡の農民たちにしろ、このダム建設反対闘争においては、私的土地所有の「神聖不可侵」の論理をもって、タータ一電力会社とボンベイ州政府が主張する公共性の論理、すなわち電力供給の公益性という論理に対抗しようとした。しかし、そこには本質的な限界があったといわねばならない。私的土地所有の「神聖不可侵」だけを根拠として土地収用に反対するという論理では、国家と「公共企業体」の主張する公益性を超克することはできないからである。その時求められていたのは、国家権力と「公共事業体」が独占しようとする公共性ではない、地域住民の側の公共性の提起だったはずである。しかし、ダム建設反対に立ち上がったムルシー郡の農民たちと同様に、この時期のガーンディーには私的土地所有を相対化する歴史的視点がなかったから、ボンベイ州政府と電力会社が主張する公共性に対して、私的土地所有の「神聖不可侵」を対置するだけで、ボンベイ州政府と電力会社が主張する公共性に優越する地域住民の側の公共性を提起しようとする展望を欠いていたのである。

しかし、後述するように、ガーンディーの土地所有にかんする考え方はその後一九三〇年代になるとかなり大きく変わったようである。

第3節　土地からの自由へ

(1) 「耕地の社会化」

土地さえ持てば自由になれると考えたり、私的土地所有を「神聖不可侵」視したりするような考え方に対して、前述のように、日本農民組合は「耕地の社会化」をスローガンとして掲げた。耕地の何らかの形における「社会的所有」を私的土地所有に対置したのであるが、それはナロードニキ運動を意識してのことであったと考えられる。

ナロードニキ「土地と自由」結社の綱領（一八七八年八月）はその第一の要求を次のように規定している。

「人民の法的信念は、土地が、それを耕作していない人たちの所有となっているような制度は間違っていると認めている。人民の考えによれば、「土地は神のもの」であり、おのおのの耕作者は、自分の労働によって耕作し得る面積の土地にたいする権利を持っているわけである。それゆえにわれわれは、一切の土地を農村労働階級の手に移すということ、およびそれらの土地を均等に分配するということを要求しなければならない（われわれは、ロシアの三分の二の土地を共同地原理にもとづいて所有することになるだろうと確信している）」（田坂編訳 1976:11-12）。

「土地と自由」結社は、このように、土地の所有を農民の自由のための必須の条件としていたのであるが、農民を個別の私的土地所有者とすることを目指していたわけではない。土地の共同所有のもとにおける、農民の平等な土地使用（耕作権）を目標としていたと考えられる。「土地総割替派」の綱領的文書（一八八〇年一月）で、土地再分配の噂が農民たちの期待を込めて広く流布していると指摘されているのも、そのことを示している（同：114）。その場合、土地再分配とは「上流階級からの土地の没収と耕作者の手への土地の引渡し」、その結果としての「私的土地所有の廃止と集団的土地所有によるその交替」を意味した（同上：128）。

それでは、日本農民組合の場合はどうだったのであろうか。機関紙『土地と自由』創刊号には、賀川豊彦の名前で「土地と自由」という一見綱領的とも見える論説が掲載されている。しかし、そこで「土地」と「自由」の関係にかんする賀川ないしは日農の理論的な立場が表明されているわけではない。賀川は、この論説の末尾で、「農村の自由は日本の刻下の問題である。私は日本の農民の爲に飽迄土地につける自由を叫びたいと思う」（二頁）とのべているが、この「土地につける自由」とはどういう意味なのか、綱領的文書としては、あまりに明確さを欠いている。

前述のように、日農創立大会で採択された綱領の「主張」第一条には「耕地の社会化」が掲げられている。このことから、日農が農民による個別的な私的土地私有、いわゆる小作人の「自作農化」を最終的な目標としていたのではないことは分かる。単なる「自作農化」が、しょせんは、零細な自作農を生み出し、彼らが再び小作農化することにしかならない、ということはほぼ共通の認識であったように思われる。しかし、「耕地の社会化」の具体的内容については、人によって考え方にいろいろな違いがあり、日農としての統一的な見解があったわけではなさそうである。

杉山元治郎は『土地と自由』創刊号（一九二二年一月二七日）の「創刊の辞」（一頁）において、次のようにのべている。

「農村社会問題が日に日に盛になり、『小作人に土地を与えよ』との叫びはだんだん強くなって来た。我らは此際いよいよ農民の覚醒を促し、農村の向上発展を計り、引いて国家存立の安定を期せねばならぬ。ソヴィエトロシアですら農民に土地私有を許したことを思わば、農民に土地を与え彼等に生活の安定を保証せねば農村の改造発展を期することの六ヶ敷ことが解る」。

ここで、杉山がソヴィエト・ロシアに言及しているのは、日農創立の前年、一九二一年のロシア共産党第一〇回大会で決定された「新経済政策」（ネップ）によって、ロシア農民が余剰生産物を市場で販売することができるようになったこと、すなわち彼らが小商品生産者と位置づけられたことにかかわっている。だから、前引の文章だけを読めば、杉山は小作人を「自作農化」することによって、問題を解決できると考えていたように見える。しかし、そうではないことは、前述のように、杉山がくりかえし、「自作農創設」に反対する論説を書いていることから明らかである。[*]

＊「土地買取を急ぐな（所謂自作農創定を排す）」、『土地と自由』第一六号、一九二三年二月二五日、一頁、など。

それでは、杉山は「小作人に土地を与えよ」という言葉に、どのような意味を込めていたのであろうか。小作人による地主への小作地返還の動きに対して、地主が返還された土地を遊休化することによって対抗しようとしていることを批判した次の一文はその点について示唆を与えてくれる。

「また卿等（地主を指す―引用者）の或者は『一年や二年（土地を―引用者）遊ばしたところで食うには困らぬ、何に田地に草が生え様が何うなろうが構わぬ、自分のものは自由だ』と云わるるそうであるが、物知りの卿等にも似合わぬ、土地は卿等のものでないぞ、卿等の自由にすべきものでない、（中略）何故かと云うに土地は国家の保有に帰するからである、卿等は国家より単に使用収益権を許されているだけである、卿等の所有は条件附の所有であって、絶対の所有でない（後略）。（中略）土地は自分のものであると同時に国家のものである、自分の勝手気儘になすべきもの（で）ない、自分の意地や気まぐれで美田を荒廃さすべきものでない、土地は自分と社会の為に有利有功に使用すべきである」（「敢えて地主に一言す」、『土地と自由』第七号、一九二二年七月二五日、一頁）。

このように、土地は国家の所有であり、地主であれ自作農であれ、土地に対する権利は土地の使用・収益権に過ぎないと杉山は考えていたのである。したがって、近代的私的土地所有権下におけるような、「悪用（濫用）」の権利を含む排他的・絶対的な土地支配権ではなく、国家・社会のために有用に土地を使用することが義務づけられているということになる。この杉山の土地国有論はきわめて抽象的なものであり、具体的に国家が土地利用に対してどのような制約を課すると考えていたのかは不明というほかないし、杉山の主張において、国家と社会が同一視されているように受け取れるところにも問題があろう。ただ、杉山がある地方の事例として、次のような例を挙げているのは彼の考え方を知るうえで、参考になるだろう。すなわち、小作人たちが、小作料を減額しなければ、土地を返還すると地主に申し入れたところ、田植え時になっても地主が回答しないので、このままでは田が荒れてしまう、地主に「土地を管理する能力がない」ならば、自分たちで「土地を管理する」といって、小作人たちが耕作に取り掛かったという事例である（同）。これは、『土地と自由』第七号所載の兵庫県飾磨郡置塩村（当時）の事例を指していると考えられる。そこでは、地主には返還された土地を耕作する準備がないのであれば、田地の荒廃により国家社会の損失を招きたくないので、「小作人の協同の力に依って地主の耕作し得ない土地を、全部耕作して管理する」と小作人たちが主張したことが記録されている。この場合には、小作人たちによる協同組合的な土地の管理・耕作が考えられていたのであろう。杉山がこの事例を「面白いことである」として紹介しているのは、土地国有下において「土地を小作人に与える」ための一つの方式、すなわち「耕地の社会化」のための一つの方式をここに見たからであろう。

この土地国有と協同組合的な土地管理・耕作との関係については、賀川豊彦の方がより理論的に整理された考え方を示している。『土地と自由』第一四号（一九二三年二月二〇日、　頁）に掲載された「土地の社会化に就いて—産業組合による土地経営」という論説において、賀川は次のようにのべている。

「吾々は村に於いては村の土地を所有する者は一人の人ではなく村全体が所有すればよいと思う。斯う言っても村にも耕さない人があるから耕す者だけが組織する産業組合が所有することが最も必要なことだと思う。（中略）今日耕地の機械化が考えられて居るけれ共自作創定の個人主義的経営法ではとても機械化は覚束無い。即ち耕作する農民はどうしても産業組合によって耕地を管理する経営方針を立てねばならぬ。産業組合の手によって土地が耕作せらるる場合には（中略）、大農組織の経営方針を探ることも出来る。農業の分業化を発達せしむることも出来る。電力を使用することも出来る。（中略）土地は国有を急いでも何も役に立たない、土地を耕作する社会が出来無い前に国有を急ぐならばそれは反って農地を荒らす恐れがある。（中略）そのために農村に於いては産業組合によって耕地を整理し産業組合発達の後土地国有に推移するも決して遅くは無い。勿論斯うした場合に於いても産業組合は飽くまで管理権を委ねられねばならぬ」。

ここには、「耕地の社会化」の第一段階として、「耕す者だけが組織する産業組合」による土地の所有と管理・経営、第二段階として、土地国有の下での産業組合による土地の管理・経営、という構想が見られる。自作農のような家族労働による小経営を否定し、産業組合による大農経営の有利を説き、最終的には土地の国有化とそのもとにおける産業組合の大経営的土地管理・経営を理想とする、このような考え方は、当時最も「先進的」と考えられていた農業理論にもとづいているといってよいであろう。賀川がネップの農業政策を「農村に耕地組合が成立しない前に余り国有を急ぎ過ぎた結果殆んど資本主義的経営に還元する様になった」と批判し、その「失敗はレニン（レーニン）自らも是認して居る」（同）とのべているのは、このような観点からである。この賀川のような考え方をさらに推し進めるならば、「一組合員」の投書に見られるような、「耕作する者にのみ土地を与えよ」というスローガンから、さらに「土地を国有に、共同耕作に」というスローガンへの展開だけが農村問題解決の道であるという主張が出てくる（『土地と自由』創刊号、七頁）。ここまでくると、「耕地の社会化」は性急で、観念的な色彩の強いものとなり、その分だけ現実離れしてくるといえるであろう。資本主義的大農経営の絶対的優位性を自明の前提としながら、そこに貫徹している階級性を「産業組合」や国家による統制と機械化を伴う「共同耕作」すなわち農業集団化によって克服するという発想は、当時としては、理論的に確かな展望と考えられていたのであろう。しかし、これが農業の特殊性を軽視して、農業を資本主義的工業との単純なアナロジーで捉えようとするいささか機械主義的な発想であったことは、今日、明らかである。

(2) ガーンディーの「受託者制度論」

他方、ガーンディーの土地所有にかんする考え方には、一九三〇年代から四〇年代になると、大きな変化が見られたことを深沢宏が指摘している（深沢 1966）。それは、この時期にガーンディーが主張し始めた「受託者制度《トラスティーシップ》」という考え方から生まれた変化であった。この「受託者制度」というのは、ガーンディーが社会主義あるいは共産主義の影響に対抗するために考案した「理論」で、産業資本家や地主に対して、資本や土地を私有財産としてではなく彼らに「信託《トラスト》」された財と考え、自らの私的利益ではなく、社会全体の利益のためにそれを使用するよう求める、というものであった。その場合、受託者である産業資本家や地主は信託された事業を行う見返りとして、相応な生活を可能にする程度の手数料を受け取るということになる（ダースグプタ 2010：196–218）。

一九三四年、ガーンディーは地主たちに対して次のように呼びかけている。

「貴方たちは、その全私有財産を、貴方たちの小作人のために信託《トラスト》されたものと見做し、それを主として彼らの福祉に使用するように。（中略）貴方たちの土地の所有権は貴方たちに属すると同様に農民にも属するのである。貴方たちは、収入を贅沢で法外な生活に浪費することなく、農民の福祉のために使用せねばならぬ、と私は申したい。貴方たちの農民が貴方たちと親類感《キンシップ》を経験するならば（中略）、貴方たちと彼らとの間には衝突は生じ得ないし、階級闘争もないであろう」（深沢 1966：106）。

このように、ガーンディーの主張した「受託者制度」においては、土地は「小作人のために」地主に「信託《トラスト》されたもの」であり、地主はそのような土地の「受託者」（管理者）であるとみなされた。この地主的土地所有の考え方は、賀川豊彦・杉山元治郎ら日農指導部の前述のような考え方に極めて近いということができる。さらに、インド独立（一九四七年）直前になると、ガーンディーは「将来の非暴力的秩序においては、土地は国家に属するであろう」として、土地国有制下における農民たちの「共同耕作」を展望していた（深沢 1966：107）。この点では、日農の「耕地の社会化」に近いということができる。私的土地所有の超克のうえに、何らかの形での「土地の社会的所有」と「農業の集団化」を展望するとき、日本であれ、インドであれ、同じような発想が生まれるということであろう。

しかし、農業問題の難しさは、「土地の社会的所有」、「集団化による大規模農業経営」、といった試みが、旧ソ連のコルホーズ・ソフホーズや中国の人民公社などを含めて、少なくとも現在までの歴史においては、順調には進まなかったという歴史的事実によって示されている。私的土地所有を超克して、土地を社会的「公共財」とし、共同で社会的に有用に使用するということは、原理としては、疑いの余地なく正しい。しかし、その具体的な方法ということになると、極めて難しかったというのが今日までの世界史的体験であろう。そして、それとはうらはらに、農業経営の基本形態は、アメリカのような先進資本主義諸国のそれを含めて、今日のところまで、あくまでも個別的な小経営*であり続けている。そして、その基盤は個別的な私的土地所有なのである。

＊　家族労働を主とする経営であるかぎり、土地所有規模や経営規模がいかに大きくても、経済学的範疇としては小経営である。

しかし、私的土地所有に立脚する小経営農業である限り、人は、土地所有への執着という桎梏から解放されることはない。「土地の社会的所有」、「農業の集団化」の世界史的「第一ラウンド」が失敗に終わった現在、私的土地所有からの自由をどうしたら実現することができるのか、新たな模索が始められねばならない。

第四章

「私的土地所有神話」を超えて

第1節　西欧近代思想における「私的土地所有神話」

土地というものは、本来、社会的な財、いわゆる公共財としての性格を強く帯びているものなのであるが、近代という時代は土地からそのような社会性・公共性を剥奪し、土地をも近代的所有すなわち排他的・絶対的な私的支配の客体としてしまった。ところが、西欧近代思想はこの歴史的事実とはおよそ相容れない一つの「神話」を生み出していた。それは、私的土地所有の発展が人間の自立の基盤となり、人を共同体などの前近代的な社会的束縛から自由にするという「神話」であった。そして、その裏面には、「私的土地所有の欠如」したアジアの社会では、自由も発展しないという、裏返しの「神話」が存在した。この西欧近代産の「私的土地所有神話」においては、前近代的な土地所有と近代的土地所有の質的区別は存在しなかった。歴史において私的土地所有は質的断絶を伴うことなく、ただ一本調子に量的発展をするものと想定されていたのである。そして、このようなものとしての私的土地所有の発展度が歴史と社会の発展段階を表示していると考えられてきた。

(1) ベルニエとモンテスキュー

モンテスキューは『法の精神』(一七四八年)のなかで、「土地王有制」下、「私的土地所有の欠如」した「アジア的専制国家」について、次のように書いている。

「あらゆる専制政体の中で、君公が自分がすべての土地の所有者であり、すべての臣民の相続人であると宣言する政体ほど自分で自分を疲弊させるものはない。そこからは常に土地の耕作の放棄が帰結する。そして、君公が商人でもあるとなると、どんな種類の産業も破滅する。

これらの国家(アジア的専制国家─引用者)においては、人は補修や改善などなにもしない。家屋も生活のためだけにしか建てられない。溝渠も作らず、樹木も植えない。人は土地からあらゆるものを引き出すが、これになにも戻さない。すべてが荒地であり、すべてが砂漠である」(モンテスキュー 1989:138)。

明示されてはいないが、モンテスキューがこう書いたとき、その大きな根拠となったのは明らかにフランソワ・ベルニエ『ムガル帝国誌』(初版一六七〇年)附載の「コルベール宛の手紙」である。ベルニエ(一六二〇〜八八年)はガッサンディの弟子として、師の学説擁護の論陣を張り、一六五二年にはモンペリエ大学医学部から医学博士の称号を授与されるなど、若くしてフランスでは知られた人物であった。一六五六年にはオスマン帝国、サファヴィー朝ペルシア、インドに向けて長期にわたる旅行に出発、デリーのムガル宮廷に到着して、その高官ダーネシュマンド・ハーンの食客として一六六八年までインドに滞在した。その間、医者を称しながら、医療行為はほとんどしなかったようであるが、ムガル宮廷の知識人、宗教人と親交を結んだ。一六六九年、フランスに帰国、その翌年『ムガル帝国誌』初版を刊行して、大きな反響を呼んだ。この『ムガル帝国誌』には、アジア旅行中に本国の知人、友人等に出した何通かの手紙が附載されており、そのうちの一通が問題の「コルベール宛の手紙」である。ベルニエはその中で次のように書いている（カッコは引用者による補足）。

「（ムガル帝国で、金銀が退蔵される）第二の理由としては、王国の土地がすべて王の固有の領地であるところから、土地は（中略）軍人の給料あるいは俸禄に当てられます。（中略）土地は同じく太守たちに（中略）、彼らの俸禄及び軍隊の維持費として与えられます。（中略）こういう状況なので、誰もがあの種の人間（軍人や太守）を絶えず恐れており、中でも太守に対しては、奴隷が主人に対する以上にびくびくしています。常日頃、貧乏で金がないように装い、衣服、住居、家具などはきわめて簡素なものを用い、飲食物は一段と質素にしています。裕福だと思われ、何かを企らまれて、破産させられるのではないかという心配から、商売にあまり深入りせぬよう、用心することさえしばしばです」（ベルニエ 2001:295–96）。

「しかし、この事から一つの重大な疑問が生じます。このように君主が王国の土地全体を所有するのではなく、私たちの（ヨーロッパの）諸王国、諸国家におけるように、個人の間で、私のものとかお前のものとか呼べるような土地が存在する方が、臣下にとってのみならず、国そのものにとっても、統治者にとっても有利なのではないかという疑問です。私としましては、私のものやお前のものが存在する、私たちの諸王国の状態と、それが存在しない別の（アジアの）諸王国の状態とを、厳密に比較してみた後に、私たちの国々のやり方の方がはるかに優れ、統治者自身にとってもより有利であると、完全に確信するに至りました」（同 :297–98）。
「（土地王有制下においては）土地の耕作も、強制されて行うだけと言ってよく、やり方は至って粗雑です。堀や水路を整備して水を通し、必要な場所に導くために、金を出すことができる者、いや出す気になる者が誰一人いないので、土地の質は低下し、荒れ果ててしまう所も沢山あるほどです。また建築をし、家を建てたり、倒れた家を修復しようと考える者もほとんどいません。農民はこう思っています。あの暴君が、明日はおれの家にやって来るかもしれない。そして何もかも、少なくとも一番良いもの結構なものは、全部もって行くだろうし、気分次第では、ぎりぎりの暮らしをするのに必要なものさえ残してはくれないだろう。そんな暴君のために、どうしておれが苦労して働かなければならないのだ」（同 :298–99）。

このように、「土地王有制」下、「私的土地所有の欠如」したアジア的専制国家においては、ただ土地の荒廃だけがその結果である、だから、「わがヨーロッパの君主の方々が、臣下の所有する土地を皆がものになさるようなことは、ゆめゆめ起こりませんように」（同 :307）というのが、ベルニエがコルベールに宛てて、この手紙を書いた時の願いであった。ルイ一四世治下の絶対王政フランスでは、王が貴族階級の土地所有権（領有権）を剥奪して、土地王有（国有）制にしようとしているという噂でも流れていたのであろうか。はるかに遠くインド、デリーの地でそれを知ったベルニエは、強い危機感を抱き、そのようなことをするならば、フランスもアジアの専制国家におけるように国土が荒廃してしまうと、コルベールに警告しようとしたのである。このように、ベルニエがアジア的専制国家における「土地王有制」=「私的土地所有の欠如」をいう時、それは彼の貴族階級的立場からの一つの政治的イデオロギーというべきものであり、ムガル帝国のような現実のアジア諸国家の状況を客観的に伝えようとするものではなかったのである。

しかしながら、モンテスキュー以降の西欧近代思想はベルニエの主張のもつ政治的イデオロギー性を無視して、彼のアジア的専制国家論――「土地王有制」と、そのもとにおける「私的土地所有の欠如」――を、長いインド滞在の経験に裏打ちされた、権威あるアジア認識とみなした。さらに、一九世紀半ばになると、そこから「土地王有制」という契機が捨象されて、より単純に、アジアにおける「私的土地所有の欠如」というイメージが西欧近代思想の中に定着していった。それには、第一章第2節(2)割地制（二〇頁以下）でのべたように、一九世紀前半、ジャワのデーサやロシアのミールのような土地の定期的割替を伴う共同体が「発見」され、それらが「始原的共同体」と誤認されたことがかかわっていた。これらの「始原的共同体」の存続がアジア――当時の西欧では、ロシアは「野蛮なアジア」を代表するものとみなされていた――を特徴づけるものとされたとき、アジアにおける「私的土地所有の欠如」は共同体的土地所有下における「私的土地所有の欠如」を意味すると考えられるようになっていったのである。

(2) マウラー

一九世紀半ば、西欧の歴史研究の世界では、マウラー（Georg Ludwig von Maurer, 1790–1872）が、「古ゲルマン」社会には土地の定期的割替を行う共同体が存在したと主張し始めた。マウラーはタキトゥス『ゲルマーニア』の次のような一節などにもとづいて、「古ゲルマン」社会にそのような共同体の存在を想定したのである。

「耕地はまず耕作するものの数に比例して、それぞれ一つのまとまりとしての村落に〔その共有財として〕占有され、次いで〔各村落における〕耕作者相互のあいだにおいて、各人の地位に従って配分される。配分の容易さは田野の広さが保証する。年々、彼らは作付け場所を取り換える。しかし、耕地はなお剰っているのである」（タキトゥス 1979:119）。

マウラーはこの引用文中の「年々、彼らは作付け場所を取り換える。しかし、耕地はなお剰っているのである」（arva per annos mutant, et superest ager）という一文を「彼らは耕地を毎年交換する、しかし、共有地はなお余っている、あるいは、共有の（個々に）配分されていないマルクは余っている」（[D]as Ackerland wechseln sie jährlich und Gemeinland bleibt übrig, d. h. eine gemeine unvertheilte Mark bleibt übrig.）と解釈した（Maurer, 1854:6）。すなわち、土地共有制下における一年毎の土地割替を意味すると理解したのである。そして、これを根拠として、「土地共有の村落」Dörfer mit Feldgemeinshaft における「所有地の毎年の交換」と「毎年新たに行われる土地の指定」はタキトゥスの時代に遡ると考えた（ibid.）。

しかし、このマウラーの『ゲルマーニア』解釈は、その後の研究では、誤りと見なされている。今日、『ゲルマーニア』中の前引の一文は、個々の耕作者が、自己に割り当てられた占有地内において、耕作場所を年々取り替える（移動耕作）、ということを意味していると理解されているのである。だいたい、「耕地はなお剰っているのである」という状況において、各耕作者の平等の為に、毎年土地を割替えるなどということは考え難いことである。*

＊（タキトゥス 1979:122　注三）、（ウェーバー 1969:69）。日本において、マウラーの誤読を最初に指摘したのは福田徳三である（福田 1914:354–59）。なお、（小谷 1982:17）も参照。

ところが、このマウラーによる『ゲルマーニア』誤解釈は、前述のような二つの要素、すなわち、（一）ベルニエの政治イデオロギーとしてのアジアにおける「私的土地所有の欠如」論と、（二）デーサやミールを土地共有の始原的共同体とみなす事実誤認、と共鳴しあって、アジアにおける土地共有の始原的共同体の強固な存続とその結果としての「私的土地所有の欠如」、というアジア像を作り上げることになったのである。それはまさに一九世紀西欧思想を特徴づけるアジア像の「創出」であった。

(3)　メインとマルクス

イギリス歴史法学の泰斗、ヘンリー・メイン（Henry S. Maine, 1822–1888）は、このような一九世紀西欧的アジア観の到達点を体現している存在といってよいであろう。その著書『東と西の村落共同体』（一八八七年）において、メインは次のようにいっている（カッコは引用者）。

「我々が、世界と人間にかんする我々の認識から、我々が漠然と「東」East と呼んでいる厖大で未探査の領域を除外しなければ、現在と過去との区別が消滅するということがまったくの独断やパラドックスではないということが分かる。時に、過去は現在である。（中略）（アジアの現在の）直接的な観察が（ヨーロッパの過去の）歴史学的探求の助けとなり、歴史学的探求が直接的観察の助けとなる」（Maine, 1887:7）。

「インドの村落共同体とテュートン人の共同団体 Township は似ている。その類似性は極めて強く、多面的なので、類似は決して偶然ではありえない。（中略）両者は二つの共通の相を持っている。同一の血族に属するという想定によって結び付けられた諸家族の集合体という相と、土地に対して共同の所有権を行使する人びとの集団という相の二つである。（中略）しかし、インドの村落共同体は（テュートン人の共同団体のように）既に死滅してしまった制度なのではなく、いまだに生きている制度である」(ibid. 12)

「村落共同体に結集した人々の（土地）享受と耕作におけるインドの（現在の）制度と古代ヨーロッパの制度とが、その基本的な諸特徴において同一であるとすることは、私には冒険的な主張だとは思われない」(ibid.:103)。

見られるように、メインは、一九世紀インドに現存した村落共同体を「古代ヨーロッパ」にかつて存在した（と彼が考えた）土地共有の共同体（私的土地所有の欠如した共同体）と同一の歴史的性格をもつものとみなした。だから、一九世紀インドの村落共同体を観察することは、既に死滅した「古代ヨーロッパ」の共同体に関する歴史学的探求の助けとなると考えられたのである。彼にとって、アジアの現在はヨーロッパの過去にほかならなかった。このようなメインの立論は、マウラーの誤った『ゲルマーニア』解釈とベルニエの政治イデオロギーとしてのアジア的専政国家論に依拠したものであった。

メインに対して、厳しい批判的な目を向けていたマルクスも、このような一九世紀西欧思想的なアジア像にかんするかぎり、メインとなんら異なるところがなかった。マルクスのアジア像の枠組みも基本的にはベルニエとマウラーに依拠していたのである。マルクスは一八五三年六月二日付のエンゲルス宛手紙に、次のように書いている。

「ベルニエは、正当に、オリエントのすべての現象についての基礎形態を――彼はトルコやペルシアやヒンドスタンについて語っている――土地の私有が存在しないということのうちに見いだしている」（『マルクス・エンゲルス全集』二八巻、二一〇頁）。

また、マウラーにかんしては、一八六八年三月一四日付のエンゲルス宛手紙に、次のように書いている。

「博物館では〔中略〕老マウラー（カッコ内、略）の最近の著書を読んで、ドイツのマルクや村落などの制度について勉強した。〔中略〕ちょうど今興味があるのは、一定の期間（ドイツでは当初は毎年）における土地の再配分というロシア的な風習がドイツでは所によっては一八世紀に至るまで、また一九世紀にさえ至るまでも、保存されていた、ということだ。アジア的またはインド的な所有形態がヨーロッパのどこでも端緒をなしている、という僕の主張した見解が、ここでは（カッコ内略）新たな証拠を与えられている」（『マルクス・エンゲルス全集』三二巻、三六～三七頁）。

マルクスもまた、一九世紀のロシアやインドに存在した土地共有の共同体を「始原的土地共有共同体」とし、それをヨーロッパ社会の始原状態とみなしていたのである。そして、その主たる根拠はメインと同様にベルニエの政治イデオロギー的なアジア像とマウラーによる『ゲルマーニア』誤解釈であった。

このように、モンテスキューからメイン、マルクスにまでつながる西欧近代思想のアジア像においては、「私的土地所有の欠如」がアジアの秘密を解く鍵とみなされていた。したがって、歴史におけるアジアとヨーロッパの分かれ目は「私的土地所有」の不在と存在であり、ヨーロッパにおける「私的土地所有」の発展こそが人の土地に対する能動的働きかけを可能とし、人を自由にすると考えられた。そして、その対極には、「私的土地所有の欠如」のゆえに自由の発展しえないアジアというアジア像が定置されていたのである。それはまさに「私的土地所有神話」というべきものであった。

第2節　「新大陸」アメリカにおける「私的土地所有神話」の実践

(1)　テリトリー・「共同所有地」・「個別土地割当」

このようなものとしての「私的土地所有神話」は「新大陸」アメリカの「インディアン」土地政策において格好の実践の場を見出した。

一九世紀初めまでに、アメリカ合衆国とさまざまな「インディアン」国家（nations）との間に締結された条約はいわゆる保護条約で、「インディアン」諸国家が合衆国の保護下にあることを前提として、「インディアン」諸国家の存在自身は認められていた。それらの条約により、「インディアン」諸国家のテリトリー（領土）の一部は合衆国に割譲されたが、残されたテリトリーとそれを「統治」する「部族政府」の存続は認められていたのである。*

*　一例として、独立戦争後の一七八五年にチェロキー族と結ばれた条約（Prucha, ed., 2000:6-8）。

しかし、彼らのテリトリーの権利（領土主権）はその後次第にアメリカ合衆国の領土主権の中に吸収されていってしまった。チェロキー「国家」対ジョージア州訴訟における一八三一年のアメリカ最高裁判決は、「インディアン」諸国家を「外国」（foreign nations）とするよりは、「国内従属国家」（domestic dependent nations）とする方が正確であろうとしたことでよく知られる判決であるが、「インディアン領は合衆国の一部」であり、「完全に合衆国の主権（sovereignty and dominion）下にある」とした(ibid.:58–59)。こうして、合衆国の保護下に置かれたことによって対外主権は喪失していたとしても、内政的には主権国家であった「インディアン」諸国家はその対内主権さえも否定されるに至ったのである。その結果、「インディアン」諸国家のテリトリー（領土）は合衆国領土主権下の「インディアン共同所有地」（「インディアン保留地」）とみなされることとなった。換言すれば、公法上の概念であるテリトリー（領土）が私法上の概念である土地所有にすりかえられたのである。

さらに、一八五〇年代になると、一連の「インディアン条約」に、「インディアン保留地」を測量し、区画に分割して、個別的な私的所有地として個々の「インディアン」に割当てる権限を合衆国大統領に付与する条項が加えられるようになっていった*。

＊　早い例として、オートー・ミズーリー「連合部族」との一八五四年の条約、第六条（Prucha, ed. 2000:88）。

テリトリー（領土）であったならば、分割して個々の「インディアン」に割当てることはできないのであるが、「共同所有地」ならば、分割して、私的所有地化することが可能だからである。そして、それは、必然的に、「インディアン」国家（「部族政府」）の解体を意味した（ウォシュバーン1977:230–35)。これらの過程を一挙に促進したのが一八八七年の「一般割当法」（ドーズ法）で、その第一条では次のように規定されている（カッコは引用者による注記）。

「合衆国大統領は、（中略）インディアンの保留地あるいはその一部が農耕と牧畜に適していると判断したときには、このような保留地あるいはその一部を測量し、また必要ならば再測量し、その保留地に居住するインディアンに対して、上記の保留地内の土地を個別に（あるいは、「単独保有地」として。in severalty）、以下の割合で割当てさせる権限をもつ。

各家族の長には四分の一セクション（約一六〇エーカー）

一八歳以上の独身者には八分の一セクション（以下略）」（Prucha, ed., 2000:170）

この「一般割当法」が適用されなかった「文明化五部族*」に対しては、一八九八年の「カーティス法」によって、次のように定められた。

* Five Civilized Tribes. 一八三〇年代、オクラホマに設定された「インディアン・テリトリー」に強制的に移住させられたチェロキー、チョクトー、チカソー、クリーク、セミノールの五部族。

「第一一条　上記のネーションあるいは部族（tribes）のうちのいずれかで、市民登録（roll of citizenship）が法の定めるところにしたがって完全に終了し、そのネーションあるいは部族の土地の測量が終了した時、議会の法によって任命され、ドーズ委員会として知られる委員会は、そのネーションあるいは部族のすべての割当可能な土地に対する排他的利用と占有の権利を、そのネーションあるいは部族に属する市民（citizens）に（個別的に）割当てるものとする。（後略）

第一九条　今後、合衆国政府は、いかなる場合も、いかなる部族政府（tribal government）に対しても、あるいは、そのいかなる官吏に対しても、金銭的支払いを行わない。ただし、そのような部族の個々のメンバーに対する支払いは内務長官（Secretary of the Interior）の指令により長官の任命する官吏によって行われる。（後略）

第二六条　本法が議会を通過した後は、インディアンのさまざまな部族あるいはネーションの法

は、インディアン・テリトリー内の合衆国の法廷において、法あるいは衡平法上の法として運用されない。（以下略）

第二八条　一八九八年七月一日をもって、インディアン・テリトリー内のすべての部族法廷は廃止される。その後、部族法廷の官吏は、いかなる権威も持たず、部族法廷に関連する法によってそれまで権限を与えられてきた、いかなる行為も行うことができない。（後略）」（Prucha, ed. 2000:196）。

こうして、かつて固有のテリトリー（領土）と「部族政府」を有し、固有の法と法廷をもっていた「インディアン」国家は完全に解体され、そのテリトリー（領土）は「インディアン保留地」という名の「共同所有地」に変えられたうえ、さらに分割されて、個々の「インディアン」に私的所有地として割当てられることになったのである。

このような「インディアン」土地政策を通して、一八八七年の時点で一億三八〇〇万エーカーあった「インディアン共同所有地」のうち、個々の「インディアン」に割当てられた土地は七八〇〇万エーカーだけで、残りの六〇〇〇万エーカーは「余剰地」として白人に払い下げられてしまった。しかも、「インディアン」に割当てられた七八〇〇万エーカーの土地のうち、二七〇〇万エーカーが「一般割当法」（ドーズ法）の廃止される一九三四年までに「インディアン」によって売却されていた。一九三四年の時点で「インディアン」の手に残された土地は約五一〇〇万エーカー、一八八七年段階の「共同所有地」の約三分の一になってしまっていたのである（Washburn, 1995:145）。

(2) アメリカにおける「私的土地所有神話」

このようなものとしての「インディアン」土地政策の土台にあったのは、土地を個々の「インディアン」に個別に割当てて、私的土地所有者化することこそが「インディアン」を「文明化」する道だとする考え方であった（水野 2007:54-55）。一八六九年に設立されたインディアン委員会 Board of Indian Commissioners の「報告」（一八六九年）は次のようにのべている。

「いくつかのインディアン部族は知られる限り、全般的に、平和で勤勉であり、保護と適切な程度の援助とキリスト教の教えによって、よりいっそうの勤勉の習慣を急速に獲得し、文明へ向かっての満足すべき前進することが保証されるであろう」（Prucha, ed. 2000:131）。

「インディアン保留地では、彼らインディアンたちに、できるだけ早く財産の私的所有の優位性が教えられるべきであり、彼らが望むならば直ちに個別の所有地（land in severalty あるいは「単独所有地」—引用者）が彼らに与えられるべきである。そして、部族関係（部族的政治・社会組織—引用者）をなくすように勧められるべきである。将来における土地の個別的割当を容易にするために、彼らインディアンのあいだにあまり不安を引き起こさない限りすみやかに、保留地内の農業用地を測量すべきである。割当地所有者の所有権（titles）は少なくとも二、三世代の間は譲渡禁止とするべきである。インディアン・テリトリー内の文明化諸部族に対してはできるだけ早く課税し、合衆国の市民とするべきである」（Prucha, ed. 2000:132）。

同様に、インディアン委員 Indian Commissioner のジョン・スミスは一八七六年の「報告書」のなかで、次のように書いている。

「土地の個別的所有なしに、なんらかの程度の高い文明が可能だということは疑わしい。過去の記録と現在の経験は、法律がすることのできるあらゆる保証とともに、土地は個々の人間の手に確保されるべきである、ということを立証している。それ以外に、人が（土地に対して）最大の努力を傾注するようにさせる方法はない。インディアンに対して、単独所有地の割当を選択するように規定した一般的な法は存在しない。それゆえ、インディアン家族の長に、部族共有地の代わりに、適切な広さの割当地を彼自身および彼の法的継承者の財産として受け取ることを許すだけではなく、受け取ることを要求する法規定を作ることが非常に重要であると私には思われる」（Prucha, ed., 2000:148）。

このような、「インディアン共同所有地」を分割して、個々の「インディアン」に割当て、彼らを私的土地所有者化することが彼らを文明化する道だという信念、すなわちアメリカ版「私的土地所有神話」が、「インディアン共同所有地」の大きな部分を「余剰地」として「インディアン」から取上げようとする欲求と結びつくことによって制定されたのが「一般割当法」（ドーズ法）であり、「カーティス法」だったのである。それは、「インディアン文化の無視と、（白人の）独りよがりの自己正当化と、土地にたいするあくなき欲求とが、相合わさって、いかなる経済的援助もえられず、あるいは以前には彼らの生活に意味を与えていた文化的価値をも一切失って、よろめき歩くインディアンを二十世紀に押し込んだのであった」（ウォシュバーン 1977:242）。

第3節　近代日本における「私的土地所有神話」の受容

(1)「文明開化」日本の「開明的官僚」

西欧近代産の「私的土地所有神話」は、「文明開化」明治の日本において、地租改正を主導した、いわゆる「開明的官僚」のなかに、その信奉者を見出した。しかし、彼らが信奉したのは私的土地所有一般の進歩性ではなく、西欧近代が実現した(と彼らが信じた)近代的私的土地所有に固有の進歩性であった。「近代化」すなわち「西欧化」を推進しようとする彼らの思想的立場からすれば、それはごく自然なことだったのであろう。この点について、丹羽邦男は次のようにいっている。

「当時の政府—大蔵省—租税寮土地改革担当官員は、当時の人民を旧習にとらわれた無知の人間とみ、彼らを政府の力で近代的土地所有のもとで近代的農業を経営する農民へと誘導してゆく、という支配者としての使命感を抱いていたことが分かる。このような官員をふつう「開明的官僚」といっている。彼らは、その実、特に三章でみた人民の生産の実態については、ほとんど無知なのである。そして彼らは、近代的土地所有というものを、欧米書から学び、また欧米に留学し親しく実見することもなかったために、きわめて観念的・教科書的に、よくいえば理想主義的に考えていた(書生官員)」(丹羽 1989:206)」。

「(彼らは、地租改正によって—引用者)近代的土地所有権を付与する対象を、「愚昧の小民」と見るからこそ、近代的土地所有権を「威力ヲ以テ圧倒」してでも付与するという言葉が出てくるわけである。右に述べた、土地が私有財産であってこそ、人はこれを維持・増殖しようとして働くという功利主義的な考えは、このような愚民観と結合している」（同：224）。

丹羽のいうような「土地が私有財産であってこそ、人はこれを維持・増殖しようとして働くという功利主義的」な人間観は、地租改正への端緒となった神田孝平「田租改革建議」（明治三年）にすでに明瞭に見られる。「田租改革」の前提となる田畑永代売の解禁は富者による貧者の土地の兼併を招くとする批判に対して、神田は次のように反論している。

「人の情智愚あり、勤惰あり、其智勤倹を兼ねる者は漸く富み、愚惰奢を兼ねる者は漸く貧しきは当然の理なり。然るに、今兼併を防ぎ貧富を均うせんと欲せば、勢い必ず富者に奪ひ貧者に与うるに至らん。今其弊や智勤倹を抑えて愚惰奢を勧めるに至らん。是れ斯民を駆りて窮苦の中に陥いるるの説なり」（『明治前期財政経済史料集成』第七巻、三〇三頁）。

「貧富を均うせんと」することは「智勤倹を抑へて愚惰奢を勧める」に等しい、このような人間観は地租改正を推進した「開明的官僚」たちにも共通していた。だから、彼らは、割地制のような私的土地所有に対する共同体的規制を一種の「悪平等」とみなし、それゆえに農業の進歩に対する障害として、それを「威力を以って圧倒」することに自らをかけることができたのである。

割地制については、地租改正条例に先立って、明治五年八月三一日付大蔵省布達第一一八号で、その廃止の意向が通達されていた（丹羽 1989：205）。さらに、地租改正「当局者に於て起草せしもの」とされる「地券を発するの益」なる一文では、その第五の「益」として、割地制を廃する「益」が次のように説明されている。

「五に曰く、旧藩制中年限を定め地所割替人民一定の持地なき旧習を一洗す。（中略）大略一村の耕地は一村の総称にして一人一己の持地なく、十年或は二十年の年限を定め一村の耕地を一村戸口に割合、年季中の請持を定め之を耕耘し、年季に至れば再び割賦して地所を交換す。是古者質朴の時人民互に其力を相通じ相助て以って戸口耗減を防ぎし方法なるべし。然りと雖ども人の性各異にして智力勤惰の相懸絶する霄壌の如きあり。今勤惰を問はず年限を以って交換するときは、培養に力を尽くし土地を肥すも他日何人かの手に落ちるを知らざれば誰か肯て其力を尽くさんや。是令せずして人を怠惰に陥いれ、国家も亦地力を尽くさざるの弊を受くべし。今地券を渡し持主を確定せば以上の旧習を破るべし」（『明治前期財政経済史料集成』第七巻、三一九頁）。

割地制におけるように、「勤惰を問はず年限を以って交換するときは、培養に力を尽くし土地を肥すも他日何人かの手に落ちるを知らざれば誰か肯て其力を尽くさんや」とする人間観が、地租改正「当局者」のあいだでは、共有されていたのである。ふたたび丹羽の言葉を借りれば、地租改正「当局者」にとっては、「人は土地の私的所有が認められてはじめて、土地改良や農事に力を尽くすのであるから、割替地の慣行は農業生産力発展の見地からはぜひとも廃止せねばならないものであった。この条項を、とくに布達の一条として掲げたのは、右の理由とともに、割地慣行が、当時局部的ではなく、わが国の広い地域に存在が認められたからにほかならない」（丹羽 1989:205-06）。

このような近代的私的土地所有の進歩性に対する確信こそが「開明的官僚」を地租改正の強行へと促迫したのである。そして、この近代的私的土地所有の進歩性への確信の根底には、「私的土地所有神話」、すなわち「私的土地所有は人を自由にする」という西欧近代思想の生み出した「神話」が存在していた。

(2) 戦後日本の「近代主義者」

西欧近代産の「私的土地所有神話」は、敗戦日本の「再版文明開化」状況の中で、その本来の形で再び出現した。この場合には、明治日本の「開明的官僚」の場合とは異なり、近代的私的土地所有の進歩性ではなく、私的土地所有一般の進歩性に対する「信仰」という「純粋な」形を取っていたのである。それを代表するのが、「私的土地所有神話」を「理論化」して、「共同体の基礎理論」を作り出した大塚久雄であった。大塚の場合、明治日本の「近代化」を担った「開明的官僚」のような政策推進者としての緊迫した現実感覚を欠いていた分、その「私的土地所有」崇拝はより「純粋」だったのである。

大塚は『共同体の基礎理論』(初版一九五五年)において、共同体の「三つの基本形態」として、「アジア的共同体」、「古典古代的共同体」、「ゲルマン的(封建的)共同体」という概念を措定*して、次のようにのべている。

「「共同体」の三つの基本形態とその根本的な特徴を主要な史実のうちに確認するためには、われわれはさしあたって次の二つの基礎視角をつねに正確に保持していることが必要であろう。(中略)(1) 共同体内部にみられる土地の私的な占取関係の進展度。この事実のうちに生産諸力の発展、したがって社会的分業(=生産諸力の分化)の展開度が直接に表出されており、したがって土地の私的占取関係の如何は「共同体」とよばれる一定の生産関係の積極的な側面を形づくっているのである」（大塚 2000:63）。

＊ 共同体の「三つの基本形態」のこの奇妙な名称がマルクスに基づくものであることについては、（小谷 1982:V）を参照されたい。

このように、大塚における共同体の「三つの基本形態」は、私的土地所有の進展度、すなわち「共同体的土地所有」（土地共有制）のただなかから、どれだけ「私的土地所有」が発展しているかという、その度合いをメルクマールとして設定されているのである。略言すれば、共同体的土地所有が圧倒的に優勢な「アジア的共同体」、共同体的土地所有と私的土地所有が拮抗する「古典古代的共同体」、私的土地所有が共同体的土地所有を圧倒するにいたった「ゲルマン的（封建的）共同体」という発展系列である。西欧近代産「私的土地所有神話」の「理論化」として、これは極めて自然な発想といえるであろう。

大塚は「共同体の基本形態の第一」としての「アジア的共同体」について、「その歴史上の存在が決してアジアの諸国にだけ限られるものではなく、むしろ世界史上どの地域にも見出されうる「農業共同体」の第一段階（＝端初形態）をなしていること」を指摘したうえで（同：64, 65）、その特徴を以下のように説明している。

「（1）「アジア的共同体」では、部族あるいはその部分体である血縁集団が土地の共同占取の主体となっている。（中略）（2）ところで、部族共同体によって共同に占取された土地（部族マルク）のまっ只中には、いまや各家族によって永続的に私的に占取される土地、すなわち「ヘレディウム」（「宅地および庭畑地」Hof und Wurt）がすでに広く形づくられている。（中略）（3）しかし、それにもかかわらず、「アジア的形態」の共同体においては土地の永続的な私的占取（私的所有）はまだ「ヘレディウム」という形で、橋頭堡を形づくっているに止まり、「富」の基本形態である「土地」の主要部分は「共同マルク」として直接「部族」共同体自身による「共同占取」（＝部族的共同所有）のもとにおかれている。（中略）ここから「アジア的共同体」における「所有の欠如」の相貌が生ずるのである」（同：75–77）。

このように、大塚は、「アジア的共同体」を土地の共同所有が圧倒的に優勢で、私的土地所有は「ヘレディウム」という萌芽的形態においてしか存在しない段階の共同体としているのである。そのうえで、大塚はさらに、この「アジア的共同体」を人の「自由」と関連づけて、次のようにいう。

「このこと（「アジア的共同体」における「所有の欠如」―引用者）はまた、共同体の成員諸個人に対する部族的「共同態規制」の圧倒的な強さを意味する。すなわち、個々人はきわめて強い規制力をもって共同体に従属させられており、「共同体に対して自立的となることはない」（マルクス）のである。（中略）それにしても、「アジア的形態」の共同体においては「ヘレディウム」の確立を基礎として、単なる「（部族的）血縁関係に拘束されない自由人」（マルクス）間の生産関係の端緒がすでに形成されていることを看過すべきではない」（同：77）。

見られるように、大塚は、「アジア的共同体」における「所有の欠如」が人の共同体からの「自立」を困難にし、人が「自由人」となることを阻害する、としているのである。それは、逆にいえば、共同体的土地所有を克服して、私的土地所有が発展していく過程こそが「自由人」を生み出すという、西欧近代思想の創り出した「私的土地所有神話」を、大塚が無条件に信じていたことを示している。そして、大塚の場合も、その裏側には、私的土地所有が欠如しているがゆえに、自由を発展させることのできなかったアジアというアジア観が張り付いていた。「アジア的共同体」における「ヘレディウム」の形成が「アジア」において「自由人」を生み出す端緒になりうることを看過すべきではないという留保を伴っているとしても、このような大塚の「アジア的共同体」論が「再版文明開化」状況下における「私的土地所有神話」の復活とでもいうべきものであったことは否定できない[*]。

＊ 大塚の「共同体理論」に対する根底的な批判として、（小谷 1982：V）を参照されたい。

モンテスキュー以来の西欧近代思想が、ベルニエのアジア的専制国家論――アジアにおける「土地工有制」＝「私的土地所有の欠如」――を、その政治イデオロギー性を無視したまま、権威あるアジア認識とみなしたことから生まれた認識的錯誤は、遠く、戦後日本の「社会科学」にまで計り知れない負の影響を及ぼしたのである。

第4節　「私的土地所有神話」を超えて

(1)「私的土地所有発展史観」

私的土地所有の発展度を尺度として歴史や社会の発展段階を測ろうとする発想、すなわち「私的土地所有発展史観」は決して大塚久雄に限られたものではない。そのような考え方は戦後日本の歴史学研究においても広く共有されていたといっても過言ではないのである。

この「私的土地所有発展史観」に立つ時、日本の中世から近代にかけての歴史展開は次のように捉えられることになるであろう。中世的な「職《しき》の体系」は、一つの地片の上にいくつもの権利が重畳する未発達な土地所有関係であったが、近世的な土地所有はそれを歴史的に克服して、領主的土地所有権（土地領有権）と農民的土地占有権の二つに収斂させた。江戸後期になれば、領主的土地所有権は名目化（de jure の土地所有権化）して、農民的土地占有権が「事実上の土地所有権」（de fact の土地所有権）にまで発展していた。この農民的な「事実上の土地所有権」を集積して、地主的土地所有も展開し始めていた。地租改正は、この農民的・地主的な「事実上の土地所有権」を近代的私的土地所有権として法認したのである、と。

このようにして、日本社会の歴史的発展は、錯雑した「重層的土地所有」関係が一物一権の近代的私的土地所有へと発展していく過程として捉えられることになる。それは、近代的私的土地所有実現に向けての発展だけが歴史発展の道だとする「私的土地所有発展史観」によって捉えられた日本史像である。しかし、人間社会の歴史はこのように「単線的」な「私的土地所有発展史観」によって捉えられるものなのであろうか。

(2) 社会発展のもう一つの型

たしかに、日本中世から近世への移行は、「職《しき》の体系」が解体されて、土地所有関係によって律せられる社会へと変化していったといえるのであろう。しかし、それだけが歴史の唯一可能な発展の方向だったのであろうか。「職の体系」がより高度化し、より複雑な社会諸関係を包摂していく、という歴史発展の方向も、可能性としてはありえたのではないだろうか。

「職《しき》の体系」によって構成されていた日本の中世社会は、私がワタン体制と呼んできた前植民地期西インドの社会構造と、その本質において、近似した社会であったと思われる（大山 2003）。ワタン体制とはワタンと称されるさまざまな「世襲的家職・家産」の所有者（ワタンダール）たちによって構成されていた社会である。例えば、村落共同体の正規の成員である農民は前述のようにワタンダール（ワタン持ち）農民と呼ばれた。村には、農民以外に、大工、鍛冶屋、陶工などの手工業職人やジョーシー（占星師）、床屋、洗濯人などのサーヴィス職人、そして、マハールなどいくつかのカーストの不可触民などがいた。彼らは、例えば大工ワタン、床屋ワタン、マハール・ワタン（不可触民マハールのワタン）といったように、それぞれのワタンをもつ村落職人であった。村長は村長ワタン、村書記は村書記ワタンをもっていた。村の上には数十ヵ村を束ねた地域共同体（地方行政単位としては郡・郷）が存在したが、その長は郷主と呼ばれ、郷主ワタンをもち、地域共同体の書記すなわち郷書記は郷書記ワタンをもっていた。また、大工、床屋などの諸カーストは、この地域共同体を場として基礎単位集団（第一次集団）を形成していたが、それぞれのカーストの基礎単位集団には頭《かしら》（メータル）がいて、メータルワタンと呼ばれるワタンをもっていた。これらのワタンの所有者（ワタンダール）たちが前植民地期西インド地方における地域社会（村落共同体―地域共同体）の基本的な構成員であった。したがって、彼らによって構成された社会をワタン体制社会と呼ぶことができる。

ワタンの世襲性はきわめて強かった。例えば、ある村の大工が、仕事をめぐって一村民との間に起こった紛争を原因として、村を出た。しかし、数十年後、その子孫が村に帰り、その時に村で実際に大工の職に従事していた者（大工ワタンを持たず、村によって一時的に雇用されたウパリー〔余所者〕大工）に対抗して、父祖の大工ワタンの継承を主張しはじめた。この紛争は長く続いたが、最後には、その子孫の主張が村によって認められた（深沢 1972:312–14）。

さらに、近世（一七～一八世紀）ともなれば、これらのワタンのかなりの部分は売買可能な物件となっていた。例えば、村請の税の支払いなどで困窮した村長が自己の村長ワタンを二分して、半分を売却するといったことがよくあった（小谷 1989:337–39; Elphinstone, 1872: Appendix, i–v）。地域共同体の首長である郷主のワタンは特に高額で売買されていた（小谷 1989:339–41）。その他、郷書記や村書記のワタンも売買されていた。これらのワタンは実入りの良いワタンであったから、地域社会外の者がそれらを購入することもしばしばあった。そのような場合には、「世襲的家職・家産」としてのワタンの「家産」部分が取り分権として「家職」から切り離されて売買されたのである。その極端な例はマラーター王国の王、あるいは一八世紀には実質的な王となったペーシュワー（宰相）による、これらのワタンの購入である。マラーター王国の創始者シヴァージー王（在位一六七四～八〇年）はある村の村長ワタンを購入して、娘に与えた。その後、このワタンを継承した第三代王ラージャーラームはそれを自らの娘に「生計のために」与えた（小谷 1989:337）。ペーシュワー・バーラージーラーオ（第三代世襲宰相、在職一七四〇～六一年）はある郡の郷主ワタンその他を購入して、それを隣郡の郷書記に高額で請負に出した（小谷 1989:340–41）。

前植民地期西インド地方のワタン体制には、前述のような「本源的」な諸ワタンの他に、「二次的」に派生したワタンも多く含まれていた。総郷主ワタン、総村長ワタンといったワタンは代表的な「二次的ワタン」で、在地の共同体的職務（社会的分業）とはまったく関係のない単なる取り分権として、国家によって上から新設され、家臣などに授与された。これらの新設ワタンを授与された者はその取り分を直接に村から取り立てたから、在地社会の側にとっては新たな負担を意味したが、国家の側からすれば、これによって国家「財政」を圧迫すること無しに、家臣などに褒賞を与えることができた。国家にとって、これらの「二次的ワタン」は在地社会の発展によって諸税の徴収後もなお在地に残るようになった剰余を吸い上げる装置として「便利に」機能したのである（小谷 1989:341-45）。

また、この時代には、インド洋交易の発達もあって、商品経済が発展し、商人、油屋、ターンボーリー（キンマの葉にビンロウの実の粉などを包んでかむ嗜好品を売るカーストの人）などが村々に広汎に住み着くようになった。その場合、村では油屋ワタンといった「二次的ワタン」を新たに設定して、村からそれを与えられた者だけがその村で油屋の商売ができるようにした。こうして、村落共同体は商品交換関係が無制限に村の中に侵入することを規制していたのである（小谷 1989:76-80）。

一八世紀になると、新しい市場（ペート）が国家から土地を与えられて多数設置されたが、その時には、市場長、市場書記などのワタンが国家によって新設されて、市場建設者などに与えられた。村が村市場を設置した場合にも、市場長、市場書記などのワタンが新設された（小谷 1989:87-107）。

このように、社会関係の発展とともに、ワタン体制はさまざまな「二次的ワタン」をますます多く包摂するようになっていった。中世に形成されはじめたと考えられるワタン体制は、もともと、在地社会の本源的な分業関係だったのであろうが、さまざまな「二次的」ワタンの包摂を通して、近世になるとその内部が大きく変質していったのである。

このように、ワタン体制の形成と展開によって特徴づけられるインド中世・近世社会の場合、中世から近世（一七〜一八世紀）への移行は、ワタン体制が解体されて、土地所有関係によって律せられる社会へと変化するという方向を取らなかった。この場合の中世から近世への移行は、ワタン体制が中世には存在しなかったさまざまな「二次的ワタン」を次々と包摂することによって、内部的な変質を継続的に遂げていくという形で進行した移行であった。このような、社会の大枠そのものは変わらないように見えながら、社会が内部から変質して、社会編成がより複雑に高度化していくという歴史的変化・発展の型、換言すれば、社会構成体の移行によっては表現されえない歴史的変化・発展の型もありえたのである。

このようなものとしてのワタン体制はイギリス植民地支配によって解体されていった。前述のように、一九世紀前半にまず農民ワタンがライーヤトワーリー制度によって無意味化し、消滅していった。一九世紀半ば、郷主、郷書記は世襲的郡・郷役人としての地位を否定され、それによって、地域共同体の代表者としての立場も弱体化していった。ライーヤトワーリー制度下、税の村請制が廃止されたことによって、村長の村請税完納にかんする責任は消滅し、さらに「警察村長」の任命によって、村長の権限は分割された。一九世紀末になると、世襲的村書記が廃されて、任命制の書記に代えられた。村占星師（ジョーシー）や村鍛冶屋のような村落職人が村人に対して独占的にサーヴィスを提供し、定まった報酬（バルテー）を得る権限も「契約の自由」の原理によって否定されていった。こうして、ほとんどのワタンが消滅していくなかで、唯一、インド独立後まで残存したのは不可触民マハールのワタンであった。マハールは下級村落職員としてイギリス植民地支配にとって「便利な」存在だったから、不可触民解放運動の側からの廃止要求にもかかわらず、廃止されなかったのである。*

＊ ワタン体制の解体過程について詳しくは、（小谷 2010：第3章）を参照されたい。

このように、インドにおける中世から近世への移行とイギリス植民地支配下における社会構造変動は、単線的な「私的土地所有発展史観」によって捉えられるような歴史過程ではなかった。西欧近代歴史学がこのような歴史的変化・発展の道をとったインド（アジア）の社会を「停滞的社会」とみなしたのは、それが西欧の歴史において経験されたことのない歴史的変化・発展の道をとったからである。しかし、それは決して「停滞」なのではなく、歴史的変化・発展の「西欧型」とは異なるもう一つの型なのである。このことは、私的土地所有関係によって律せられる社会への移行だけを歴史の唯一の発展方向と考えるべきではなく、それとは異なる、他の歴史的変化・発展の道という可能性をも視野に入れておかねばならないということを示している。

「私的土地所有発展史観」は西欧の歴史体験を基礎として形成された歴史理論だったにもかかわらず西欧近代歴史学の直輸入に始まった「文明開化」明治日本の近代歴史学は「私的土地所有発展史観」を普遍的な歴史理論として受容し、それを日本やアジアの歴史に当てはめることに鋭意努力した。さらに、敗戦直後の「再版文明開化」的状況のなかで、理念としての西欧近代を規範的価値とする思考パターン――それが「近代主義」の形を取るにせよ、マルクス主義の形を取るにせよ――が強まったことによって、「私的土地所有発展史観」はいっそう拡大再生産されていった。「戦後歴史学」が「私的土地所有発展史観」を基軸とするものとなったのは敗戦後における農地改革の強烈な印象に影響されたところも大きかったのであろうが、そこに西欧近代歴史学の直輸入に始まった日本近代歴史学の負の遺産というべきものを見ることができる。「戦後歴史学」に対しては、今日、改めて根底的な再点検が求められているといわねばならないのである。

結章　土地を「万人」のために

第1節　公共財としての土地

人は土地なしに生きることはできない。それゆえに、土地は本来「万人」がそこに存在の根拠を置く、公共的・社会的な財である。

一般に、前近代社会においては、土地は共同体的・社会的諸関係の中に埋め込まれていた。それゆえに、土地はその社会なりに「社会化」され、「公共性」を帯びていたのである。前近代の日本社会について
いてみるならば、その「農村の伝統的な土地規範」においては、『農地は単なる私的所有の対象ではなかった。農地はイエの所有対象であり、またムラの管理下におかれるべき特殊な財産であった」。その意味で、土地は「私」のものではあっても、「私」が好き勝手にできるものではなかったのである。「しかし、イエ・ムラの土地慣行や土地規範が踏まえていた公共性はムラという面識集団内部に限定されており、普遍的な公共性に基礎づけられてはいなかった」（岩本 2002:502）。そこに、日本の前近代社会のみならず、一般に前近代社会において土地が帯びていた「公共性」の歴史的限界があった。

地租改正は村請制を廃止し、農民一人一人を個別的な土地所有権者・納税責任者とすることによって、土地と一体的に結合されていた人間的諸関係を解体した。こうして村という面識集団によって維持されてきた土地の限定的な「公共性」さえも消滅し、土地は排他的・絶対的な私的所有（私的支配）の客体とされてしまったのである。そのことが、結局、全農地の半分近くに及ぶ地主的土地所有の発達に帰結した。

このような状況に大きな変動をもたらしたのは敗戦後における農地改革であった。一九四五（昭和二〇）年一二月に幣原内閣の下で成立した第一次農地改革法（農地調整法改定）は不徹底として連合国によって拒否され、一九四六（昭和二一）年一〇月の第二次農地改革法（自作農創設特別措置法と改定農地調整法）によって、農地改革が実施されることとなった。農地改革の結果、遡及して改革の起点とされた一九四五年一一月二三日の時点で全耕地の四五・九％に及んでいた小作地（二三六万八千町歩）は、農地改革が事実上打ち切りとなった一九五〇（昭和二五）年七月末には、九・九％（五一万五千町歩）に減少した（農林省「農地等開放実績調査」昭和二五年）。農地改革の理念は「農地所有・利用にかかわる公共性を強調する」ところにあった（岩本 2002:500）。自作農創設特別措置法の第一条は「土地の農業上の利用を増進し、以って農業生産力の発展と農村における民主的傾向の促進を図ることを目的とする」と規定している。農地所有・利用はこのような高度の公共性をもつものとされたのである。それは、前近代社会における「土地規範」とは異なり、より普遍的な理念にもとづく農地所有・利用の公共性であった。

サンフランス平和条約調印後の一九五二（昭和二七）年には、自作農創設特別措置法・改定農地調整法にかわって農地法が制定された。この農地法の第一条では「農地はその耕作者自らが所有することを最も適当と認める」と規定され、いわゆる「耕作者主義」の原則が定立された。そこでは、農地の所有と使用・収益とは原則的に不可分のものとされ、使用・収益から分離された形での農地の処分（農地所有権の売買）は強く規制された。

しかし、「耕作者主義」を支えるべき農地所有の公共性の理念はしだいに形骸化していった。一九五〇年代以降、農地の価格は傾向的に上昇していき、特に一九七〇年代に急騰した。農地法で規定された農地転用許可基準がなし崩し的に緩和されていき、都市近郊の農地が次々と宅地や工業用地に転用されていったからである。都市化の進行につれて、資産価値に見合わないとみなされた農地は耕作放棄地となっていった。こうして、農地を実際の使用・収益から遊離した資産とみなす私的土地所有意識が強くなっていったのである。二〇〇九年六月の農地法改定では、「耕作者主義」そのものがほとんど放棄されるにいたった。これらの結果、ピーク時（一九六一年）に六〇九万ヘクタールあった農地は二〇〇九年には四六三万ヘクタールにまで減少した（農林水産省農林水産基本データ集）。その対極において、土地を「投機」の対象と見做す「土地神話」が、広く社会全体に広まっていったのである。

他方、歴史学における「土地神話」、すなわち「私的土地所有発展史観」は、近年、根底的な批判や反論もないまま、うやむやのうちに歴史学の視界から消え去りつつあるように見える。それは、一九七〇年代に入り、「戦後歴史学」的問題意識が色あせていき、社会史や文化史そして都市史、さらには「グローバル・ヒストリー」へと多くの人々の関心や興味が移っていったことによるのであろう。農業・農村問題を基軸とし、それゆえに「土地制度史」を中心とした「戦後歴史学」は高度経済成長以後の日本社会の構造的激変についていけなかったのである。

今日、「土地神話」は崩壊し、農業・農村問題は歴史学の視野から消え去りつつあるように見える。しかし、それは土地問題が解決されたということでもなければ、意味を失ったということでもない。現代の土地問題は、私的土地所有を社会的に制約して、土地が本来もつ公共性をどのようにしてより高い次元で回復、発展させるかという問題である。それはどのようにして「土地と自由」を関連付けるかということに他ならない。

第2節　フィンランドの「万人権」

これらの点に関連して、注目すべき試みが北欧諸国、特にフィンランドで行われている。それは、自然の恵みを享受する権利はすべての人のもの、すなわち「万人権」(everyman's right) であるとする考え方で、そのかぎりで私的土地所有権はそれに劣後するということになる。フィンランド環境省が発行している『フィンランドにおける万人権』(*Everyman's Right in Finland*) という小冊子は、その「序」において、次のようにのべている。

「万人権というフィンランドの法的概念は、すべての人に対して、屋外での娯楽を享受する機会を与え、この国の広大な森や草原、そして多数の湖や川を自由に利用する機会を与える。若干の制約はあるけれども。私的所有地に対する公衆のアクセス (public access) はフィンランドおよび他のノルディック諸国では他の諸国よりもはるかに広範囲にわたる。(後略)

長い歴史のある万人権は、すべての人に対して、田園地帯を自由に歩き回る基本的権利を与える。その際、その土地を誰かが所有または占有していようとも、その人の許可を受ける必要はない。人口密度の希薄なノルディック諸国では、万人権は、数世紀にわたって、成文化されていない慣習法から成長し、基本的な法的権利となった。しかしながら、万人権は環境を破壊したり、他人に迷惑を及ぼすような活動を含むものではない」(Finnish Ministry of the Environment, 2007:1)。

この「万人権が認められている場所においては、法律によって保護されている種でない限り、ベリー類(漿果)、茸、花を自由に採集することができる。フィンランドの刑法は他の人の土地で採集することのできる最も重要な自然の産物を定めている。自然に生えたハーブ類や香味植物 spices のような多くの他の植物も、それらが自然保護法によって保護されているのでない限り、採集することができる」(ibid.:6)。また、雪で覆われる冬季には、誰の畑の上でも自由にスキーで通行することができるなど、すべての人の自然を享受する権利が認められている。

このように、フィンランドにおける「万人権」は、長い歴史を通して維持されてきた人と土地との関係、すなわち土地は本来公共財であって、私的土地所有はあくまでもそれを前提としているという人と土地との関係に歴史的根拠を有し、そこから生まれた前近代的な法慣行を近代的な法的権利として位置づけ直したものということができる。「万人権」が近代的な法的権利として認められたということは、自然を享受する権利が、例えば前近代の「入会権」のように「入会組合」の会員に限定されるのではなく、すべての人々によって(明示されてはいないが、外国人によっても)享受される権利となったことを意味している。それは、自然の享受にかんする前近代的な法慣行の近代法的発展というべきことである。

ただし、「万人権」の行使に当たっては、以下のような注意が必要とされている。「万人権は他の人の所有する土地や水域に適用される。それゆえに、その所有者のプライヴァシーと価値観を理解し、尊重しなければならない。

万人権が実際に適用される範囲は、しばしば、状況による。また、土地所有者と万人権を利用する人との間に（万人権の）解釈の相違がありうる。両者ともに権利と責任を持っている。したがって、他方の側の人に対する配慮が何よりも必要であり、見解の相違は、通常、両者の友好的な話し合いによって解決される。脅迫的な言動や法的妨害行為は禁止される。より深刻な紛争の場合は警察を呼ぶことができる」（ibid.:20)。

この「万人権」のような権利を、何らかの方法で、市街化地域にまで拡大することができるのか、フィンランドをはじめとする北欧諸国の試みは今後も続くのであろう。また、日本のような私的土地所有観念の極度に肥大化した国で、それに類似の何らかの権利が社会的に認められるようになっていくのかということになると、一層展望を持つのが難しい。日本の判例において、「環境権」が普遍的な権利として認められたことがないのは、そのことを示している（ただし、二〇〇九年一〇月一日の広島地裁「鞆の浦埋め立て差し止め」判決は地域住民の「景観利益」を「私法上保護されるべき権利」と認めた)。しかし、ともかく、北欧諸国において、土地に対する絶対的・排他的支配権としての近代的私的土地所有に優越する権利として、「万人が自然を享受する権利」が認められているということは、「土地と自由」の観点から、充分注目に値することである。

二〇一一年三月一一日の東日本大震災は、私的土地所有に関わる問題性を改めて浮彫りにすることとなった。大津波に襲われ、壊滅的な被害を受けた土地の私的所有権の問題である。どんな防波堤を築いても、今回のような「想定外」の地震が起こったときには、津波を防ぎきれないということが明らかになった今、津波に襲われると考えられる地域を、今までと同じ形で復旧するということは考えられないであろう。住宅地を津波の及ばない高台に移し、海岸部は他の目的に再開発するということが必要であろうが、そのためには海岸部の土地に対する私的所有権を法的に処理しなければならない。しかし、ガーンディーがのべているように、それは罹災住民にとって、「彼らの貴重な土地、それをめぐって情操やロマンスや人生を生きるに値するものとするすべてのものが生まれる土地を強制的に奪われる」ことになる。それでもなお、私的土地所有を制約しなければならないとしたならば、そのための社会的条件をどう準備するのかが問題とならざるをえないであろう。そして、それは決して、罹災住民だけの問題ではないのである。

（補注1）ジャワの「ライーヤト・ワール地税取決め」

明治初年の大蔵官僚はラッフルズ（Thomas Stamford Raffles）の『ジャワ史』（*The History of Java*, 2 vols., London, 1817）をとおして、ライーヤトワーリー制度（ライーヤト・ワール地税取り決め）についての知識を得ていたのではないかということがいままでもいわれてきた。

ナポレオン戦争中の一八一一年八月、インドから派遣されたイギリス（東インド会社）軍は「敵国」オランダの植民地ジャワを占領した。その時、ラッフルズはジャワ知事（正式には、「（ベンガル総督の）参事会における副知事」（Lieutenant Governor in Council））に任命され、一八一六年、ジャワがオランダに返還されるまでジャワ統治に当たった。ラッフルズは、一八一四年二月一一日付で「徴税指令」（Revenue Instructions）を発し、各県に「徴税長官」（Collector）を新たに置いて、「ライーヤト・ワール地税取決め」（ryot-war settlement）の実施を布告した。「ライーヤト・ワール地税取決め」は一七九〇年代に、インド南部、マドラス管区のバーラー・マハル地方で試行的に実施され始めた地税制度で、ラッフルズはこれをジャワに導入したのである。この「徴税指令」は『ジャワ史』に付載されているので、それをとおしてジャワの「ライーヤト・ワール地税取決め」について知ることができる。「ライーヤト・ワール地税取決め」に密接に関係するのは以下の条項である。

六一　一般的にいって、実際の耕作者と主権者とのあいだに存在するいかなる者にも、土地に対する所有権が与えられてはいない。かつて村落や地区からの租税を（国家に代わって）享受したことがあったかもしれない中間介在者は（中略）単なる政府の役人とみなされた。この実際の土地所有権について言えば、それがもともとはただ主権者にのみ帰属するものであることに疑いはない。しかし以下のことも同様に確かである。すなわち、土地の最初の開墾者には、彼らの当然の報酬として、彼らがいわば作り出した土地に対する不動産権が与えられ、彼らは良い統治を受けることの利益に対して、生産物の一部を主権者に当然の貢納として納めたが、逆に（主権者は）農民やその子孫の土地所有を侵害しない義務を負っていた。

六四　それゆえに、この（国家と農民の間の）中間介在者を通して徴税する制度を直ちに廃止し、今後は、政府がその職員を通して個々の耕作者と直接にかかわり、租税の唯一の徴収者兼亨有者となることが決定された。この問題に関するあらゆる観点からいって、tiang-halit 制度、すなわち、それが成功裏に導入されたとみなされている西インド地方（「マドラス管区」であるから、今日的にいえば、「南インド」ということになる—引用者）では、「ライーヤト・ワール地税取り決め」ryot-war settlement と呼ばれている制度、が人々にとって最も満足のいくものであり、政府にとっても最も利益になるものであることが直ちに判明するであろうと考えられている。

七三　徴税長官は、それぞれの村の実情と資源について充分な知識を得たならば、できるだけ早急に、村全体からではなく、その村に住む個々の耕作者から徴収するべき地税の額を査定するものとする。

八二　劣等地ほど耕作のために多くの労力を要すること、そして、それぞれの土地からの生産物のうち、耕作者（ここでは renter という言葉が使用されているが、それは「土地国有制」の理念に立っているからである—引用者）のために残される生産物はどの土地でもほぼ等しい量であるべきだということ、これらの点を考慮して、それぞれの土地に対して、異なる地税査定率が適用されるべきである。

八三　以下がそれぞれの種類の土地から徴収される政府の取り分 share のもっとも公正な査定率だと考えられる。（徴税長官は）できるかぎり、この査定率を一般的標準として参照するべきである。

水田 Sawah Lands

一等地　　見積生産高の二分の一

二等地　　見積生産高の五分の二

三等地　　見積生産高の三分の一

非灌漑地 Tegal Lands

一等地　　見積生産高の五分の二

二等地　　見積生産高の三分の一

三等地　　見積生産高の四分の一

（T.S. Raffles, *The History of Java*, Vol. II, Appendix L. No. II）

（補注2）日本近世の先進的地主経営における地価計算

近世末期、河内・和泉・摂津といった大阪湾岸地域の先進的地主経営においては、地租改正の地価算定法にかなり近い形で地価（土地売買価格）の計算をしていたことが竹安繁治によって明らかにされている。その一つの計算式（山沢家小作地、天保五年、西暦一八三四年）を整理しなおすと次のようになる（竹安1966:175　計算例2）。

収益
　田
　　有畝《ありせ》　三反五畝一二歩（本畝　一反三畝）
　　小作米　四石六斗二合
　　代価　二七六匁一分二厘（一石あたり六〇匁）
　畑
　　有畝　一反一畝（本畝　九畝一五歩）
　　小作料　八二匁五分
　合計　三五八匁六分二厘
貢租　一石九斗二升七合、一石あたり六〇匁で、一一五匁六分二厘
作徳（収益から貢租を引いた額）　二四三匁三分五厘（補正すると、二四三匁）
この土地を四貫一〇〇匁（四一〇〇匁）で購入すると、年利回りは五・九三五％（補正すると、五・九二六八二％）となる。

すなわち、田（有畝《ありせ》＝実面積、三反五畝一二歩、本畝＝検地帳面積、一反三畝）からの小作米の代価と畑（実面積一反一畝、検地帳面積、九畝一五歩）からの小作料の総額から貢租（これは本畝によって課せられた）を引いた「作徳」（二四三匁三分五厘）を収益とみなしたとき、この土地を四貫一〇〇匁で購入した場合の年利回りは五・九三五％になるという計算である。この利回り計算では、五・九三五三六％になるのを、その最後の二桁を省略して、五・九三五％と

したということで、計算としては極めて正確である（途中に端数処理と細かい計算ミスがあり、それらを補正すると上引史料中のカッコ内の補正数値になる）。この計算によって、この土地を四貫一〇〇匁で買ったのでは、年利回りが六％以下なので、高すぎると判断するわけである。また、同じ土地について、別の計算式では、「正ミ（味）作徳」を二二九匁六分八厘と見積もり、年利を七％とすると、その地価（土地価格）は三貫二八五匁二分八厘（補正すると、二貫二八一匁一分四厘強）になると、逆の方向からの計算を示している（竹安 1966:328）。この場合は、この土地価格（三貫二八五匁二分八厘）以下で買えば、七％以上の利回りがえられるという計算になる。このように、近世末期、大阪湾岸地域の地主は土地（小作地）からの「作徳」を一般的利潤率で資本還元して地価（土地売買価格）を算出するといり操作に習熟していたのである。このことは、この地方の地主層のあいだにおいて、経済学的知識が極めて高度であったことを示している。

しかし、福島正夫もいうように、このような「近代的」な土地価格形成が「いかなる地方でもみられたわけではない」（福島 1970:115）。やはり、多くの地方の農民や地主たちにとっては、地租改正の「たてまえ」上の地価・地租算定法は新奇な、理解しがたいものだったと考えるべきであろう。

参考文献・引用文献一覧

※本文中では、原則として当該箇所に［著者・執筆者名　著書・論文の発行年：参照頁数］の形式で掲出したが、史資料については、別形式で表示した場合もある。

①和文文献

青野春水 1982：『日本近世割地制史の研究』雄山閣。
石井紫郎 1976：「ゲヴェーレの学説史に関する一試論――「知行」研究のための予備的作業として」、『石井良助先生還暦祝賀　法制史論集』創文社、所収。
岩本純明 2002：「戦後の土地所有と土地規範」、渡辺・五味編 2002、所収。
ウェーバー、マックス 1969：『古ゲルマンの社会組織』（世良晃志郎訳）創文社（もとは一九〇四年に雑誌に発表された論文で、ウェーバー『社会・経済史論集』一九二四年に再録）。
ウォシュバーン、W・E 1977：『アメリカ・インディアン――その文化と歴史』（富田虎男訳）南雲堂（原著一九七五年）。
大塚英二 1996：『日本近世農村金融史の研究』校倉書房。
大塚英二 2002：「百姓の土地所有」、渡辺・五味編 2002、所収。
大塚久雄 2000：『共同体の基礎理論』岩波現代文庫（初版、岩波書店、一九五五年）。
大山喬平 2003：「ゆるやかなカースト社会――インド、そして中世日本」、大山『ゆるやかなカースト社会・中世日本』校倉書房、所収。
大和田啓気 1981：『秘史　日本の農地改革』日本経済新聞社。
奥田晴樹 2001：『日本の近代的土地所有』弘文堂。
神谷　智 2000：『近世における百姓の土地所有――中世から近代への展開』校倉書房。
川口由彦 1990：『近代日本の土地法観念』東京大学出版会。

川島武宜 1949：『所有権法の理論』岩波書店。
ガーンディー 2001：『真の独立への道（ヒンド・スワラージ）』（田中敏雄訳）岩波文庫（一九一〇年初版のグジャラーティー語版からの翻訳）。
小谷汪之 1979：『マルクスとアジア――アジア的生産様式論争批判』青木書店。
小谷汪之 1982：『共同体と近代』青木書店。
小谷汪之 1989：『インドの中世社会――村・カースト・領主』岩波書店。
小谷汪之 2010：『インド社会・文化史論――「伝統」社会から植民地的近代へ』明石書店。
小谷汪之 2011：「福田徳三とアジア――歴史理論と現実認識のあいだ」、『思想』一〇四三号。
小谷汪之編 1994：『叢書カースト制度と被差別民　二　西欧近代との出会い』明石書店。
小谷汪之編 2007：『世界歴史大系　南アジア史2　中世・近世』山川出版社。
坂根嘉弘 2002a：「近代的土地所有の概観と特質」、渡辺・五味編 2002、所収。
坂根嘉弘 2002b：「近代的土地所有の変容」、渡辺・五味編 2002、所収。
佐々木寛司 1989：『地租改正』中公新書。
椎名重明 1973：『近代的土地所有』東京大学出版会。
島　恭彦 1941：『東洋社会と西欧思想』生活社。
庄司俊作 2003：『近現代日本の農村』吉川弘文館。
ジョーンズ、リチャード 1950：『地代論（下巻）』（鈴木鴻一郎訳）岩波文庫（原著一八三一年）。
白川部達夫 1999：『近世の百姓世界』吉川弘文館。
タキトゥス 1979：『ゲルマーニア』（泉井久之助訳註）岩波文庫。
竹安繁治 1966：『近世封建制の土地構造』御茶の水書房。
竹安繁治 1968：『近世小作料の構造』御茶の水書房。
田坂　昂編訳 1976：『テロルと自由――ロシア・ナロードニキ運動資料集Ⅰ』新泉社。

ダースグプタ、アジット 2010：『ガンディーの経済学』（板井広明他訳）作品社（原著一九九六年）。
東京大学社会科学研究所編 1975：『戦後改革6　農地改革』東京大学出版会。
内藤二郎 1968：『本百姓体制の研究』御茶の水書房。
丹羽邦男 1962：『明治維新の土地変革』御茶の水書房。
丹羽邦男 1964：『形成期の明治地主制』塙書房。
丹羽邦男 1989：『土地問題の起源——村と自然と明治維新』平凡社選書。
深沢　宏 1966：「モハンダース・カラムチャンド・ガンディー——特にその経済思想について」、『一橋論叢』五五—四。
深沢　宏 1972：『インド社会経済史研究』東洋経済新報社。
深沢　宏 1987：『インド農村社会経済史の研究』東洋経済新報社。
福島正夫 1970：『地租改正の研究（増訂版）』有斐閣（初版一九六二年）。
福田徳三 1914：「シーザー及タチトスニ依ル古独逸土地共有制度ニ関スル若干ノ疑問」、『経済論叢』一一—三（福田『経済学全集　第三集』同文館、一九二五年、に再録）。
福田徳三 1925：『日本経済史論』（一九〇〇年にドイツ語で出版した著書の福田自訳）、福田『経済学全集　第三集』同文館、一九二五年、所収。
藤木久志 1997：「村の跡職」、藤木『村と領主の戦国世界』東京大学出版会。
古島敏雄編 1953：『割地制度と農地改革』東京大学出版会。
古島敏雄編 1958：『日本地主制史研究』岩波書店。
ベルニエ、フランソワ 2001：『ムガル帝国誌（一）』（関美奈子訳）岩波文庫（底本一六九九年）。
水野由美子 2007：『〈インディアン〉と〈市民〉のはざまで——合衆国南西部における先住社会の再編過程』名古屋大学出版会。
ミッタイス、ハインリッヒ 1961：『ドイツ私法概説』（世良晃志郎・廣中俊雄訳）創文社（原著、一九五九年）。

宮川　澄 1969：『日本における近代的所有権の形成』御茶の水書房。
村上淳一 1979：『近代法の形成』岩波書店。
モンテスキュー 1989：『法の精神（上巻）』（野田良之他訳）岩波文庫（原著一七四八年）。
渡辺尚志 1994：『近世の豪農と村落共同体』東京大学出版会。
渡辺尚志 2008：『百姓の力――江戸時代から見える日本』柏書房。
渡辺尚志・五味文彦編 2002：『新体系日本史３　土地所有史』山川出版社。

②資料集等

『マルクス・エンゲルス全集』大月書店。

『土地と自由』（1）（『日本社会運動史料／機関紙誌篇　日本農民組合機関紙 1922, 1 ～ 1924, 2』）法政大学大原社会問題研究所編、一九七二年。

『明治前期財政経済史料集成　第７巻』（大蔵省編纂、大内兵衛・土屋喬雄校）改造社、一九三三年。

③欧文文献

Bernier, François, 1699: *Voyage de François Bernier*, Amsterdam.
(English tr. by Archibald Constable, *Travels in the Mogul Empire, A.D. 1656–1668, by François Bernier*, Westminster, 1891).
Charlesworth, Neil, 1985: *Peasants and Imperial Rule: Agriculture and Agrarian Society in the Bombay Presidency, 1850–1935*, Cambridge: Cambridge University Press.
Elphinstone, Mountstuart, 1872: *Report on the Territories Conquered from the Paishwa*, Bombay.
Finnish Ministry of the Environment, 2007: *Everyman's Right in Finland: Public Access to the Countryside: Rights and Responsibilities*, Helsinki.

Gandhi, M.K.（A.J. Parel, ed.）, 1997: *Hind Swaraj and Other Writings*, Cambridge: Cambridge University Press.

Habib, Irfan, 1999: *Agrarian System of Mughal India*, 2nd revised ed., New Delhi: Oxford University Press.

Hall-Matthews, David, 2005: *Peasants, Famine and the State in Colonial Western India*, New York: Palgrave Macmillan.

Haxthausen, Freiherr August von, 1973: *Studien über die inneren Zustände, das Volksleben und insbesondere die ländlichen Einrichtungen Rußlands*, 3 vols., Hildesheim/New York: Georg Olms Verlag（original ed.: Vol. I & II, Hannover, 1847; Vol. III, Berlin, 1852）.

Kumar, Ravinder, 1968: *Western India in the Nineteenth Century*, London: Routledge & Kegan Paul.

Maine, Henry S., 1887: *Village Communities in the East and West*, 5th ed., London（1st ed., 1871）.

Maurer, Georg Ludwig von, 1854: *Einleitung tur Geschichte der Mark-, Hof-, und Stadtverfassung und der öffentlichen Gewalt*, München（Reprint. Elibron Classics series, Adamant Media Corporation, 2006）.

Naito, M., I. Shima & H. Kotani, eds. 2008: *Mārga: Ways of Liberation, Empowerment, and Social Change in Maharashtra*, New Delhi: Manohar.

Nitobe, Inazo, 1890: *Über den Japanische Grundbesitz, dessen Verteilung und landwirtschaftliche Verwertung*, Berlin, 1890.『新渡戸稲造全集　第二巻』（教文館、一九六九年）に再録。

Prucha, Francis P., ed., 2000: *Documents of United States Indian Policy*, 3rd ed., Lincoln and London: University of Nebraska Press（1st ed., 1975）.

Raffles, Thomas Stamford, 1817: *The History of Java*, 2 vols., London, 1817（rep. Kuala Lumpur: Oxford University Press, 1965）.

Vora, Rajendra, 2008: 'Taking the Non-Violent Path: A Story of the Anti-Dam Satyagraha', in Naito et al., eds., 2008, pp. 261–283.

Washburn, Wilcomb E., 1986: *The Assault on Indian Tribalism: The General Allotment Law（Dawes Act）of 1887*,

Reprint, Florida: Robert E. Krieger Publishing Company (1st ed., 1975).
Washburn, Wilcomb E., 1995: *Red Man's Land/White Man's Law: The Past and Present Status of the American Indian*, 2nd ed., Norman and London: University of Oklahoma Press (1st ed., 1971).

Abbreviations

ASS: Bhārat Itihās Saṃśodhak Maṇḍal, ed., *Aitihāsik Saṃkīrṇa Sāhitya*, 13 vols., Pune, 1934-67.

SPREIH: *Selection of Papers from the Records at the East-India House, relating to the Revenue, Police, and Civil and Criminal Justice under the Company's Government in India*, Vol. IV, London, 1828.

SRGIHD: *Selections from the Records of the Government of India, Home Department, No. CCCXLII, Papers relating to the Deccan Agriculturists' Relief Act during the Years 1875–94*, Vol. I & II, Calcutta, 1897

第2部　オセアニア世界の植民地化と土地制度

山本真鳥

はじめに

本稿の第一の目的は、文化人類学の視点から土地制度の歴史に迫ることであるが、第1部（小谷論文）に対する補論としての役割を果たすことも読者にはメリットがあると思われるので、その点を重視した論文としたい。それはサブシステンスの問題に大いに配慮することである。サブシステンスは長らく人類の生活を支える役割を果たした生業である。

サブシステンスは、かつてしばしば「自給自足」と言い換えられていた。「自給自足」になるための単位として、個人というのは成り立たず、家族を単位と考えるのが普通であるが、それでもその自給自足は家族で完結するのではなく、事項によってはコミュニティ内外にまで及ぶ。それよりも、サブシステンスとは、「貨幣を介在させずになりたっている暮らしを維持するための活動」と定義したほうがわかりやすいだろう。サブシステンス経済とは、貨幣を介在させずに維持されている経済であるが、個人・家族のレベルで物資は停滞するのではなく、市場取引以外の方法で人々の間に行き渡ったり、権力者の元に集積されたりしていることが人類学の成果として明らかとなっている。

現代のわれわれの暮らしは、貨幣を通して必要なものを入手して営まれている。料理を自分でしていても、食材から自分で調達する人はほとんどいない。衣類を自分で作る人もいるが、綿を栽培してから糸を紡いで織物、裁断、縫製のプロセスをすべて行う人はいない。もちろんサブシステンスが暮らしの中心となっている社会でも、全く貨幣経済が入っていないことは少ないが、しかし貨幣を介在させずに暮らしが営まれる度合いはわれわれの社会の比ではない。サブシステンスは現在でもさまざまに地球上の人々の暮らしにかかわっているが、近代的な経済学的計量化ではなかなか把握できない部門*となっている。例えば、私が長らくフィールドとしているサモア独立国であるが、現在一人当りGNPが二八四〇米ドル（二〇〇九年、世界銀行データ）である。一年間二五万円弱ではやっていけないだろうと考えてしまうが、食料のかなりの部分を自前でまかなうのであれば、何とかならないこともない。サモアも含め、太平洋諸島で餓死者は出ない。

＊ 近年アンペイドワークと呼ばれることの多い炊事や洗濯といったいわゆる家事労働も、サブシステンスと呼ぶことができるが、これも金銭に換算することの困難な分野である。

サブシステンス社会では当然のように徴税も難しい。ライーアトワーリー制も日本の租税も、税の金納が前提となっているが、サブシステンス社会での徴税はそのような方法ではなりたたない。植民地化がなされたとき、貨幣による徴税や小作制のようなものを体験していた社会は収穫への課税が容易であったが、サブシステンス社会では難しい。多くの場合植民地化の過程で貨幣による徴税が導入されるとしても、課税は田畑にかけられるのではなく人一人当たりいくらという課税（人頭税）がほとんどであった。サモア独立国では現在でも、農産物生産高や土地面積当たりの課税は全くなく、給与所得者と輸出する農産物に課税が行われるだけである。

図1　オセアニア世界——太平洋地図——

（次頁は拡大図）

Ⓐ
ハワイ
カウアイ島
ニイハウ島
オアフ島
ホノルル
モロカイ島
マウイ島
ラナイ島
カホラヴェ島
ハワイ島
ヒロ
Ⓑ
トンガ
ニウアフォウ島
ニウアトプタプ島
ヴァヴァウ諸島
ハアパイ諸島
トンガタプ島
Ⓒ
ヴァヌア・レヴ島
サヴサヴ
タヴェウニ島
ヴィチ・レヴ島
オヴァラウ島
ラウトカ
レヴカ
ナンディ
スヴァ
モアラ島
ラウ諸島
フィジー
Ⓓ
サモア諸島
サモア独立国
アピア
アアナ
アツア
サヴァイイ島
ツアマサガ
ウポル島
アメリカ領サモア
ツツイラ島
マヌア諸島
パゴパゴ

首長制／王制社会ではそのように、税の徴収にも似た、生産物の一部を首長や王の下に集める仕組みがあるが、それに先立つ政治形態の社会で税というものは存在していなかったし、同時に土地制度は未分化であったといえる。もののやりとりは、おおむね互酬性で行われてきた。取引ではなく贈与が主であったということになる。

このようなサブシステンス経済の仕組みの中で、オセアニア世界の接触以前の土地制度について考察するのが第一章である。実際に接触以前の土地制度を再構成するのは、実は至難の業である。というのも、現地社会は接触時において無文字社会であったといってもよく、接触時の資料はほとんど西欧人の航海者の観察に依存するしかないし、土地制度に関してそれらはかなりうすいといってよい。人類学者が調査を行うようになったのは、二〇世紀になってからがほとんどであるから、調査地にはさまざまな変動要因が既に持ち込まれていた。しかし、そうした資料や他地域の経験に頼りつつ過去を再構成するという作業の中で、オセアニア世界の接触以前の土地制度に関しては、研究者の間でおおよそのコンセンサスができあがってきている。こうした「原初形態」は、第二章や第三章の段階の研究から多く導き出されていることは、ここでお伝えしておかなければならない。記述の仕方としてはやむを得ない点であるが、第二章、第三章の記述から遡及して検証されるべき問題ではありながら、常に論証の循環のなかにある。

第一章　植民地化以前のオセアニアの土地制度と人々の暮らし

第1節　サブシステンスの生業形態・社会構造・土地制度

人類学では、サブシステンスの生業形態として、採集狩猟、牧畜、農耕の三つの形態を抽出している。

採集狩猟は、周囲の環境の中にある動植物を利用して食物を得る。それらの生産は行わない。牧畜は、従来野生の動物だったものを馴化して人間が群れをコントロールして利用するという生業形態である。農耕は言わずもがなであるが、植物の生育をやはり人間がコントロールして利用するという生業一般を指す。牧畜と農耕の両方は、それまで自然の恵みのままに暮らしていた採集狩猟という生業から食料を人間自らの手で生産するようになったということで、「食料生産革命」という位置づけを行ったのはイギリスの文明史家ゴードン・チャイルドであった。人類の発生をいつに辿るかは、学者によって意見が異なるが、かれこれ五〇〇万年を超えるだろうと現在の多くの学者は考えている。しかし人類が農耕や牧畜を始めたのは、早いところでせいぜい一万年前なのだから、それ以前の人類はすべて採集狩猟民であり、何と人類史の一〇〇％近くは、採集狩猟という方法で食料を入手して食いつないできた。また現代でもごくひとにぎりであるが、採集狩猟生活の人々は存在している。

オセアニア世界で西欧世界との接触時にもっぱら採集狩猟を行っていたのは、オーストラリア全土、パプアニューギニアなどメラネシア世界の一部――基本的にはほとんどは焼畑農耕を行っていた――、それとニュージーランド南島の一部である。漁撈は採集狩猟に類する生業形態であるが、コミュニティ全体で専業的な漁撈が行われるようになるのは貨幣経済の導入と関わりが深いのであり、多くのオセアニア社会の沿岸部のコミュニティにおいても農耕との組み合わせで行われている。また、農耕を行いつつも採集狩猟を一部取り入れて暮らしているコミュニティも多い。日本の山村部で季節ごとに山菜やキノコを利用しているようなものである。

牧畜は、世界的にも新大陸ではほとんど発展しなかった生業形態であるが、オセアニア世界でも西欧との接触以前には存在が確認されていない。家畜としてはイヌ、トリ、ブタが飼われていたが、いずれも牧畜獣ではない。現在オーストラリアやハワイ、ニューカレドニア等で牧畜が行われているが、いずれも近代化した商業的な牧場経営の下にある形態であるので、ここでは牧畜に関する考察は除外する。

(1) 採集狩猟民

採集狩猟という生業は、実際に動植物を増やす努力をせずに、取得だけするのであるから、単位面積当たりの食料獲得においてあまり効率はよくない。採集狩猟民の生息環境は概ね人口密度が低く、タスマニアで一〇〇平方キロメートル当たり三・八人、極北でも同じようなデータとなっている。一〇キロ四方当たりで一家族未満である。

普通の採集狩猟民は周囲でとれる食料をある程度食べ尽くしたら、移動して新しい土地にキャンプを張り、その周囲でまた食料を探すことになる。チャイルドは、食料生産革命以前の採集狩猟の人々が、腹を空かせて当てもなく獲物をもとめて歩き回る、というイメージを持っていたが、実際に採集狩猟の人々は生態系の知識が豊かで、ある程度の周期性をもって移動生活をしており、活動を観察して労働時間に換算すると、長い余暇時間をもち現代人より余裕のある生活をしていたということがわかってきている（サーリンズ 1984：46–54）。採集狩猟民の暮らしは、概ね男性が狩猟を行い、女性が採集を行うという分業体勢がとられているのが普通である。植物採集という確実な女性労働が必要なカロリー量の十分以上を獲得し、男性の狩猟はその意味ではやや効率の悪い仕事であるが、しかし肉の獲得はごちそりとして評価が高いといわれている。

採集狩猟民は生態系の中で食料の収奪をし尽くすと、移動は避けられなくなる。そして移動生活を常とするために、持ち物は最低限のものに限られてしまう。子どもですら、抱いて運ぶことの必要な四歳までの子どもは一名に限るということになる。採集狩猟民には多く子殺しの慣習があったり、長い授乳を通じての避妊が行われたりしており、人口増加が爆発的に起こるようなことはない。

採集狩猟民の作業は、農耕などに比べて協同性が低いと言われている。少なくとも採集に限ってみれば集団で行っていても、それぞれの収穫物はそれぞれに持ち帰るのであり、とくにそこに労働組織は必要としない。女たちが子どもを連れて、収穫時の植物が群生しているところに行って、おしゃべりしながら実を摘んだり、イモを掘ったりする。そうしてそれぞれの収穫を持ち帰る。狩猟については、大動物などの場合一人で行うよりも集団の方がやりやすいので、狩猟のリーダーを誰かが務めるのが普通である。しかし、恒常的な狩りの集団が形成されているわけではない。遠征に参加した狩人は、果たした役割に応じて肉の分け前をもらい、それをキャンプに持ち帰って家族と食べる。大量の肉を得たときなど、周囲の人々に肉を「お裾分け」する。

このように、生産組織も恒常的な集団を必要としていない。採集狩猟民のゆるい集団を人類学者はバンドないしはホルドと呼び習わしている。アフリカ・カラハリ砂漠中央部のブッシュマンを調査した田中二郎は、彼らの社会組織には、バンドというほどにも明確な集団は存在しないという。田中によれば、恒常的なのは家族だけで、それ以上は離合集散を繰り返している。仲たがいなども生じやすいが、そのときには武力に訴えて喧嘩などになるのではなく、どちらか一方が集団を離れて別のところへいって事なきを得る（田中 1971: 113–22）。カラハリでは、採集狩猟民の土地観念として用いられるテリトリーというものの存在もあまり明確ではないようだ。

しかし、オーストラリアのアボリジニには、父系制度や一夫多妻制に基づく親族制度があり、土地制度の観念も存在しているという報告がなされている。採集狩猟文化という共通性はありながら、構造の異なる数十の言語グループが存在しており、土地制度の慣習も詳細は一様ではないが、概ね以下のように考えて良いだろう。テリトリーというと縄張りのことだから、なんとなく一定の境界をもった面のある領域を連想してしまうが、実際には、われわれが考えるような境界をもった領域空間を所有しているのではなく、広い大地のなかでいくつかの特徴をもったスポットを中心とした場所に関して、自分たちのもの、という意識をもっていると考えてよい。個人が所有している場合もあるが、通常は親族による共同的な所有となり、親族組織等を通じて得るものである。それらのスポットとは、水場や猟場であったり、神話上の重要な場所であったり、儀礼の行われる場所であったりする。父系的祖先（部族によっては母方の父系集団、母の母の父系集団なども含む場合がある）や生まれによるそうしたスポットとの結びつき（トーテム）による、豊かな神話世界が近年明らかにされてきた。詠唱（チャント）、ダンス、儀礼、絵画、口頭伝承といったものが土地との結びつきの証拠となる。精神世界とスポットとが分かちがたく結ばれ、採集や猟といった生業活動域が重ねられているのである（Keen, 2004:383–89）。

明確な境界があるかどうかについて、一九六〇年代までの議論を整理したジョゼフ・B・バードセルは、境界の存在を認めているものの、友好的な関係にある集団同士は、互いの境界付近にある水場しキャンプを共にしたり（おそらく領域が重なっている）、また敵対的な関係にある集団同士の場合には、境界付近には互いに近づかず、むしろ緩衝地帯を設けているかのような行動をとるという。また、土地をもつ集団がありつつも、その土地の利用はしないが土地を通過する権利をもつ集団があったり、部の土地に特定のものの利用の権利をもつ集団があったり、それらの権利関係が複雑に絡み合っている（Birdsell, 1971:345–50）。境界といっても、我々が考えているような境界とは違って、かなりアバウトなものであるといえる。植民地化後、オーストラリアは無住の地であるという解釈の下、アボリジニの土地権を認めない時代が続いた。それを覆した一九九二年のマボ判決後、一九九三年に成立したオーストラリア先住権原法に基づき、先住民の土地権をどのように扱うべきかについて人類学者が多くの議論を行っている。その一人であるピーター・サットンも、アボリジニの土地制度というものが近代的な土地所有制度とは異なるものの、厳として存在すると述べている（Sutton, 1996:7）。

(2) 農耕民

オセアニアの農耕は、概ね焼畑である。ただしニューギニア高地やミクロネシア、ハワイ諸島などでは、灌漑が行われていた。農耕の開始時に耕作地を作り出す方法として焼畑が用いられた。乾季にブッシュを切り開いて、刈り取った草や木々をしばらく乾燥させた後に火入れを行う。そうして地面の上の植生を取り除いてからイモを植えるのである。燃えた木や草が肥料となって作物は実るが、やがて土壌はやせて作物を作ることはできなくなるので、何年か毎に新たな焼畑を作らなくてはならない。数年毎に耕地を作りやがてそれを捨てて新しい土地を求めて移動しながら農業を行っていくタイプ（ニューギニアなど）と、常に一部の土地を休耕して順繰りに使っていくタイプ（その他の島嶼部）とある。灌漑農耕は、スキ農耕（動物に犂＝スキを引かせる農耕。より深く耕すことができる）などと組み合わせて実現されることが多いが、オセアニアの灌漑農耕ではスキや動物が用いられることはなかった。施肥はもっぱら植物性のものが用いられ、動物の糞などは使われない。肥沃な土地に作れば連作可能である。

オセアニアの栽培の特徴は、根栽栽培であるということだ。根栽というのは根を利用するということではなく、栄養生殖で植物を増殖するということである。この地域の農耕で種子を用いるのは唯一ココヤシだけである。サモアの一般的なサブシステンスの農耕では、タロイモ、タームーイモ（クワズイモと和名では呼ばれているイモで、外側の青酸が含まれている部分をざっくり切り取ってゆでる）、ヤムイモ、バナナ（食事には青いバナナに火を通して用いる）、パンの実などである。いずれも植物の一部を切り取って植えると増殖する、という方法で増やす。サモアの場合、タロイモは一年中いつでも植え、八ヵ月たったら食べることができる。掘って取り出し、イモだけ切り取って、茎の部分をまた植える。そうするとまた八ヵ月たてばイモができる。そのようにして、特に収穫した食物を貯蔵するということはなかった。土の中に貯蔵しているようなものだ。一方、ヤムイモは一年のうち収穫期があり、それを貯蔵して用いる。隣のトンガ諸島やブロニスラフ・マリノフスキーで有名なトロブリアント諸島では、もっぱらヤムイモを用いている。トロブリアンドでは、ヤムイモ小屋が男性のアイデンティティにかかわるほどに大切なものとなっている、との報告がある（Malinowski, 1922:63-64; Weiner, 1976:141-46, 214-15）。

採集狩猟生活から農耕生活に変わって大きく変化したのは、人々が定住して一所に長らく住むようになったということ（定住的採集狩猟民は既に実現していたが）と、協同作業がより必要になったこと、それと、土地を区切って保有することが重要になったことだろう。

焼畑を作っている限りにおいては、畑作りの際にブッシュを切り払い火入れをする作業がその協同作業に当たり、それ以外は各家族が単位となって作業を行うのが普通である。焼畑作りは、数年に一度であるから、その程度の協同関係があればよいということになる。しかし、灌漑システム作りは、より大きな協同組織を維持することが必要となる。毎年のように水田を作るに当たって、水路やあぜ道の修復、中の落葉等の底さらい、時には、大規模水路の構築などがある。また、植え付け、収穫時に互いに協力する互助組織（日本では「ゆい」と呼ばれた）もしばしば見られる。また、こうした作業や協力関係の必要性が権力を生んだと考えたのはカール・A・ウィットフォーゲルであるが、彼がそこから、大河の流域に発生した四大文明に注目したことはよく知られている。灌漑工事こそが食糧生産を安定・増産する手段であり、それゆえにこの地域に強大な権力が生じたとした（ウィットフォーゲル 1995）。

さて、農耕の開始が人々の土地へのより密着した関係を作り出したことは疑いをいれない。まず農作物の畑を作れば、作物を守るためにそのそばに住むことが重要であった。土地への権利意識は、労働投下の度合いに応じて強くなる傾向がある。焼畑は休耕後も何らかの潜在的な権利を認める場合があるが、移動農耕（shifting cultivation）の場合には、休耕地は見捨ててしまうのが普通である。オセアニアの原初的な土地制度の議論の中では、土地よりもそこから取れる作物に対する権利意識の方が強いとされている。そこに作物がある限り、その作物を利用することができるのはそれを植えた人である。オセアニア島嶼部ではしばしばココヤシの植わっている土地の持ち主とココヤシを植えた人とが違うが、ココヤシの木を所有している人がそれを収穫することができるのである。もちろんこのような場合に、ココヤシを植えた人が土地の持ち主と無関係であるはずはなく、その許可を得て植えるのであるが。定住の焼畑農耕の場合、潜在的権利を認められていても、何代にもわたって耕作を怠っているとその権利は忘れ去られてしまうことも多いので、潜在的権利を顕在的にするためにも何年かごとに耕作する必要があるようだ。灌漑システムをもつ耕地の場合にはさらに労働投下が大きなものとなっているので、人々の土地への権利意識はより強いものとなっているといえよう。

しかし、こうした「土地への権利」が近代的な排他的個人的所有権を意味するかというとそうではない。いわゆる未開民族でもボルネオ島のイバン人等、核家族や個人を単位とした土地権の観念がある場合もあるが、多くは、土地の帰属は祖先共有型の出自集団を基本とする場合が多い。その出自集団に所属する人は、何らかの形で耕作する土地の占有権というか、使用権を得て耕作を行うわけだが、利用している人が次に引き継ぐ人を決められる場合も決められない場合もあり、さらにそれを部外者に譲渡することは容易ではないし、あまり普通ではない。首長制など、内部に上下関係をはらんだ親族集団の場合には、名目的に首長位に土地が帰属していることもあるが、かといって首長はその土地に対して排他的権利をもつものではない。

また、権利や相続のあり方は土地が稀少な財産であるかどうかにもよる。焼畑耕作を行っている人にとっては灌漑農耕の人々に比べ土地がまだそれほどの稀少財ではない場合が多い。移動を行いながら焼畑を行っている人々には、土地があり余るほどであるから、そうした生活形態が可能である。そのようなとき、見捨てた畑に人々が帰ってくることはないので、収穫を得てしまえばもう土地への執着もないことになる。

第2節　互酬性と再分配

(1)　サブシステンス経済

土地が商品化して金銭を対価に自由に取引できるようになったのは比較的新しい。商品経済が浸透するのは、少なくとも産業革命期、資本主義の発達を見る頃のことで、それ以前はサブシステンスの占める割合は非常に高かったはずである。貨幣はもちろん古くから存在していたが、それらがどれだけ消費物資を購入するのに役立ったかは疑問である。*現在のわれわれの暮らしは、ほとんど現金を持つことによって実現されている。スローノードの信奉者たちでも、食材は店に行って買ってくるのであり、現金を介在させずに食生活をまかなっている人は現代では稀少な存在だ。しかし、そのような現代的暮らしが営まれるようになったのは、新しいことである。

＊ 例えば、和同開珎といった貨幣が普通に市場に行って物を買うといった取引に用いられていたかどうかは疑わしい。初期の貨幣はもっとシンボリックな用途で用いられたと考えられる（栗本 1979:177）。

社会全体が市場経済、ないしは資本主義経済によって統合される以前の経済の仕組みを経済史の視点から考察したカール・ポランニーは、経済人類学の始祖とされているが、社会統合のモードを互酬性／再分配／市場交換（交換）の三つの形に求めた（ポランニー 2005:88-102）。主にサブシステンスで暮らす経済においても、ものとものとの交換、ないしはものと貨幣との交換による、ものの流れは存在していた。しかし、それが我々の社会のように社会全体を律するルールとなっていたかというと、そうではない、と彼は考える。商品経済以前の社会では、ものは主として贈り物や親族間での分配、首長や王への貢納、また王からの大盤振る舞い等々で人の手から手へと集まったり、分配されたり、流れたりしていたが、商品として流れたのではない。人々の間に、ものへの関心がなかったかというと、そういうわけではないが、もの自体以外にも、どのような人間関係で、どのような形式で贈られるか、またそれに対して、どのような返礼がなされるか、ということは大事な問題で、そのようにして贈り贈られる関係に沿ってものの移動が行われていた。すなわち、ものの移動は社会関係の中に埋め込まれていたのである。

ポランニーの思考の特徴は、市場交換で統合される経済＝市場主義経済、すなわち資本主義をむしろ特殊なものと考えたところにあるかもしれない。そのあり方に対して批判的だったがゆえに、資本主義を普遍的なものとは考えなかったともいえる。互酬性の経済や再分配の経済では、それぞれの人間の活動は社会の中に埋め込まれている。宗教活動として行う供犠は、神への信仰の証であるが、一方、人々への食物供給でもあり、もののやりとりを含む経済活動でもあり、社会構造、親族構造や人間関係の確認ともなっている。しかしそれが、経済という目的だけに特化して社会関係を捨象して行われるのが市場交換であり、市場社会では経済が他のシステムから切り離されて離床する（disembedded――英語的には離床させられる）と説明している。

例を挙げてみよう。現代の社会で、店に行ってものを買ったとき、店員やマネジャーと、商品と現金とを交換して、欲しいものを入手するわけだが、それぞれの商品には値段がついていて、その金額を対価に自分の欲しいものを手に入れるということを互いに行った後には、両者の関わりは全く終わりになる。もちろん、店員と友達になってはいけないということではないが、それ以上のつきあいを求められる筋合いはない。つまり、ものを手放してお金を手に入れたい、という人と、お金を払ってものを手に入れたいという人とが、交換に合意をしてそれぞれ目的を達したら、それで関係は終了したことになるということなのだ。

一方、贈り物という形でものをもらったときには、どうなるだろうか。あげた人、もらった人というのはものの譲渡が済んでもその人間関係は終わらない。というよりは、人間関係があるから贈り物という行為に及ぶわけであり、贈り物によってその関係の更新が行われ、結びつきはより強いものとなるし、一度のもののやり取りでは終わらない。また、次の契機に贈り物をもらった人が今度は贈り物をあげるかもしれない。贈り物は贈り物を呼び、その関係は継続する。もののやりとりと社会関係は密接に関連している。

この贈り物のようなものの取り交わし方、ものが欲しいだけの即物的な交換とは違うやり方が、サブシステンス社会ではもっぱら観察できる。ポランニーは、市場交換に先立ってもっぱら行われていた経済活動を、互酬性と再分配という二つの異なるシステムとし、そして経済を統合するシステムとして、互酬性、再分配、市場交換*の三つの形態をあげている。

* ポランニーは「交換」という語をあてているが、経済人類学では「交換」を人と人とのあらゆるもののやりとりとして、互酬的交換も含めて用いるので、ものや貨幣の入手を目的とした交換には、とりわけ市場交換という語をあてたい。

(2) 互酬性

互酬性とは、似たような立場の集団や個人が互いに財を贈り贈られるかたちである。互酬性の研究としてはマルセル・モースの『贈与論』(モース 2009)が有名である。市場交換で行われるものの移譲は対価をともなうのに対し、贈り物は一般的に対価なしにものをあげてしまうのであるから、損であるように思える。しかし贈り物をもらった人や集団は、それをある種の負い目と感じ次の機会に返礼をするので、あげっぱなしになることはない。モースは、贈り物には贈る義務、受け取る義務、返礼する義務の三つの義務がつきまとうという。

互酬性とは、財をあげたりもらったりするのだが、売買とは異なり、あげたりもらったりが人々や集団の間で行われた場合、それが長期的には帳尻がとれる(損はしない)という感覚を生むやりとりである。そこには、何らかの社会関係を前提としていたり、贈答後に社会関係が生じたり、贈答を断ることで社会関係を断ち切ったりするように、社会関係と財のやりとりとが表裏一体となって行われている。

ポランニーは、部族社会の統合原理は、互酬性であるとしている。部族社会とは、親族システムを通じて集団が統合されているが、それぞれの集団間は、しばしば縁組関係を取り結ぶ。女性が一集団から別の集団へと一方向に渡される関係が連なり、さらにそれが円環状の関係をなしている場合、レヴィ＝ストロースのいう一般交換となる。縁組があるところでは、婚資（花婿方から花嫁方に贈られる）や持参財（花嫁方から花婿方に贈られる）などを取り交わすことが多いし、結婚後も贈答関係があるので、集団間を財が行き来することとなる。

図2　互酬性と一般交換

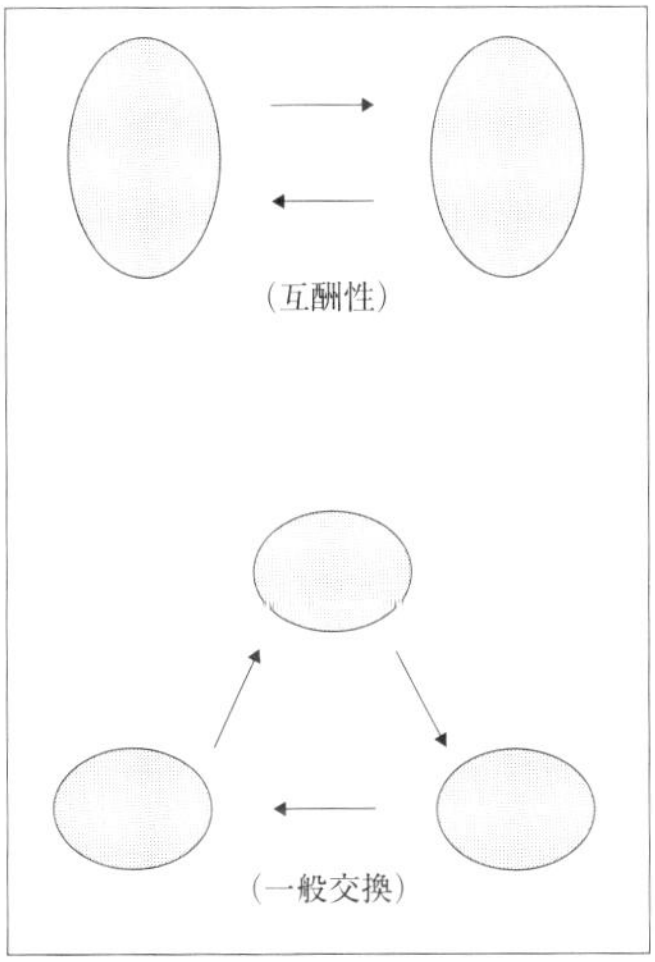

母系のトロブリアンド社会（パプアニューギニア、ミルン湾地方）においては、有名なウリグブというやりとりが存在しており、一般交換のように円環状をなしていないが、財が一方的に流れるという意味でそれに近い。成年男子はヤムイモつくりに精を出すが、収穫はすべて、姉妹とその夫に贈与する。収穫がだんだん増えるに従って、主たる贈与のほかに、小さな贈与を行う姉妹や従姉妹とその夫たちを増やしていく。自分のヤムイモはというと、それは妻の兄弟や従兄弟たちから贈られてくる。自分の作ったイモは贈与し、よそからもらったイモを自分のヤムイモ小屋に貯蔵することになる。そうやって、贈り贈られの関係のネットワークを広げていくのであ

る。一方的に贈与するが、一方的な贈与を受けることで、やりとりは相殺されていく。

そうして姉妹に堅実にヤムイモを贈り続けた結果、葬礼の最後の行事サガリ（女の葬礼）のときには、多くの姉妹や従姉妹たちが駆けつけて、配偶者とその親族にお礼の乾燥バナナの葉の束と腰みのの贈与を行ってくれる（Weiner, 1976:91-120）。

このような慣習に基づく贈答は、必ずしも財の偏在を修正するために行われるわけではない。それに対し、一般的互酬性は財の偏在を補うための互酬性である。持っていない人・集団が、持っている人・集団から不足しているものや欲しいものをもらうというのがそれだ。採集狩猟民のようにぎりぎりで生活している人々の間ではしばしばこのようなやり方で食料や物資の融通を図ることになる。また大型動物をしとめても、冷蔵庫のないところで大量の肉を自分で全部食べるわけにもいかないから、その都度周囲の人々に分けてあげてしまうが、また別の機会には誰かがしとめた肉をもらい、時間的な財の偏在を補うことになる。

(3) 再分配

もう一つの財の移動が再分配（redistribution）であるが、これは用語法上、若干の説明が必要である。一度分配したものを再度分配するものが再分配であるとの誤解を受けやすいが、そうではない。再分配が行われるためには何らかの中心性が必要であり、そこに一旦物資が集中した後、今度は逆にものが流れていく、このプロセスが再分配である。同じ物資に関していえば、違う方向に流れることはあっても、全体として物資が一所に集中することが重要である。その中心性とは、首長とか王とかの権力である場合もあるし、家産制の中心である家長や主婦であったりすることもある。一つの組織の中に物資が集まってくるような何らかの中心性が存在するときにこの再分配が生じるのであって、組織内が比較的平等で上下関係が存在していない場合、例えば部族社会では、経済の統合原理として再分配が働くことはない。

再分配によって統合されている社会の典型は、初期王制ないしは首長制と人類学では呼び習わされてきたものである。首長とは集団内での世襲的な系譜関係でリーダーシップを握る者を呼ぶ。首長は人々から何らかの形で生産物を集めるが、一方で首長は人々に対して公共的な責任を果たす必要性がある。集会所を建設したとき、人々に労働してもらう代わり食事を提供する、といった行為である。また祭などコミュニティの行事に際して、人々に食事を振る舞ったりする。この一連の財の流れが再分配である。

これに対して首長へ財を贈ることは貢納と呼ばれる。典型とされるのは、次に取り上げる、収穫に際して行われる初穂儀礼である。

図3　再分配

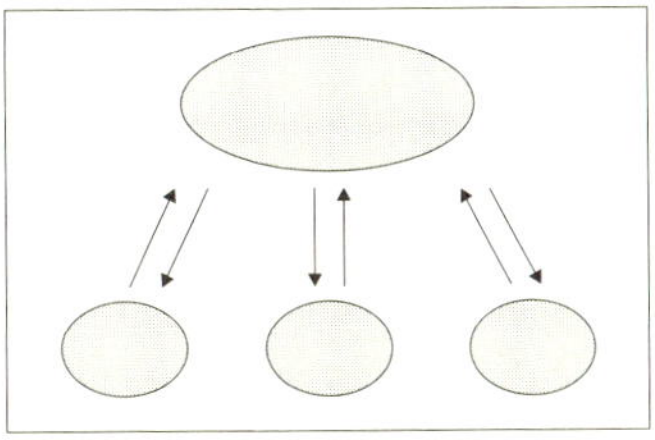

(4) 初穂儀礼

年度のはじめての収穫物を神に捧げる儀礼として、多くの首長制／初期王制社会に初穂儀礼が存在する。日本の新嘗祭《にいなめ》もこの慣習の一つといえる。収穫は神に捧げられると同時に、首長や王に捧げられるのを常とした。それが決まった量であったかどうかは社会によって異なる。ポリネシア社会で最も王権の発達を見たトンガやハワイでは、王や首長が農作物にタブー*をかけて、行事等の消費のために日常的収穫・消費を禁じる力をもっていた（Sahlins, 1958:7-8; Williamson, 1937:134-40）。

＊　タブーはもともと接触が危険であり禁じられるという宗教的概念であるが、一方で高度に発展したポリネシアの首長制社会では、このようにタブーの世俗化が生じており、首長に付与された経済的権益となっていた。

再分配の典型として、オセアニア社会ではトンガ王国をあげることができる。トンガは、一八世紀の終わり頃から戦国時代のようになって、絶えず戦闘の続く時代に突入するが、乱世の少し前にここを訪れたキャプテン・クックの記録や口頭伝承をつきあわせると、それ以前は平和が長く続いていたと考えることができる。トンガで最高位はツイトンガ（トンガの主人）という称号をもつ王であり、口頭伝承によれば、ツイトンガの称号は「万世一系」で、長らく父から長男へと伝えられていたが、第二三代のツイトンガ・タカラウアの時に、弟ラインの首長称号が成立した。この称号ツイハアタカラウアは、格上のツイトンガが聖なる王であるのに対し、実務に携わる王として君臨した。さらに、第六代ツイハアタカラウアの弟からツイカノクポル・ラインが生じた。ツイカノクポルは、実務を掌握する王として権勢を極めたようであるが、やはりツイトンガは格上として人々には認識されていた。

エドワード・ギフォードによれば、これらの王のラインからさらに首長とその親族集団が派生していて、トンガ中は枝分かれのように系譜でつながれていたという（Gifford, 1929:29-31）。これらの系譜に沿って、貢納が下から上へと送られていき、さらに祭等を通じて、再分配が行われていた。一方で土地は原理的には首長のものとされているが、その権利関係は首長間の系譜、すなわち首長称号の階梯に沿って重層化している。その重層化に沿って、貢納が集められ上へと送られるが、その度毎に結節点と

図4　トンガの主な首長家の系譜

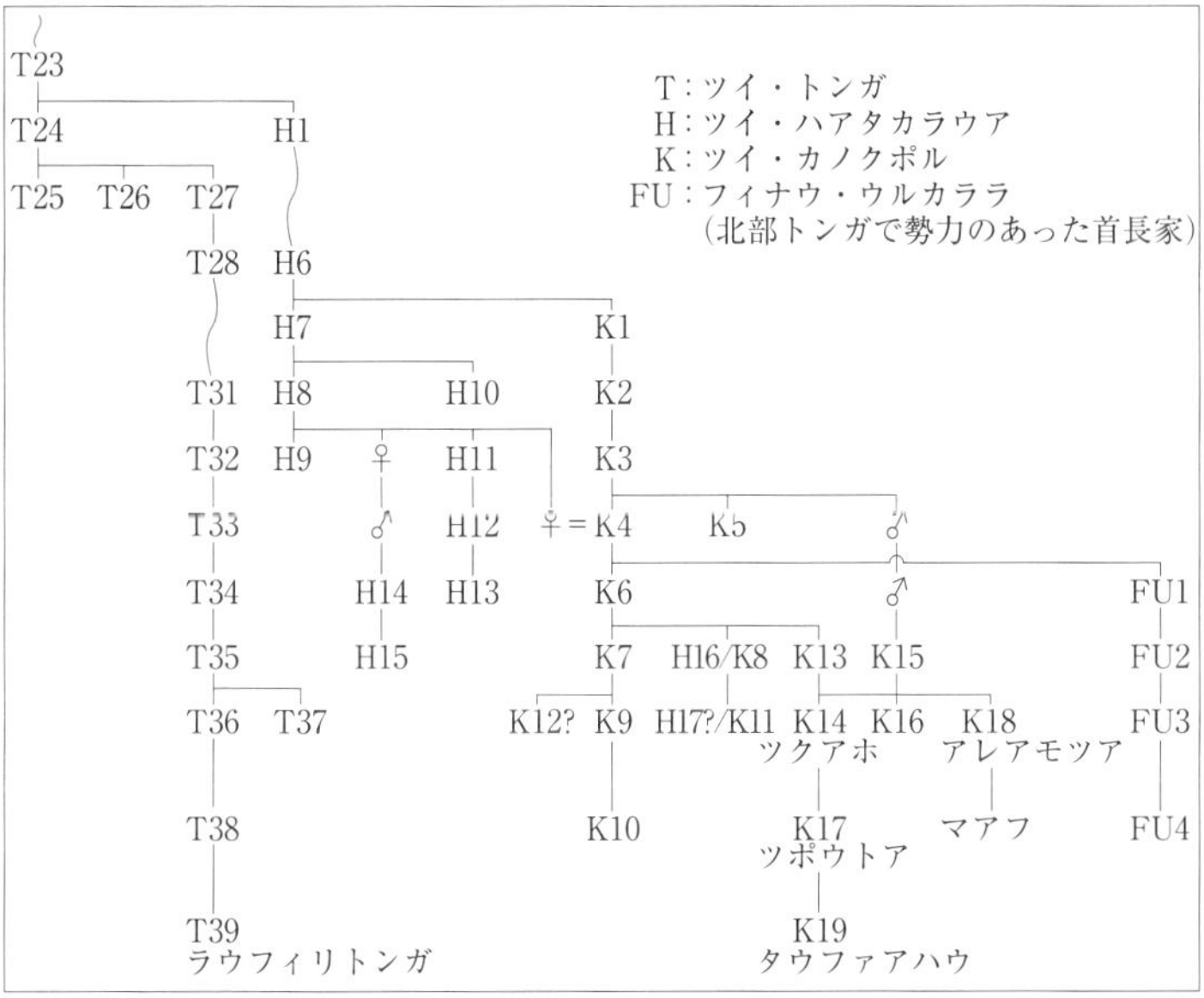

（典拠）山本 2000:292 より．

なる首長の手元に一部が残るのである。

クックは、一八世紀半ば過ぎにトンガを訪れて現地社会を観察し、詳細な記録を残している。彼は、一七七七年にツイトンガを中心に行われたイナシという収穫祭に同席している。クックによれば、次から次へとヤムイモが運ばれ、瞬く間に小山が次々できあがり、同様にブタの丸焼きや、薪が積まれていったという。収穫物はまたツイトンガによって再分配されていくのだが、その中からツイトンガはクックらにも分け前を贈ることを忘れなかった。イナシでは、歌や踊り、スポーツの競技などが行われ、そのさまをクックに同行した画家のウェーバーが描いている。

一方、隣のサモア諸島では、このように大がかりな収穫祭というものはない。

トンガの主たる作物がヤムイモであるのに対し、サモアはタロイモである。タロイモは一年のうちに決まった収穫期がなく、いつでも植えることができて八ヵ月程度を経ればいつでも収穫可能である。その意味で、大がかりな収穫祭など必要がないといえるかもしれない。サモアは、トンガのように首長称号が整然とした系譜的階梯の上にのっておらず、地縁組織の中での伝承によって位階の定まる制度となっていた（山本 1984:186–88)。村の中にある、宅地と耕地をもつ親族集団の土地で暮らす複合世帯は、過去において五〇人もの人を擁する大きな組織であったが、首長称号名を有する家長は世帯内で毎日スアと呼ばれる食事を捧げられていた。同様に、スアは親族集団に縁《ゆかり》の高位首長が村を訪問してきたときに、敬意を込めて贈る食物セットの呼称でもあった（前者は、食事内容がセットとなって決まっているわけではない)。この食物セットは、焼いたニワトリと、焼いたタロイモを輪切りにしたものと、穴をあけて飲めるようにしたココヤシ、それに丸焼きのブタであり、一定の作法のもとに捧げられた。これも一種の貢納であったが、形式の枠がはめられているので、実質的というよりは名目的な捧げ物といえるかもしれない（山本・山本 1996:95–96)。

再分配のシステムにおいて、財が中心に集まってくるプロセスは欠かせないが、初穂儀礼はその典型で、多くの首長制ないし初期王制社会に見出すことができるものである。

オセアニア諸社会の土地制度を見る前提として、財の移譲に着目してみたが、それが社会関係を通じて行われるということを、まずは理解しておくことが必要である。未開社会に入った人類学者が土地制度について調査を行うとき、実際の土地を実測して地図を作ったりすることは少ない。それは、土地制度は社会関係に埋め込まれているからだ。親族システムを調査すれば、それが土地に対する権利関係をも示すものとなっていた。通常土地は親族集団に帰属するものとなっており、人々は親族集団のメンバーシップを公認されることにより、土地を保有することができるのである。しかしそこには様々なルールがあり、集団内で等しく権利が分配されているとは限らず、その権利関係は重層化していることもしばしばある。土地への権利も、親族関係に埋め込まれているので、親族関係を調べることで、土地制度への理解もさらに進むのである。

第二章

植民地化と土地の収奪

第1節　オセアニアの植民地化

オセアニアの植民地化は、マゼランが現在のマゼラン海峡を通り、太平洋を航海した一五二〇年をもって始まる。スペイン人たちは、一四九四年のトルデシリャス条約で、太平洋のほとんどは自分たちのものであると確信していたわけであるが、彼らの関心はもっぱら香料諸島（現在のインドネシア）にあり、太平洋の島々は視界に入ってはいなかった。しかし当時の航海技術では、香料諸島にたどり着くことも大変だったが、そこから東に航路をとってアメリカ大陸に戻ることは数倍難儀な航海であった。フィリピンの植民に成功したのは、ミゲル・ロペス・デ・レガスピである。赤道付近で東に向かって失敗していたそれまでの航路の代わりに、彼は北緯四〇度付近から東に向かうという安定した航路を発見したのである。スペイン人たちは、一七世紀の終わりまでの間、かなりの数のオセアニアの島々に接触しているが、植民地建設に成功したのは、マリアナ諸島のいくつかの島々に過ぎなかった。これは、メキシコのアカプルコとフィリピンのマニラとの間に商業航路が生まれ、その中継地としてグアム島が重視されたためである。

スペインのハプスブルグ家の支配下にあったオランダが独立するのは一五八一年のことであるが、既に海事国としての実力を蓄えていた。オランダ東インド会社が設立されるのは一六〇二年のことであるが、オランダ人は徹底した商人で、東インド会社の主力は、オセアニアよりも東南アジアの香料貿易にあり、オセアニア探検にはどちらかというと冷淡であった。しかし、一七世紀のオランダ人航海者のル・メールとスホーテン、アベル・タスマンは、そんな雰囲気の中、オセアニア探検に重要な足跡を残したといってよい。ル・メールとスホーテンは一六一六年に太平洋踏査の航海を行い、いくつもの太平洋諸島を発見する一方、一六四二年にタスマンはオーストラリアの探検を行ってタスマニアを発見し、またニュージーランド南島の南端に到達した。さらに翌年にはトンガ諸島をも訪れている。オーストラリアの存在について当時一番よく知っていたのはオランダ人であろうが、政府は東インド会社の経営にもっぱら関心があったため、太平洋への関心はタスマン以後消えて行った。唯一の例外はロッへーヴェンであり、一七二一〜二二年にイースター島、ツアモツ諸島、ソサエティ諸島、サモア諸島などを探検している。

一六世紀のスペイン時代、一七世紀のオランダ時代を通じてヨーロッパの途上国だったイギリスは、その後次第に世界各地への進出を試みるようになる。一七世紀から一八世紀にかけては、バッカニア（海賊）としての活動が目立ったが、彼らの活動は国の黙認の下に敵国や準敵国の船を攻撃して略奪を行うというものだった。しかし、一八世紀の半ばを過ぎると、イギリス海軍本部が太平洋の探検踏査の旅へと公的に船団を送り出すようになる。一七六四年のジョン・バイロン、一七六六年のサムエルウォーリス、フィリップ・カータレットの派遣に続いて、一七六八年にはジェームズ・クックをタヒチに向けて派遣する。クックは予定された任務であった「金星の蝕」の観察を終えた後も太平洋にとどまり、一七七一年まで探検踏査の旅を続け、さらに一七七二～七五年までの第二次航海、一七七六～八〇年までの第三次航海を成し遂げることとなる。クックは最新の航海技術を応用するとともに、詳細な航海日誌をつけ、博物学の研究を推し進めたことでも知られる。クック自身は一七七九年にハワイ島で島民によって殺害されるが、その後も部下たちは冷静に帰国にいたる事業を成し遂げている。クックの足跡は広範に渉り、あちこちに英国旗を立てて廻った彼のおかげで、イギリスはやがて太平洋に広く勢力範囲を拡大することが可能となった。

イギリスとほぼ同時期に太平洋諸島の探検踏査の航海はフランス人も多く行っているが、クックほどの成功をおさめていない。

イギリスの勢力拡大は、オーストラリア、ニュージーランドの開発によるところが大きいが、同時にロンドン伝道協会やメソジスト派等の新教の宣教運動とも関連が深い。あまり成功したとはいえないスペインのマリアナ諸島の植民地化は、カトリックの布教と深くかかわっていたが、それを除けば一七九七年にロンドン伝道協会――正確には、まだこの名を名乗ってはいなかった――がタヒチに太平洋伝道本部を作ったのが最も古く、ここでの成功を踏まえて西の方向に福音を伝える事業が進められたのに対し、ニュージーランドにキリスト教を伝えたメソジスト派は、東のトンガ諸島、フィジー諸島へと布教を広げていった。ハワイの宣教師もボストンから来た清教徒系であった。

カトリックの布教は、新教のそれに後れを取るまいとして開始されるが、ニューカレドニアや、フッナ・ウヴェアを除けば、概ねいずこも既に新教の宣教師が入っており、カトリックの布教自体が、フランス勢力の伸張ともろに結びつき、あちこちで葛藤を生じやすかった。

太平洋の勢力地図では、オランダがまずは一八二八年にニューギニア島の西半分の領有を宣言したが、それ以後、オランダの関心はもっぱらその西のインドネシアの経営であり、その東に及ぶことはなかった。イギリスはオーストラリアとニュージーランドをまず勢力下に治め、フィジー諸島、ニューギニア、ソロモン諸島へと勢力を伸ばしていった。ハワイ諸島はもともとクックによって発見されており、イギリスとの深い関係のもとにあったが、アメリカとの地理的近接の関係からアメリカ人入植者が多く、両者の綱引きの中で、次第にアメリカとの関係へと傾いていった。

タヒチもウォーリスやクックが最初にここを訪れたこともあり、さらにロンドン伝道協会太平洋本部の置かれた島で、イギリスとの関係は切っても切れないものであったが、カトリックの宣教とともに入ってきたフランスの勢力が伸張する中で、イギリスは併合には消極的であり、やがて一八四二年にフランスの保護領とされてしまう。ニューカレドニアは同様に仏領、ニューヘブリデス諸島（現バヌアツ）は英仏共同統治となった。

植民地争奪の競争に乗り遅れたドイツは、一九世紀の後葉に太平洋に進出して来る。ニューギニア島の一部や、東側の諸島に関心を示しつつ、サモア諸島の政治にも介入する。一八九八年の米西戦争に敗れたスペインから、ミクロネシアのうちグアム島以外を買い取って掌中に収めた。

アメリカ合衆国は米西戦争の結果として、フィリピンを領有し、グアム島もまた買い取ることとなる。それまでモンロー主義を貫いていたアメリカの方針はこの戦いを境に大きく転換して、フィリピン航路の中継地としてハワイを併合することになる。ハワイは土着の王国が成立していたが、経済的には欧米人プランターへの依存が次第に高まり、やがてアメリカ系市民が「民主革命」を起こして、一八九三年に王国を転覆した。米西戦争後の一八九八年、合衆国はハワイを併合した。その翌年の九九年には、サモア諸島の東部、ツツイラ島を海軍基地として領有することとした。

サモアは長らく英・米・独がその政治に関与して、植民地化の機会を伺っていたが、一八九九年の首長間の武力闘争後、数度目に当たるベルリンでの協議を経て、東西に分割し、ドイツが西半分を、アメリカが東のツツイラ島を領有することに合意する。イギリスはサモアから手を引くかわりに、その南にあるトンガ諸島を保護領化するとともに、ブーゲンヴィル島の領有権やアフリカでの新たな利権を得ることとなった。

第2節　植民地化と土地所有への情熱

オセアニアの植民地化は、欧米人のこの地への進出に伴って生じたことである。この時代の欧米人の土地所有への情熱にはすさまじいものがあり、一方で、オセアニアの現地の人々にとって生産手段としての土地の意味は総じて低かったといえるだろう。欧米人は自分の自由になる土地を入手することが自己目的化しているといってもよいくらい、土地の入手に情熱を燃やした。入手したものの利用のないまま過ぎていった土地も珍しくない。転売が目的だった。これらの欧米人の進出には、国家レベルの進出（併合や領有など）と個人レベルの進出という違いがあり、ハワイのように現地政府が主権を担っている場合はその違いは大きかった。

　植民地の開発の典型はプランテーション経営である。プランテーションとは、商品作物を大量に作る農場のことで、効率を上げるために、単一作物を労働者を使って大量に植えて生産する。規模のメリットを得るために広大な土地を必要とするので、主に植民地に作られたり、プランテーション開発を目的としての植民地化が行われたりした。主な作物としては、サトウキビ、コーヒー、茶等の嗜好品、ココヤシ、綿花等の原材料、そしてバナナ、パイナップル等の果物などをあげることができる。

　プランテーションとは農業の資本主義的経営というか、工場もどきというべきものである。大土地を所有する地主、農場を経営する事業主、そこで働く労働者、という構図がある。資本主義が隅々にまで行きわたった現代日本の農民であっても、米作りを主たる仕事としながら自分たちの食べる野菜を作るのは普通であるが、プランテーションでは商品作物の生産を優先するために、しばしば労働者の食べる食料ですら、他から買い入れたり、缶詰を供給したりする。地主が自ら経営を行う場合もあるが、不在地主が経営を仕事とする者を雇っている場合もあり、経営を請け負うコントラクターが事業主である場合などもあった。『ハワイに翔けた女』（ドウス 1985）は、コントラクターの亡夫の事業を引き継いで行う日本女性の話である。日本人労働者の世帯を多数抱えて、地主との間に立ってサトウキビ生産事業を担う女性コントラクターの姿が生々しい。

　プランテーション経営で発展したサトウキビ栽培は、カリブ海、ブラジル等が有名であるが、*オセアニアではハワイ、フィジー、オーストラリア・クイーンスランド州でも盛んに行われた。太平洋諸島では他に、ココヤシ・プランテーションもニュー・ブリテン島などパプアニューギニアの一部、サモアなどに作られている。

＊　世界商品として近代を担った砂糖については詳細な研究が進んでいる（ミンツ 1988；川北 1996 等）。

植民地化に伴う農業開発における労働者の徴集は現地人を雇うのが最も簡単そうに見えるが、現実には現地人よりも奴隷や年季契約労働者など、外国人を連れてくることがしばしばであった。とりわけオセアニアで生じている一九世紀から二〇世紀のはじめにかけての人口移動のうち、欧米人以外はほとんどがプランテーション開発に伴うものである。ハワイでは中国人やポルトガル人、日本人等、フィジーではインド人、サモアではソロモン諸島人、中国人が専ら導入されたが、それ以外にオセアニアでは、ソロモン諸島やニューヘブリデス諸島（現バヌアツ）からの労働者が域内でのプランテーションで働く現象が見られた。その中には誘拐されて奴隷的に使用される者もあり、この行為はブラックバーディングと呼ばれた。

一方、ニュージーランドや、クイーンズランド州のサトウキビ・プランテーション地帯を除くオーストラリアの大部分は農業開発といっても酪農業が主体であった。オーストラリアは先住民のアボリジニがいたにも拘わらず、無住の地であるという認識＊の下に、すべての土地を名目的にイギリス国王のものとした。オーストラリアは一七八八年に流刑植民地としてその開発が開始されたが、やがて自由移民も受け入れるようになる。大変乾燥した環境にあるオーストラリアの多くの部分は、牧畜業としての発展を見た。ニュージーランドは、イギリスが先住民のマオリ人との間に一八四〇年にワイタンギ条約を結んだことが、大きな転換点となる。土地はすべて一旦地権者のマオリ人から買収して国有化され、その後に民間に売却される形で開発が始まるのである。ニュージーランドは一貫して自由移民の入植で開発が行われたという点が、オーストラリアとは異なっている。

＊　この認識は現在、先住民運動の中で断罪されているが、土地利用をもっぱら農業に想定していた当時の土地利用の考え方からは、採集狩猟民が土地を所有するということ自体が想像できなかったともいえる。

以上に述べてきたことを前提として、まずはハワイの植民地化について考察し、その後にニュージーランドについて短い検討を行う。いずれも、先住民が十分に分っていないうちに、欧米人が土地をどんどん買い進めたために、土地を入植者たちに奪われてしまったといわれているのだが、その実態について、すなわち、どのようなプロセスを辿り、どのように土地の剥奪が行われたのか、を検討していきたいと思う。

第3節　ハワイ――グレート・マヘレ（土地改革）

ハワイ諸島の居住者はポリネシア人で、ソシエテ諸島方面から紀元八〇〇年頃に到達したと考えられている。ハワイ諸島は、キャプテン・クックがここを訪れた一七七〇年代終わり頃には、いくつかの王国がそれぞれに島をベースに成立しており、それら王国間での小競り合いから戦闘までを繰り返していた。その中からヨーロッパ人と結託して火器類を利用するようになったカメハメハ（クックがハワイ島の王とみなしたカラニオプウの甥）が自分の王国を拡大することに成功して、一七九五年にはカウアイ島とニイハウ島を除いたハワイ諸島の覇権を握り、一八一〇年までには全土を統一して王朝を築いた。

ハワイ王国が近代世界経済に取り込まれる中で、経済的に最初に依存したのは白檀《びゃくだん》交易であった。

白檀は、ハワイ諸島の山の中に自生する香木で、中国人が好む産品であった。当時、欧米人は中国との貿易を望んでいたにも拘わらず、中国はこれにあまり熱心でなく、欧米人は中国人の好む産品を得て、中国との貿易に臨みたいと考えていた。同様の産品で太平洋から供給したものとしては煎ナマコがあるが、これは主に南太平洋で生産された。

当時のピラミッド型のハワイ社会を反映して、首長らは自らの領土内の白檀の樹木にカプー（タブー＝強い禁止）をかけて白檀交易を独占し、白檀の樹木を採取するために領民（平民）による遠征隊を組織した。しかし平民はこのためにサブシステンス農業ができず、ハワイ社会は疲弊した。しかも白檀は栽培できなかったので、天然物を取り尽くした一八三〇年以降、ハワイ経済はたちまち窮地に陥ることとなった。

その後しばらく、ハワイは捕鯨船の寄港地として生き延びることとなる。捕鯨船は当時、クジラを追って世界中の海を航行し、クジラを仕留めては甲板の大釜で煮て鯨油を採取して船艙の樽につめた。すべての樽が一杯になるまで数年間も出航地に帰還することはなかったので、食料・水を供給し、船乗りの疲れを癒すために寄港地を必要としていた。例えばマウイ島のラハイナは捕鯨船の寄港地として発展した港町である。しかし一八五〇年代を過ぎると、クジラの乱獲や石油の発見により捕鯨産業自体が衰退してしまった。

一八一九年に王国の創設者カメハメハ一世が亡くなり、翌年にキリスト教宣教師が来島する。土着の王権が成立したものの、現実には政府内に多くの白人アドバイザーを置いて初めて国家として成り立っている状態で、また経済の自立にも難題を抱えた王国であった。息子のカメハメハ二世は、一世から政権を受け継ぐ間もなく、王妃共々滞在中のロンドンではしかに感染して客死した。その後、二世の弟のカメハメハ三世、一世の孫の世代の四世、五世と政権を引き継ぐが、やがて、バーニス・パウアヒ王女のように、政権に就くことを辞退する子孫もおり、カメハメハの直系のラインは途絶えてしまう。しかし、選挙によって政権を引き継いだルナリロ王も、その後のカラカウア王、リリウオカラニ女王もいずれも子はなかった。

王朝の衰退と同じく、文明との接触によりハワイ人人口は激減していた。西欧との接触時には二〇万人とも八〇万人とも推計されているが、西欧人による殺戮、火器の導入による激しい戦闘、性病やインフルエンザ等の新しい病原菌による病気、そしてアルコール中毒、これらすべては、人口減少の原因となった。一八五三年のセンサスでは、ハワイ人七万人、混血ハワイ人一〇〇〇人、それ以外約二〇〇〇人を数えている（Schmitt, 1977 :25）。プランテーションで働く年季契約労働者として移民が来るようになり、一八七八年以降王国内の人口そのものは回復するが、ハワイ人人口はずっと減少し続け、混血を併せても一九一〇年センサスでは三万九〇〇〇人に満たず、最低を記録している。

⑴　接触以前のハワイ諸島の土地と経済

同世代の兄弟たちの間に年齢による格付けがあり、それが次世代にも引き継がれる親族モデルを円錐クラン（ラメージ）と人類学では呼ぶが、ポリネシアの基本的な首長制の構造はこのモデルで語ることができる。すなわち、長子の長子の長子の……を辿るラインが最も格が高く、全体を統括する首長はこのラインから出る。* そこから出た傍系も直系との距離により格が定まり、そのラインのさらに傍系をすべて統括することになるのである。

＊　トンガ諸島、サモア諸島等西ポリネシアでは、男女の違いが優先して、最年長の男性がリーダーシップを握るが、中央ポリネシアとその周辺、ソサエティ諸島やハワイ諸島では、男女の違いに関わりなく、長子が一番マナ（神聖力）が高いとされた。

このモデルの典型はトンガの王朝である。直系傍系の別でピラミッド型の階梯の構造へと平民も含め全社会が統合されている（詳細は第一章、一三六―一三七頁を参照）。平民は首長との関係は遠いものの、親族関係があるという認識があり土地へのアクセスが可能となる。近代王朝成立以前のトンガでは、土地はすべてツイトンガに帰せられるものであったが、そのうちツイトンガの直轄地は一部であり、ナンバー2のツイハアタカラウアが残りの土地を掌握するものの、実質的な掌握はそのうちの一部であり、残りはナンバー3のツイカノクポルの掌握するものであった。それぞれの土地はさらに配下の首長にそれぞれ任されており、末端の首長は配下の親族集団の成員に土地を耕作させるという仕組になっていた。この土地の分配制度の逆方向に貢納が行われ、それぞれの節目にいる首長の下に貢納が集められ、途中で一部をはぎ取られながら、一番上のツイトンガのところまで到達し、またそれと反対方向に再分配が行われていた。

一方、ポリネシアでは唯一であるが、ハワイではこのような親族関係で構成される首長制から脱して、「封建制」に近い領域にまで進んだ社会を構成していたと考えられる（Van Dyke, 2008:11-18; Kuykendall, 1938:269-72; Kirch, 2010:73）。文献により詳細は異なるが、社会は王族ないし貴族（*ali'i 'ai moku*）、それを支える家来を含む首長層（*ali'i, konohiki.* 王族から家来まで総じて首長＝アリイと称される）、と平民（*maka ʻāinana*）層および少数の奴隷（*kauā*）層からなっていた（山本 2000:265）。首長層と平民層は、トンガなどのように身分の上下が親族のつながりをもち、格付によって構成されているのではなく、階層を超えては互いに親族関係の認識がなく通婚も禁じられていた。首長層の中でも身分の低いアリイやコノヒキは、王の家来としてアフプアアやイリ（後述）に派遣され、王の代理人として土地を支配した。王族間の権力争いは絶えず生じ、王国の興亡は激しかったが、戦争で版図が塗り替えられても、平民が土地を追い立てられることはなかった。しかしヨーロッパの封建制と異なるのは、平民は土地に縛られているのではなく土地を返上し、新しい主人の下で小作になることができる点である。

王国は、ほぼ島を単位としている。島は峰などを境としてモクという単位に分かれていたが、コミュニティの基礎は、さらにその下の区分のアフプアア（*ahupuaʻa*）と呼ばれる土地である。アフプアアの大きさはさまざまであるが、大きなアフプアアはさらにイリ（*ʻili*）に分割されていた。アフプアア（イリ）の典型は川の河口から遡って上流に至る細長い土地で、異なる生態系を含む資源の多様な豊かな土地である。海辺では海産物が獲れ、湿地ではタロイモが作られ、その後背地ではバナナ、パパイアなどが実り、さらにココヤシが生え、その他薪や屋根材、薬草などをとることができるブッシュが広がる。

アフプアアの実際の支配者は王の家来である首長やコノヒキであり、王によって任命され派遣されてやってくる。イリはそれぞれに首長のさらに家来のコノヒキが支配していた。戦争などによって王国の版図が変化したり、主君の代替り、首長やコノヒキの死亡毎に、土地の分配が新たに行われることになっていたので、土地の支配者はしばしば交代したようである。一方、平民は支配者の土地で一定の労働をする一方、その他にタロイモ田を小作地として与えられ、その中から、マカヒキ祭（一一月末の収

図5　オアフ島南部のアフプアア

（注）地名は一部省略しているが，元の図ではすべてのアフプアアに名前が付いている．
（典拠）ウィキペディア英語版 ahupua'a の記事より．

穫祭）のときに、一定の作物をコノヒキを通じて献上することになっていた。再分配の末端であるコノヒキから首長の階梯を献上物が登って王まで届いていく制度となっていたのである。ハワイは水耕によるタロイモ栽培が農耕の基本である。植物性の肥料は使われていたが、動物や人間の糞尿は忌避されていたので、地味が痩せることもあり、そのようなときには水を抜いて一時的な休耕が行われた（橋本 2002:76-77）。小作地はそれぞれ平民が定着していて、特別の理由がない限り取り上げられることはなかった。どの程度その支配が徹底していたのかについては、首長が専制的で平民を大変厳しく扱っているという報告（Malo, 1971:71）があるものの、首長と平民は持ちつ持たれつであったとジョン・ヴァンダイクは結論づけている（Van Dyke, 2008:14）。平民の権利は首長やコノヒキにより追認されるものであったかもしれないが、おそらく実際には親が耕していた土地を代々そのまま受け継いでいくものであった。歴史家サミュエル・カマカウは次のように述べている。

「平民は貢納を差し出さなくてはならないし、土地の所有者は首長である。しかし、首長は交代するが、土地を耕す平民は先祖代々定住しており土地に根付いている。その意味で土地は平民のものだ」（Kamakau, 1961:376）。

(2) 土地私有化とプランテーション開発

一八三〇年代から始まるサトウキビ・プランテーションの開発は、ほとんどが欧米人入植者によるものである。王族・首長層の中には、プランテーション開発を行う者があったが、あまり成功はせず、結局経営は欧米人に任せるのが普通であった。また、従来からのアフプアアを基本としたサブシステン

写真1　カメハメハ3世
（J. J. ウィリアムズ修正，1850年）

ス経済は、白檀交易や人口減少により維持が難しくなっていた。

一方で、プランテーション経営には安定した土地の保有が望まれるが、所有するにせよ、リースするにせよ、従来の土地制度では、安定した保有とはとてもいえない状態であり、欧米人からは土地の私有化（所有の一本化と商品化）を望む声が大きかった。政権の座にあったカメハメハ三世は一八四〇年に憲法を発布して、ハワイ王国を立憲君主国とした。同年ニュージーランドでは先住民マオリ人とイギリスとの間にワイタンギ条約が結ばれ、一八四二年にはフランスがタヒチを保護下に置く、という国際情勢の中で、ハワイ王国にとって近代化は重要な課題であった。

憲法により、二院制の議会や司法制度が成立し、土地に関しては、次のように定められている。

「カメハメハ一世は王国の創立者であり、王国の端から端まで土地は王に帰属するが、これは彼の私物ではない。国土は首長や人々に共に帰属し、彼らのためにカメハメハ一世は代表者であり、土地財産のマネジメントを行っていた」（Achiu, 2002:41）。

すなわち伝統的な土地制度の観点からは、土地への関与に従い平民も含めた多重の権利が発生していることを認めている。この憲法に沿って土地委員会が組織された。

一八四八年になり、憲法に則っていよいよ土地の私有化を行うことになる。プランテーションの安定経営のために、多重の権利を分離して私有化を進めて欲しいという入植外国人の圧力があったからではあるが、歴史学者ラルフ・カイケンドールは、一方で平民に文明をもたらし、平民それぞれに農地や宅地の所有地を分けることで生産のインセンティヴを与える意味があったことを指摘する（Kuykendall, 1939:273）。また外国人住民の経営するプランテーション農業が栄えれば、社会全体の生活水準が上がるという読みもあった。当時の雰囲気としては、私有財産制度の導入はこの国の発展にとって有意義であるとカメハメハ三世やその周辺も考えていたのであろう。

この私有化はグレート・マヘレ（偉大なる分配）と呼ばれている。土地委員会が集合して、以下のような原則を定めた。

「①王はその個人的な所有地を、小作人の権利を除き、すべて自分のものとする。②その残りのうち三分の一をハワイ政府のものとし、残り三分の一を首長とコノヒキのものとし、残りの三分の一は実際の所有者であり耕作者である小作人のものとして保留しておく。③首長及びコノヒキと小作人との間の分配はいずれかがその分配を望んだときに行われ、枢密院と王によって承認されねばならない。④王の私的所有地の小作人は、小作人のために私有地（フィー・シンプル）として取り分けてあり、彼らが現在所有し耕作する土地の三分の一から、王か小作人が望むならいつでも、分与を受授することができる。⑤前項の分与は、これまで王とそれ以前の王とが私有地（フィーシンプル）として与えたものには適用されない。⑥首長とコノヒキは、彼らの土地の三分の一、もしくは現時点で相当する未耕作の土地の価値に相当する金銭を政府に納めるものとする。⑦カメハメハ三世王の土地は他の完全私有地（アロディアル・タイトル*）と同じ台帳に記され、政府有地のみが別の台帳に記される」（Chinen, 1958:15-16）。

この原則のもと、王と首長・コノヒキが集まり、それぞれの土地について、誰がどの土地を所有するかを確認し、互いに自分が権利放棄をする土地についてマヘレの台帳にサインをした。土地は測量によって境界の確定が行われたものではなく、単にアフプアアやイリの名前が台帳には記されているだけであった。この成果として、九八万四〇〇〇エーカーが王領、一五二万三〇〇〇エーカーが二四五人の首長に分配され、一六一万九〇〇〇エーカーが国有地となった**（Van Dyke, 2008:42）。

＊　アロディアル・タイトルは、封建的土地所有に対する近代的な土地所有の概念であり、理念的には完全な排他的土地所有権を表す。しかしそのような全くの排他的権利というものは現実にはあり得ない。フィー・シンプルも私有地であるが、以下四つの制限をもつとされる。①租税、②政府による公的目的での接収、③警察権の立ち入り、④相続者なきときの没収。ハワイでアロディアル・タイトルとフィー・シンプルの大きな違いとして認識されていたのは、租税の支払い義務であった。その意味で王領以外にジョン・チネンが記録する地権書には、すべてフィー・シンプルであることが明記されている。

＊＊　このデータは資料によって若干の差がある。というのも土地がまだ測量されていないのであるから、当然といえば当然のことである。

首長とコノヒキは、分与分のうちのさらに三分の一の土地か現金を政府に納付して土地登記が行われることになっていたが、これを怠る者が多く、何度も法律が制定され、登記期限が延期された。最後の期限は一八九五年であった。それに対して平民の登記は、クレアナ（アフプアア内小作地や元小作地）法の一八五〇年の制定により救済が行われたものの、五五年までの延長しかなされず、またコノ

表1　1848年から1855年までのハワイ王国土地分与の概略

カテゴリー	面積（エーカー）
王国総面積*	4,010,000.0
（1893年までの）王領*	915,000.0
（1948年までの）政府有地	1,495,000.0
1893年6月8日までの土地売買・譲渡	667,317.4
1893年6月8日まで政府所有	828,000.0
首長の土地*	1,571,341.6
ビショップ所有地	420,000.0
1855年までに測量の行われた他の首長の土地	133,012.6
1855年までには測量が行われていない他の首長の土地	1,018,329.0
クレアナ**	28,658.5

（注）＊データは文献により若干異なる．
＊＊土地委員会の平民分与，ただし少数の外国人への分与を含む（ほとんどはホノルル）．宅地ないしは小面積の耕地．土地委員会分与は177件の首長・コノヒキを含む11,309件．残りの11,132件のクレアナ分与に関しては，1件あたり2.57エーカー．
（出典）アメリカ議会下院第53回第2会期，ハワイ諸島に関する大統領メッセージ，1893年（Schmitt, 1977:298）．

ヒキの登記が土地名だけでよかったのに対し、平民の登記は土地の測量が義務付けられていたし、そのような近代的制度に慣れない者が多かったので実際の登記は少なかった。一八五五年に土地委員会が解散するまでの間、クレアナの登記は一万一一三二件（数件の外国人によるものを含む）、計二万八六五八・五エーカー、その平均は二・五七エーカーだった（Schmitt, 1977:298）。平民の福祉を考えていたカメハメハ三世の意図はほとんど実現されなかった。

土地売買がこれで可能となったが、外国人が土地を買ったり、正式に私有地として登記できるようになるのは、一八五〇年の法律改正によってである。政府有地は政府の財政を支えるために売却が行われ、一八四八年から五〇年までの間に二万七二九二エーカー、五七年までの間に一八万二〇一四エーカー、一八七三年までの間に総計で五九万エーカー、一八九三年に王国が革命によって政権を簒奪されるまで、累計六六万七三一七エーカーの土地が売却された。また、別の調査では、一八六四年までに、政府有地の三二万エーカーが二一三人の外国人に売却される一方で、三三三人のハワイ人に売られたのは九万エーカーに過ぎなかった（Levy, 1975:859）。

一方、カメハメハ三世が亡くなるのが一八五四年であり、甥で養子のカメハメハ四世がただちに王位に就いた。しかしこの王も一八六三年に突然亡くなり、兄のカメハメハ五世が後を継ぐ。カメハメハ四世は政府から給費をうけておらず、王位の維持のために多大な借金を背負い、そのために王領を切り売りした。しかし一八六五年に法律ができて、王領は譲渡不能となった。王領の財産としての性格については様々な議論があり、個人財産として死後は相続者の間に分配されるべきであるという考え――大きな問題は、王の配偶者に対する遺産分けであった――もあったが、結局代々の王が引き継ぐこととなる。カメハメハ五世の後は、カメハメハ一世の直系がいなくなるが、傍系の王にも王領[*]は引き継がれていった。

* 現在先住民運動の文脈で、カメハメハ三世が平民に分配すべきと考えていた分配が実施されなかったのであるから、旧王領（現在は州政府の管理下にある公有地）の三分の一をハワイ人のものとすべきであるという主張もある。

土地は売られただけではない。一八九〇年には、政府有地と王領を合わせ七五万二九三一エーカーの土地が七六の会社や個人にリースされており、その料金はほとんどが一エーカー一ペニーだった。また少なくはあるが有効な農耕地であったクレアナの土地についても、その多くが、借金の形《かた》に手放されたり、耕作放棄で没収の憂き目にあったりした。ジョスリン・リネキンによれば、平民に所有が認められたクレアナの土地は個人利用の明らかなタロイモ水田だけであり、その上方のクラと呼ばれる乾燥した土地、共同で利用していたいわば日本の入会地や里山に相当するものは認められなかった。そのため後には、しばしば政府地の払い下げ地を、コミュニティが共同して買い戻すということが行われた。一方、タロイモ水田の辺りは、大土地所有者やクラをリースする者が放牧する動物が入ってきて作物を荒らすために、農業を続けていくことが難しく、放棄されることが多かったらしい（Linnekin, 1983:178-79）。このようにして、一九世紀終わりには白人の所有地がハワイ人所有地の四倍となっていたのである（Oliver, 1989:183）。

(3) プランテーション経営から王国の簒奪へ

サトウキビの育成には灌漑が必要であり、サトウキビを砕いて絞り砂糖の原液を採取するための機械設備や、輸送のための鉄道も必要であった。中小の農地では効率が悪く、経営規模の大きなプランテーションが栄えることとなる。大きな投資によって大きな見返りを得るビッグビジネスへと発展していった。周囲の土地を買収して規模を大きくしたり、政府有地などをリースすることが行われ、次第に規模によって淘汰が進み、二〇世紀になる頃には、ビッグ・ファイヴと呼ばれる五つの会社がハワイの砂糖産業を支配するようになった。

プランテーション経営（サトウキビ。二〇世紀になってからはパイナップルも加わる）はハワイ経済の根幹をなすものとなり、また戦争や伝染病・アルコール中毒などで人口が減少し疲弊したハワイ人社会にプランテーション労働者を求めることが難しかったために、海外からさまざまなエスニックの移民労働者が導入されることとなった。最初は中国人であり、一八五二年以後、広東辺りから導入した。一八九八年までの間に、四万六〇〇〇人が来島した。次がポルトガル人で、一八七八年から一九一三年までの間に一万七五〇〇人がやって来た。そして日本人が、一八八五年から一〇年間に官約移民として二万九〇〇〇人、さらにその後一八九四年から一九三九年の間には一八万人がこの地にやって来た。その後一九〇六年以後、フィリピン人移民が総計一二万人来たし、その他、コリア人（現在の韓国・北朝鮮の人々）、プエルトリコ人、スペイン人、北欧人、ロシア人までやって来ている（山本2000:279-81）。

当初は一時滞在のつもりだった人が多く、とりわけ中国人、日本人の多くにとってここは通過点であったが、これらの市民権を付与されない人々の労働の上にプランテーション経済が築かれ、ハワイに住む欧米人、特にアメリカ人たちの勢力は増大していく。最初は親アメリカ派であったカラカウア王の下、ハワイの農産物を合衆国が非関税で輸入する見返りとしてパール・ハーバーを合衆国に軍港として提供する互恵条約が一八七五年に結ばれた。カラカウア王はやがて王国の行く末を案じて、ハワイ人の文化復興に努め王権の力を強める制度改革を計画したが、欧米系の権利拡張を狙う一派に銃剣で脅され、彼らの権利を守る新憲法を承認するという事態に立ち至る。一八九一年に亡くなったカラカウア王の後に王位についた妹のリリウオカラニ女王は兄に輪をかけたナショナリストであったために、やがて一八九三年に、白人プランターを主とする「民主革命」が起こり、ハワイ共和国誕生、その後一八九八年に合衆国併合という道をたどった。

ハワイ共和国は、王領と政府有地を合わせて公有地とし、さらにリースや売却、またホームステッド（後述）としての払い下げを行った。一八九八年の合衆国併合に際し、公有地は連邦政府のものとなった。とはいえ、実際の管理はハワイ準州政府が行っていた。一九五九年にハワイが州に昇格した際、公有地の多くは州政府のものとなった。公有地が多く、その上に、プランテーション経営の寡占が進んでいたために、一九七〇年代までは、ごく限られた機関や人のみで九〇%を超す土地を所有していた。一九六七年には、四一〇万五八〇〇エーカーあるハワイ州全土のうち、三八・七%が州政府の公有地であり、連邦政府は九・八%を所有していた。残りの五一・五%のうち、ハワイ州でトップ七人の土地所有者が二九・三%、一〇〇〇エーカー以上の私有地をもつ所有者まで入れるとトップ七二が四六・九%を所有しており、土地所有の寡占が顕著であった（Meller & Horwitz, 1971:32）。

(4) ホームステッドとハワイ人

前項で突然登場したホームステッドとは、北米大陸の入植に際しても用いられた制度で、農場として開発を促進する目的のため、公有地を個人にリースしたり払い下げしたりするものである。未開拓の土地を開拓するために、農民志願者を募集するのである。リース料や売却金額はごく少額であるが、土地の利用法が契約により定められていて、相続はできるものの売却ができない、リースや他目的への転用は認められないなどの制約があった。

ハワイ共和国の初代大統領であったサンフォード・ドールは、この制度をハワイに取り入れることを早くから主張していた。一八九五年に土地法が成立し、比較的規模の小さい売却や売却可能なリースに加えて、ホームステッドのリースが行われた。趣旨としては、旧小作人を含め、農地をもって自営する農家を増やすことであり、その資格としては市民権を有するものとしたために、アジア系の多くは排除された。多くの有資格者はアメリカ人、ハワイ人、ポルトガル人である。この法律で四万六五九五エーカーの公有地が放出されたが、そのうち約三万エーカーがホームステッドであった。しかし、後にドールは振り返って、ホームステッドには思ったよりもハワイ人の応募が少なく、残念な結果であったと回想しながら次のように語っている。

「ハワイ人は「共同的な形」の「土地所有」の方が好ましいらしく、恒久的な所有の重要性をなかなか理解しない」(Van Dyke, 2008:198–99)。

しかし、ハワイ選出の下院議員であったクヒオ(王子)らの働きかけが実り、併合後の一九二〇年になると連邦議会でハワイアン・ホームズ・コミッション法が成立する。マヘレで三分の一を約束されていた平民の取り分が、現実にはほとんど与えられていない、というのがその理由であった。この方法によれば、ハワイ人に限りホームステッドが提供される。その資格はハワイ人の血を五〇%以上受け継いでいることである。家屋用、農地、牧草地、家屋と農地、家屋と牧草地の五パターンのいずれかを選ぶことができ、長期間、ただ同然のリース料で土地を入手できるのであった。この法律は現在でも生きて実行されている。一九七五年のニール・レヴィによる報告では、一九万エーカーの土地がこのために取り分けてあるが、一五%しか活用されていないということだ。六九家族が牧場サイズの土地に住み、三六五家族がおおよそ四〇エーカーの農場に住み、二〇〇〇家族が宅地に住んでいる。このプログラムは、ハワイ人を農業の生活にもどして回復させるという当初の目的からしたら失敗であるとレヴィは述べている(Levy, 1975:876–77)。多くの利用は宅地としてであり、新たに用意された土地で開墾からはじめる状態では、既に農耕を捨てて何代か経っているハワイ人を農耕生活に引き戻すのはなかなか難しかった。近年ではまた、ハワイ人以外の配偶者を持っている人が多いために、代替りしたときに五〇%

の血統を維持できないケースが多々見られるようになって、相続に限っては二五%でよいことに規則が改正されている。

一方、ハワイの砂糖産業は、一九七〇年代に入ると大きな曲がり角を迎えた。世界中で砂糖の消費量は減る一方で、しかももっと労賃の安い所でいくらでも生産できるようになってきたために、斜陽時代を迎えたのである。多くのプランテーションで砂糖栽培は放棄され、コーヒー・プランテーションに再生されたり、リゾートなどの観光施設に取って代わられたり、細分して野菜農場経営者に売却されたりした。巨大化した観光産業がこの諸島を支える産業となり、ビッグ・ファイヴのほとんどは解体の憂き目を見たのである。

第4節　ニュージーランド――マオリ土地戦争

ハワイについてかなり多くの頁数を割いたので、ニュージーランド・マオリ人に関しては、残念ながら概説のみ、ということにさせていただく。

マオリ人は、概ね焼畑農耕を営むポリネシア人であったが、南島では一部採集狩猟を行っていたグループもある。移住は比較的新しく、一三世紀にソシエテ諸島から直接に、あるいはラロトンガ島を経由してニュージーランドに到達した。一八世紀後半にクックの来訪したときには、マオリ人はパー（pā）と呼ばれる柵で囲った小高い丘の上の要塞の村に住み、常時他の集団との戦闘状況の中に暮らしていた。ポリネシアにしては珍しく、クックは上陸するなり、戦闘態勢で迎えられている。

彼らの社会組織は分節化されている。いくつかの互いに親族関係をもつ拡大家族（ファーナウ、*whānau*）の集合がハプー（*hapū*）であり、これはリニージ*に相当する。その大きさはさまざまであるらしい。さらにハプーがいくつか集まって部族（イウィ、*'iwi*）となる。イウィも大きさはさまざまであった。イウィを超える集団として、ワカ（*waka*）がある。ワカは伝説によれば同じ船でニュージーランドに到着した人々を祖先とする部族連合である。同じワカの中のイウィ同士で戦うこともあり得るが、互いに、歴史的経緯を認識し、近親感をもつ人々の間柄であった。

＊ 系譜上のつながりが確認できる間柄の親族集団。マオリ人は、父方、母方のどちらかを選択できる選系的な出自集団を持っていることで知られるが、これはポリネシア一般に共通する親族システムの特徴である。

(1) 初めての接触から植民地化へ

一六四二年のタスマンに続いて、一七六九年にクックがここを訪れている。一九世紀に入るとアザラシ狩りや捕鯨の船、貿易船などが頻々と訪れるようになり、一八一四年にはキリスト教（聖公会）の伝道が始まった。マオリ人首長の中に、オーストラリアやイギリスを訪問する者も出る。交易により銃や剣などの武器が入って来るので、マオリ人同士で以前にも増した殺戮が行われるようになった。また、ハワイと同様に、殺し合いに加えて新しい病気が入ってきたため、人口減少が生じている。接触前には一〇万人前後であったと推定されているが、一八四〇年には七万人から九万人程度となっていた（Pool, 1991:76, 232）。その後も一九世紀終わりまで減少は続いて、四万余人にまで減少している。

ニュージーランド植民の特徴は、オーストラリアと違って流刑地ではなく、自由移民による植民が進められたことにある。またハワイと大きく違うのは、プランテーション開発のような大土地開発がなかったことであろう。ニュージーランド北島の北端アイランズ湾周辺には、イギリス系の人々の入植がとりわけ一八三〇年以降増加してきていた。一八三一年にフランスがアイランズ湾に入港し、宣教師たちや商人の間にはフランスによる併合を心配する声が上がるようになった。

一方で、イギリス人のエドワード・ウェークフィールドはニュージーランド会社を設立し、マオリ人から土地を安く入手して一般向けに土地の権利証書を売るということを考案し、実際に船を仕立てて土地買付けのためにニュージーランドに船を向かわせた。毛布やマスケット銃、手斧や石鹸、鉛筆等々の物資を積んだ船が出かけていき、ネルソンやウェリントンを含む二〇〇〇万エーカーの広大な土地を入手したとされる。*

＊　後年、正当な土地権者ではない人から買ったり、到底短期間に回れないほどの広大な土地を買ったことになっていたりすることがわかっている。ネルソンでは一八四三年に土地の測量をめぐって入植者とマオリ人の衝突（ワイラウ騒動）があり、三〇人を超える死傷者を出した。

フランス勢力の問題もあったが、ウェークフィールドの動きもイギリス政府がマオリ人と条約を取り交わすことを促進したといわれている。一八四〇年二月六日にアイランズ湾ワイタンギにて、イギリス代表と集まったマオリ人首長たちとの間に条約が取り交わされた。締結の地にちなみワイタンギ条約と呼ばれている。出席しなかった首長について、イギリスの代理総督ウィリアム・ホブソンは主として遠隔地の首長たちを訪問することで、五月までに全部で五一二名の署名を集め、五月二一日にニュージーランドがイギリスの植民地となったことを宣言した。

条約は全三条からなるが、第一条では首長たちのもつすべての権利のイギリス国王への譲渡が宣言されている。さらに、第二条では、マオリ人の所有権の保護が謳われる一方で、イギリス国王にマオリ人の土地の先買権が存在するものとした。第三条では、マオリ人にイギリス臣民がもつはずの権利をすべて認めている。第一条の首長の権利のイギリス国王への譲渡が、ニュージーランドの植民地化の根拠となった（内藤 2008a:378–79）。

(2) 土地買収と没収

こうして一八四〇年にはマオリ人の土地売却が始まった。ただし、第二条で王の先買権が存在しているために、一般の入植者が直接マオリ人と交渉することはできなかった。この先買権は一般植民者からマオリ人を保護しようとしたものである。一八四〇年から六〇年の間、主として一八四六年から五七年の間に、役人や王の代理人がマオリ人から多くの土地を安く買い、入植者に高く売り、その差額を移民費用に当てるということが行われた。この時期の土地買収については、主に過疎地域南島の権利をもっていたガイタフ族の首長たちとの間で取引が行われ、一八六四年までには一％を残し、南島の土地は白人のものとなってしまった（青柳 2000:182）。

一八六二年に先住民土地法（Native Land Act）ができ、さらに一八六五年に改正されると、先住民の土地は先住民土地法廷を通して、私有地としての登録が可能となり、そうした土地に関しては、政府の先買なしに直接入植者がマオリ人と交渉して土地を入手することが可能となった。とはいえ、いまだに最大の買収者は政府であった。一八五〇年代から北島の土地の買収が盛んになるが、それ以前から、新しく入ってきた火器を用いて、北島の白人との間や部族間での武力闘争はしばしば生じていた。五〇年代の後半になって、マオリ人の王を擁立しようというキンギタンガ運動が始まる（内藤2008b:379–80）。一八六〇年頃には、土地の買収を進めるイギリス政府及び入植者たちと、土地取引に反対するマオリ人*との間の葛藤が頂点に達し、北島中西部のタラナキ及びワイカトのあたりで戦いが繰り広げられるようになった。マオリ人の中には土地を売る者もおり、またイギリス方に味方する者もおり、マオリ人の部族間で戦うこともあった。これ以前の武力闘争と併せ、一八四三年から七二年までの両者の戦いはニュージーランド戦争**と呼ばれている。

＊　主として、キンギタンガ運動参加のマオリ人。

＊＊　この戦いはマオリ人戦争や土地戦争と呼ばれることもあったが、近年この名前に落ち着いてきている。詳細はダニー・キーナン（Keenan, n.d.）を参照のこと。この項のタイトルに土地戦争を用いたのは、日本ではニュージーランド戦争の名になじみが薄いためである。

ニュージーランド戦争で勇敢に戦ったマオリ人ではあったが、結局イギリス軍に制圧され、反乱者の烙印を押され、懲罰として土地を没収されることになった。

リチャード・ボーストは、綿密なケーススタディを積み重ねることで、一八六二年・六五年の先住民土地法成立後、没収と買収はその名目上の違いがあるものの、同じ政策の延長上にあったとする。すなわち、先住民の土地を私有地化して売買可能とし、マオリ人も含め入植者個人個人が土地を所有して農地や牧場を持てるようにすることである。没収された土地はしばしばマオリ人に返還され、再度買上げという形をとった。没収後の返還は、必ずしも土地のそれまでの利用者に戻すわけではなく、良い土地にありつく者も、恵まれない土地を与えられる者もいた。

土地の私有化の根拠となるのは先住民土地法であり、私有化のためには土地の測量と登記が必要であったが、測量費用は登記者の負担となり、多くはその後の売却金額の中でまかなわれた。土地権について部族間で争われているケースも多く、境界の画定と所有権者の決定は簡単ではない。この手続きのために、先住民土地法廷が設置され、マオリ人判事を含む法廷の場で、所有権を確定していった。伝統的な土地制度から私有制度に移行することは必ずしも義務化されていなかったが、土地を売る目的で私有化を望むマオリ人は数多くいた（Boast, 2008:7, 49–76）。

もともと、マオリ人の土地制度の概念は、ヨーロッパ的な私有とは異なるものであった。ファーナウやハプーの単位で実際には利用をしていても、その外側に潜在的な所有者（その代表者が首長）がいたり、イウィの土地であったりする。戦争に負けた集団の土地を勝った集団が入手することとなっていたが、敗戦の集団がその土地の権利を主張することはしばしばあった。土地所有者の画定は時に紛争を生んだ。土地の利用を他集団に許すことはあったが、土地を売る、すなわち永久にその土地に関する権利を譲渡するという観念はマオリ人の土地観念の中には存在せず、ワイタンギ条約前後の売却地に関して、売り主のマオリ人がどれだけ売却の意味を理解していたかは不明とされている。マオリ人慣習法の土地制度は部分的に、ニュージーランドの土地法の中に取り入れられてきたが、すべてが成文化されているわけではなく、成文化されていない慣習が法廷で認められることはあまりなかった。一九七五年にワイタンギ審判所*が作られて以降、慣習法を積極的に認める方針となり、ようやく土地に関する慣習法についての研究が始まっている**（Boast, 2004; Erueti, 2004）。

＊　ワイタンギ条約の原則と理念に合致しない立法・政策等により苦悩を強いられたマオリ人個人または集団の訴えを受けて調査し、政府に勧告を行う機関（深山 2003:46 より）。

＊＊　とはいうものの、二〇〇四年の時点で法学者エルエティが記述しているマオリ人の土地慣習法は、一九二四年に出版された若き人類学徒レイモンド・ファースの記述するところ（Firth, 1972:366-92）とあまり違わない。ファースの一九二四年の初版『ニュージーランド・マオリ原始経済学』の改訂版が一九七二年の『ニュージーランド・マオリ経済学』である。

土地権の単位を単一の人物に特定することは難しく、また土地権を細分化して登記することも難しかったため、一八六五年の先住民土地法では、ブロック毎に一〇人登記という方法が用いられた。一〇名以内の人々の連名で登記が行われるのである。多くは首長らが所有者に名を連ねた。マオリ人の理解では、親族集団を代表するものとして、それらの首長の名が記載されたのであるが、いったん特定の人々の名前が挙がると、それらの土地は個人所有と見なされる傾向が生まれた。また、一八七三年の先住民土地法において一〇人を超す人々の登記が認められるようになった。それによって、さらに男女双方を辿って子どもたち全員が名を連ねるようになり、共同の土地所有者数は代替りごとにどんどん増えていった。

ボーストによれば、一八四〇年から一九二八年の間、北島の土地二八五〇万エーカーのうち、政府は六〇〇から七〇〇万エーカーを先買権によって、また九五〇万エーカーを先住民土地法成立後に買収した。マオリ人には一九二〇年の時点で、四七九万エーカー残されていた[*]。その差の八〇〇万エーカーが、ニュージーランド植民法により政府が没収した土地と一八六五年以降の私的売買による土地と考えられるが、それぞれの面積を特定することは難しい（Boast, 2008:33-34）。また、一九二〇年の時点で

表2　1920年の時点における北島のマオリ人所有地面積

1920年3月31日にマオリ人所有地面積	4,787,686（エーカー）
専有地面積	
マオリ土地委員会を通じて貸地	2,810,637
東海岸コミッショナーにより貸地・農地	158,432
公的受託者に貸地	151,801
特別立法による貸地	9,538
マオリの土地所有者による専有	380,000
小計	3,510,408
非専有地面積	
パパティプ地（すなわち土地法廷による調査未処理）	15,340
マオリ土地委員会所有確定・未譲渡	210,648
東海岸コミッショナー所有確定	100,117
ウラウェラ地区（未売却）	316,400
その他の土地	634,773
小計	1,277,278
総計	4,787,686
参考：北島総面積	28,500,000

（データ出典）Boast, 2008: 34.

のマオリ人に所有されている四七九万エーカーのうち、占有されている土地が三五一万エーカーで残りは非占有地となっているが、占有地のうち多くはリースに出されており、マオリ人が利用していたのは三八万エーカーに過ぎない（Boast, 2008:34）。

＊　ただし、一九六〇年になるとマオリ人私有地は三七〇万エーカーに減じている。

もともと政府は、入植者に混じって農場経営をするマオリ人を想定していたが、入植者たちはマオリ人の隣人を好まず、マオリ人も先住民土地法によって認められていた居住区にまとまって住む方を好んだ。また、政府は土地の手当てだけを考え、マオリ人に農業経営の指導等を行うことはなかったので、彼らはひたすら困窮し、土地を手放すことを強いられたのである（Boast, 2008:443-53）。

第三章　「伝統」的土地所有への取組み

ほとんどの太平洋諸島では、植民地化が生じたが、ニュージーランドやハワイのように入植者が現地の人々を圧倒して国家形成をするということにはならず、多くが第二次大戦後に独立の道を歩むことになる。*

＊　ただし、フランスだけは独立を容易に認めず、現在もフランスの一部となっている。ニューカレドニア（海外領土）、仏領ポリネシア（海外準県）、フツナ・ウヴェア（海外準県）である。ニューカレドニアは、二〇一四年から一八年の間に住民投票で独立かフランス残留かを選択することとなっている。

西ポリネシアの大英帝国の末端では、植民地形成時において現地人の土地権保護政策が実行された。フィジー諸島、サモア諸島、クック諸島である。以下では、筆者が最も良く知っているサモア諸島について、その経緯と現状を報告する。フィジー諸島とクック諸島については短い報告を行う。さらに、伝統的な王権が、全体社会を統一した後に立憲君主国となったトンガ王国では、土地制度の新たな改革をいち早く行って王制を強化した。この土地政策については最後に触れたい。

第1節　サモア――「伝統」的土地制度の起源と現在

一八九九年に植民地化されたサモア諸島の西側は、当時ドイツ領サモアと呼ばれ、第一次世界大戦後はニュージーランド統治下で西サモア、一九六二年の独立に際して西サモア（独立国）を名乗ったが、一九九七年にサモア独立国と改名した。一八九九年にアメリカ合衆国に併合された東半分は、現在もアメリカ領サモアとなっている。ここで検討するサモアは主として西サモア＝サモア独立国であるが、植民地化以前は一つの文化と社会制度を共有していた。

(1)　西欧との出会いと植民地化

正式にサモア社会と初めて接触したのは、ロンドン伝道協会太平洋本部（在タヒチ）から「平和の使者」号でやってきたジョン・ウィリアムズであり、それは一八三〇年のことであった。最初からパラマウント首長*の一人マリエトア**に温かく迎えられたウィリアムズ一行は、かなり順調に布教を行った。宣教師の他にも、ウィリアムズと相前後してビーチコーマー（太平洋の欧米人風来坊）がこの社会にも入り込んでいたし、捕鯨船や商船から下船した船員や一旗組を併せて、現在の独立国の首都アピアに欧米人コミュニティができてくるのに、それほどの時間はかからなかった。アピアはウポル島北岸中央部にあり、そこだけがこの島の唯一の平野部であるが、一八五八年にはすでに二四九人の欧米人がおり、その半分はサモア人妻との間にできたハーフであった（Salesa, 1997 : 58-59）。一八八四年には、アピアに住む欧米人はハーフも含め三八三人、一方アピア以外には二〇〇人の欧米人がいた（British Parliamentary Papers, 1895: 603）。

＊　サモアの首長（アリイ）はそれぞれに口頭伝承に裏付けられた異なる格・権能や影響力をもつ。明確な一律のランキング制度は存在していないが、ウポル島を三分割する政治体の代表者であるツイアツア、マリエトア、ツイアアナの三称号名や、一九世紀に重要となったタマアイガ（後述）の四大称号名、すなわちマリエトア、タマセセ、マタアファ、ツイマレアリイファノの称号名保持者をパラマウント首長という。

＊＊　ウィリアムズを迎えたのは、正確にはマリエトア称号名保持者たるヴァイイヌポーであった。

これらの欧米人は、欧米の商社の代理人や領事（在住貿易商が任命されることが多かった）、小売店を営む経営者、捕鯨船の寄港にまつわる仕事に従事するものなど、またとりあえず何かできることをして糊口をしのぐ人々に至るまでさまざまであった。中には、サモア人の首長の娘を娶り、土地を分けてもらってサモア人的暮らしをする者もあった。

そのような中で、ハンブルクに本社をもつゴドフロイ社の代理人オーギュスト・アンシュルムが南米バルバライソからやってきて、一八五七年にはこの地にゴドフロイ社の礎を築き、テオドール・ヴェーバーを駐在させた。ヴェーバーはプランテーション経営を目指して、一八六一年にウポル島に三万ヘクタールの土地を入手した。こうして、サモアのプランテーション開発が始まる。一時、綿花栽培なども行われたが、サモアのプランテーションはほとんどココヤシ栽培を行うもので、ココヤシの実の内側の果肉を干したコプラが輸出品であった。コプラを絞るとヤシ油がとれ、石鹸を作る材料となった。ゴドフロイ社以前には、宣教師が献金代わりにヤシ油を人々から集めるなどしていたが、ヤシ油を作る作業は結構大変で、その後もさらに精製が必要だった。ゴドフロイ社がコプラの形で輸出することを始め、その後にココヤシ栽培のプランテーションの需要は著しいものとなった（Cumberland, 1962:242-43）。

こうして、欧米からの入植者の増加に拍車がかかる。キリスト教を受け入れたパラマウント首長マリエトア・ヴァイイヌポーは、四大称号を掌握してタファイファー*となり一時代を築いたが、彼が一八四一年に亡くなると、何人かの有力首長の間に勢力争いが生じて、サモア社会は政情不安に陥る。一方ではサモア社会に特有の合議制を全諸島レベルで作り出す試みも始まったものの、また併行してパラマウント首長らは互いに小競り合いを繰り返した。その争いをさらに増幅させたのが、当時サモアに植民地主義的興味をもっていた、イギリス、アメリカ、ドイツの三国である。それぞれの政府は、現地の同国人保護を理由に軍艦を派遣したり、戦いに介入したりした。彼らが有力首長らと個別に結びサモア政治に介入することが事態を複雑にしていた。一八八九年にはそれぞれの国が派遣した海軍がサモアにて一触即発の状態に至ったため、三国はベルリンで外交交渉の場を開き、サモアに関する「最終決議」に到達した。その要点は以下の通りである（山本 2008:292-93）。

＊　ツイアツア、ツイアアナ、タマソアリイ、ガトアイテレ（後者二称号名はマリエトア家の女性を初代とする称号名で権力というよりは名誉に彩られた称号名である）の四つの称号名をすべて授与された者はチャンピオンとして、タファイファー（*tafa ʻifā*, 王）となることとされていた。

一、マリエトア・ラウペパを王であると認め、サモアの主権に関しては今後もサモア人自身による決定を尊重すること。

二、アピア行政区の治外法権を確立し、住民自治に委ねること。

三、関税を定め、その関税をアピア行政区の運営に充てること。
四、土地売買を凍結し、これまで取引があったとされる土地所有権について調査を行うこと。

すなわち、サモアの入植者たちの間では、政治を安定させ、土地問題を解決するということが課題であると認識されていたが、その解決をはかり、併せてアピア行政区のような治外法権・住民（欧米人）自治を認めて一種の租界を作ったのである。土地問題委員会ができてこの分野に関してはかなりの政策展開があるが、しかしこの後も政情不安は続き、また三国の介入は続くことになる。そして一八九九年に本格的な内乱状態に陥った。三国は再び集まり、「最終決議」を覆してドイツと合衆国の間でサモア諸島を分割領有することを決め、イギリスは、太平洋・アフリカの他の権益を得ることで、サモアからは撤退したのである。

(2) 接触当時のサモア社会

理想化はされているが、宣教師らの記述を見ると（Turner, 1984［1861］:280–81 等）、現在サモア人が「伝統的」と考えているサモア社会に近いものが、接触当時のサモア社会であったと考えられる。もっとも、現在はその理想郷サモアの親族集団とはずいぶん離れたところまで来てしまっているが。以下、その理念型サモアの村を記述しよう。

サモア社会の基本単位は村（ほとんどは海岸沿い）であり、村はいくつかのアイガ（*'āiga*）と呼ばれる親族集団から成り立っている。個々のアイガは、先祖を共有する集団で父系的な傾きをもちつつも母系的な要素を排除しない、いわゆるポリネシア的な親族集団である。人は父方の親族集団に所属する場合が多いが、母方（母の父方）に所属することも、母の母方、父の母方に所属することもできる。しかし権利主張をするためには、それなりに親族集団内で役割を果たしていくことが求められる。原理的には無数のアイガに連なるが、実際にすべてのアイガと関係を保つことは難しいので、一つないしは数個のアイガに所属することになる。

アイガは村の作る集落内に宅地をもち、さらにその後背地に農地をもつ。さらにアイガは首長称号名を一つないし複数有し、その最高位の称号名を授与された者がアイガのリーダーシップを取る。首長はアイガ内にあっては、マタイ（*matai*，家長）となって世帯やアイガの運営に努め、アイガ外ではアイガを代表する首長となる。それぞれの村には首長称号名保持者で作る合議体があり、定期的に集まって村の政治を司るのである。またこのような村が複数個、地縁で結ばれて地方を作っていた。あるいは、村が拡大していくつかの村に分裂し地方を形成していたところもある。一つのアイガは実際にはいくつかの複合世帯――これもアイガと呼ばれるがここでは区別して世帯としておく――に別れて暮らしている。複合世帯は、オジやオバ、姪や甥を含んだ大所帯であり、大きいものは五〇人程度になることもあった（Turner, 1982［1861］:280）。世帯主は称号名をもった首長であるが、彼は世帯運営に責任があり、世帯員に命令して、アイガの農地での食糧生産を始めとする多くの仕事を割り振りする。女性の仕事に関しては、この世帯主の妻が割り振りをする。

サモアの土地は首長の名の下に置かれている。このような土地への支配権はプレと呼ばれる。最高位首長の名を冠したアイガの集団がある。例えば、アピアの近郊にあるファレウラ村には、テレアとロアウという高位首長がおり、サー・テレアーとサー・ロアウーというのがそれぞれのアイガの名前となっている。またテレアとロアウには各々プレをもつ宅地と耕地がある。それぞれの親族集団には、最高位首長以外の称号名がいくつもあり、それらの称号名の保持者はそれぞれの高位首長の配下となり、実際には土地を分割して采配をふるう。アイガの土地は、現に利用されていたり、利用の記憶がある土地ばかりであるが、村はそれらの土地の他に未開拓の土地を有しており、村の後背地の山の奥には隣村との境界*がある。さらに地方のもつ未開拓の土地が、村の土地の外側に存在していた。

* 境界は目印の大木や岩であったり、人為的に積み上げた石壁（ツアオイ）であったりしたが、境界を巡っての争いごとは過去にもしばしば生じたし、現在でも生じている。

サモアは南のトンガ諸島などと違って比較的土地が豊かで、とりわけ遠隔地の方では未開拓の土地が現在でも存在している。未開拓の土地はすべてどこかの村ないしは地方のものとなっており、その村の者であれば、首長会議の許可を経て切り開いて焼畑をつくることができる。この方法で、自分の名の下に土地を増やした場合、その土地はアイガ全体のものになるのではなく、この首長*のものとなる。そのような個人のもつ土地についても、既に一九世紀から言及があるのだが、多くの場合そのような土地は、単独の個人へと残されるのではなく、最初の耕作者の子孫に残されるのであるから、最初の耕作者を始祖とするアイガ内の分枝の生成へとつながっていく場合も、全体アイガに吸収される場合もあったと考えられる。また、高位首長が娘の婿に土地を分け与えて、アイガ内に住まわせることもあった。この場合もカップルの子どもたちはアイガの血族であるから、元のアイガ全体の中に自然と吸収されていくのであった（Meleiseā, 1987: 30）。

* 現在でこそ首長でない個人もあり得るが、一九世紀には、ほぼ首長だけであっただろう。

(3) 一八八九年までの土地売買

一八六〇年にマリエトア・モリーが亡くなると、マリエトアの称号名を誰が受け継ぐかで、モリーの息子のラウペパとモリーの異母兄弟タラヴォウとの間に争いが生じ、サモアは政情不安となる。それ以前から、まず最初に宣教師たちの来島以来、布教本部、教会、神学校等の建設のために、土地の譲渡が行われることはあった。また、ウポル島の北側では、サモア人女性を妻とした欧米人が、住居や農業のために小規模な土地を譲渡してもらったり買い取ったり、ということが行われていた。ただしそれらは限定された土地譲渡だったといえる。しかし一八六〇年代半ばに入ると、急速にプランテーション用の土地の売買が進んだ（Gilson, 1970:271）。マラーマ・メレイセアーは、入植者の経済は好調だったのに、戦いが続いたサモア人はさらに干ばつや嵐、虫害などが追い打ちをかけて経済上の逼迫に直面したと述べている（Meleiseā, 1987:33）。

先に示した、ゴドフロイ社の現地支配人テオドール・ヴェーバーは一八六五年にムリファヌアに、一八六七年にヴァイレレ、翌年にヴァイテレにそれぞれ広大なプランテーション用地を入手して開発を始めた（Cumberland, 1962:242）。当時伝道協会と一人のニュージーランド人以外にプランテーション経営を行う者はいなかった。これをきっかけとして土地需要が多いに高まり、入植者がサモア人から土地購入を行うケースが雨後の竹の子のごとくに生じる。R・P・ギルソンは、当時の政争によりマスケット銃の購入需要が高まったと述べている。一エーカーで一〇ドル前後していた土地が、戦闘になって、一エーカーわずか数セントで取引されたという。また欧米人はしばしばマスケット銃との直接取引で土地を入手したので、さらにもうけを捻出することができた。中央ポリネシア土地商業会社という会社の代理人は、このような状況の中で土地を買いあさった人々の代表格である（Gilson, 1970:271–85）。彼らはプランテーション開発そのものには関心がなく、やがてプランテーション開発をする人々に転売することを考えていた。

戦闘で村を留守にしている者はしばしば、帰宅後のことを考えずに土地を売り払ったし、勝ち組は、負けて別の場所に落ちのびている敵の土地を勝手に売り払った。戦争のために作物が作られなかった土地も多かった。通常、サモアの土地は、一人の意志で売買可能ではない。たとえ最高位首長であっても、他の主立った人々にアイガの運営については合意を得なくてはならない。しかしこうした合意は、非常事態ゆえに、あるいは故意に無視された。また、複数の欧米人に同じ土地を売ったり、また土地に対して土地譲渡の権利を持っていない者が土地を売り払うことが行われた（Meleisea, 1987:21–37）。

写真２　マリエトア・ラウペパ（撮影者不明，1890 年代）

サモア人の慣習の中に、対価を日的とした土地の譲渡という概念がなかったであろうことは、多くの研究者の一致した意見である。しかし、欧米人と接触後のサモア人がどの程度、永久に土地を失ってしまうことについての自覚をもっていたかについては、議論の余地がありそうだ。ただし、理解していたとしても、していないふりをすることはしばしばあっただろうし、後は野となれ山となれで、とりあえずの苦境から救われたいという意志が働いたことは認められる。また欧米人のどん欲さを手玉にとって、多重販売をしたり、権利がないのに売ったり、売買終了後も利用を続けたり、ということがあったことは、容易に想像がつくのである。

戦争を通じての土地権の移転については、ひとこと述べておく必要があるだろう。一八六五年以来のサモア史の中で、征服者がしばしば敵の土地を欧米人に売り払ったことを根拠に、メレイセアーはサモアでも（ハワイやニュージーランドのように）征服者は敗者の土地を占有するのが土地権の移動の一つのルールであったと述べている（Meleiseā,1987:43）が、この議論には賛成できない。

境界で接する村同士、地方同士がしばしば境界に関して意見が一致せず、自分たちの主張を貫くために武力に訴えることがあったと思われる。このときに勝者が自分たちに有利な境界を採用する可能性はある。しかし全面戦争において、敵の村や地方の土地全体を乗っ取るという事例は口頭伝承などにも見出すのは困難である。またフィジーのような外来王の伝承は、サモアにも痕跡があり、また実際にパラマウント首長の落とし子から発生したラインが村の中に存在することはしばしばあるが、それが村全体を支配する首長称号名にはならず、村内は対称的な複数称号が対抗関係を作る構造が普通だからである。マリエトアの息子称号名のセイウリは、あちこちの村に見出されるが、その村でセイウリが単独支配をなすといった圧倒的な称号名になっているわけではないのである。

筆者はむしろ、一八六〇年代に起きた土地売買ブームは、白人が「土地を買う」という新しい可能性を持ち込んだために生じたサモア社会の混乱であった、と考える。従来サモアの村で、村に対して重大な危害を及ぼしたアイガの人々を追放する、という慣習があった。このとき追放された人々の農地の作物や樹木はすべて引き抜かれ、ブタはすべて殺される。追放された人々はその村に残留していたら殺されてしまうので、他所の村の親族を頼って落ち延びるのである。村同士の戦争の場合でも、これと同じようなことが行われる。つまり勝者が敗者を再起不能にするために、敗者の作物をめちゃめちゃにし、ブタを殺し、食料生産にダメージを与え、女性を強姦し、敗者に屈辱を与える行為を行うのである（Stair, 1983［1897］:243–55）。

しかし、追放されたアイガが永久にこの村から排除されてしまうのかというと、その辺りは微妙である。ある程度の期間が過ぎてイフォガ（*ifoga* 謝罪を求める儀式）が行われると、敗者は復活するのである。戦争の場合も、ファイン・マット（この社会で用いられている貴重財）を支払って賠償し、認められれば戻る。最初に宣教師が入ったときに、サモアは戦いの最中であった。最終的にはマリエトア軍がアアナ地方を壊滅的に攻め立てたので、アアナ軍は散り散りにならざるを得なかった。それでも最後に、パラマウント首長のマリエトア・ヴァイイヌポーは、配下の者たちに、アアナの人々が戻ってくることを許してやろう、と提案している（Heath, 1839 Meleiseā, 1987:27–28 に引用あり）。

一八六〇年代からの紛争においても、おそらくは勝者側は、戦いによって占領した土地をずっと将来にわたってわがものとして支配することは困難であったので、ともかく白人に売ってしまって、ファァト・キャッシュや武器を手に入れようとしたのではないか。しかしそれは、土地を買うという欧米人の登場をもって、初めて可能となったことであろう。

(4) 最終決議と土地売買の凍結

タラヴォウとラウペパの主導権争いは、タラヴォウの晩年近くまで続くが、最後の　年ほどは合意が成立し、タラヴォウが王、ラウペパが副王という決着を見た。しかし一八八〇年のタラヴォウの死後、また事態は混乱する。この間に、マリエトア一族に対抗するツプア一族から、タマセセ、マタアファ、ツイマレアリイファノのそれぞれの首長がパラマウント首長として抜きんでるようになり、マリエトアと併せ四大称号名となった。この四つの称号名はタマアイガ（*tama ʻāiga*, 字義通りには一族の王子）と呼ばれた。この後に首長たちの間で一応の合意をみて、一八七三年にサモア議会（上院・下院からなる）が成立する。しかし一方で、首長に代わって演説を行う役の儀礼首長、すなわちサモア政治の裏舞台で政治取引をする役割の集団がいて、これら旧勢力にとってこの議会は面白い存在ではなかった。さらにアピアの多国籍コミュニティは、それぞれの政府に働きかけて、騒動を自分たちに有利に働くように誘導しようとするばかりか、イギリス、アメリカ、ドイツの各国は自国利害と絡んで、個別の首長勢力と結びつこうとしたために、サモア政治は三つ巴四つ巴の混乱に陥った。

先にも記したが、一八八九年、サモアの将来について三国がベルリンで話し合い「最終決議」を決めた。妥協の産物として決まった数項目の決議のうちでも、サモアの土地問題を解決するための第四項目（一七五頁、参照）は重要な意味をもった。その中では「サモアの住民が彼ら自身とその子孫のために自ら耕す土地を保持するべく、今後のサモア諸島の土地所有権の外国の市民や臣民への移転を禁ずる」（British Parliamentary Papers, 1890:959）とうたわれている。ただし、アピア行政区内での宅地取引と、農業用地の四〇年以内のリースは、アピア行政区の主席判事や行政官の許可を得て可能とされていた。

しかし、それにも増して大きな意味をもった取決めは、既に取引があったとされるサモア人と外国人との間の土地取引に関することである。三国それぞれが指名する委員各一名と、アピア行政区行政官が指名し、主席判事が追認するサモア原住民（Samoan Native）の利益代表者が事務官として加わって土地委員会が構成されることになった。これらの委員は十分に調査を行い、特に以下の点について報告を行う。

①　その土地の売却や譲渡が、権利を有する所有者やその権利をもつサモア人によって行われたかどうか。

②　十分に考慮する時間があったかどうか。

③　その売却もしくは譲渡の行われた土地の確定。

そして、両関係者の調停も行う。

こうして委員からの報告がなされた上で、最終判断は判事が行い、誰からも異議申し立てがなく委員全員が認め、外国人が所有していると確定できる土地は登記を行う。そのガイドラインとして、一八七九年八月二八日（英サ条約締結日）以前に移譲が行われており、第三者に再移譲されておらず、サモア人が熟慮の上で慣習に則った方法で売ったことが明確である場合、また外国人が一〇年間以上継続して問題なく所有し耕作してきた土地である場合があげられる。もしも土地の耕作や改良が行われているが、支払いが一部しか完了していない場合も、支払い完了をもって登記が認められる。

また以下の場合は、登記は認められない（British Parliamentary Papers, 1890: 961）。

①　売買が口約束だけだった場合。

②　証書や担保書等だけで、土地の境界の確定を委員会ができない場合。

③　譲渡書を書いた時点で、対価について考慮がなされていなかったり、それが不十分、または不合

理な場合。

④　売却、入質、貸与のいずれにおいても、土地の移譲が、サモア法やアピア行政区法に違反の武器や軍需品ならびに酒類の入手を目的として行われた場合。

土地登記は欧米人にはかなり厳しく、サモア人にとっては有利な方向で、土地問題の解決が図られたといえよう。ドイツ通商農業会社*（DPGH）のように実際にプランテーション経営を行っていた会社は土地登記できたが、中央ポリネシア土地商業会社のように転売を目的とした土地投機の会社は登記が難しかった。二年の間に行うと決議には定められているものの、実際には終了まで三年半を要した。

＊　ゴドフロイ社倒産のあとを引き継いだ半官半民のプランテーション経営会社。

欧米人が登記のために提出した土地売買契約書等の総面積を併せるとサモア全土の二倍を超える数値であり、そのうち登記をすることができたのは、たったの八％であった。国籍別に見ると、イギリス人の主張のうち認められたのが三％と最も低く、ドイツ人は五六％が認められた。イギリス人の場合、実際に土地が未利用のものが多かったことがわかる。登記できた面積の比率は、西サモアと東サモアで同じようなもので、登記面積はサモア全土の一七％程度だった。

このようにして、戦争の時代に火器獲得を目的としたどさくさ紛れの土地売買、誤解に基づく土地売却、転売を目的としての土地買収、多重売買などの混乱を、すべて厳しく排除する方向で「正常化」が図られた。一方で、既に土地を利用して開発を進めている実際の土地利用者である欧米人の財産は保護されたのである。

一八八九年の時点で、サモアの土地の外国人に対する売買はほぼ不可能となってしまった。それまで

表３　サモア土地委員会による土地所有調査概要

		件数	面積（エーカー）
請求件数と土地面積概算	単独	1,424	22,081
	重複	2,518	1,669,812
	計	3,942	1,691,893*
請求処理概略	全部登記	2,311	85,677
	部分登記	311	153,560
	反対意見あり	19	5,005
	辞退	324	14,991
	却下	977	1,432,760

（注）サモア諸島総面積はこの半分以下の774,592エーカー.
（データ出典）Gilson, 1970:411.

表４　国籍別登記状況

国籍	請求面積（エーカー）	登記面積（同国申請全体における割合）
ドイツ	134,419	75,000=56%
イギリス	1,250,270	36,000= 3%
アメリカ	302,746	21,000= 7%
フランス	2,307	1,300=57%
その他	2,151	2,000=95%
計	1,691,893	135,300= 8%

（データ出典）Gilson, 1970:411.

外国人に売却されたと認定された土地は、自由所有地（freehold land）として、すなわち売買可能な土地として認定されたが、それ以外は慣習地（customary land）として、慣習に則った利用、運営が図られることとなった。サモア全土のほぼ八二％が慣習地であったが、その比率は現在も変わらない。ドイツ時代、ニュージーランド時代を通じて、植民地政府も、慣習地を政府に売却することは認めていたものの、一般に売却はできない制度となっていた。現行では、現在のサモア独立国の総面積のうち、八一・一％が慣習地政府有地が一〇・七％、サモアン・トラスト（旧農業公社用地）が二・四％、自由所有地が二・四％、そのほかに市街地が〇・九％となっている（Government of Samoa, Samoa Bureau of Statistics, 2010）。

(5) 慣習地の変容

サモアの土地が、このように、「凍結」状況に置かれてきたことは大変興味深い。一二〇年を経ても、その間のドイツ政府、ニュージーランド政府、そして独立政府も、土地制度にとりわけ大きな変更を持ち込むことはなかった。一方、隣り合うアイガ同士での土地権を巡る裁判、村と村の同様の裁判に際しては、測量が行われ境界の画定がなされてきたものの、未測量の土地も一方で多く存在している。

慣習地の利用の仕方は、人々のイメージの中では、旧来の理念的マタイ制度の中で運用されている。五〇人を超すような大家族（世帯）が、一人のマタイ（家長）の下で暮らす。何組もの夫婦とその子らは兄弟姉妹、従兄弟姉妹、オジオバ甥姪といった関係でつながっている。マタイは、人々の労働力を束ね、それぞれを適材適所で使うべく命令をする。すべての財はマタイの管理下にある。人々はマタイの命令に服す代わりとして、マタイはアイガ全員の福祉に関して責任を負う。マタイには家産を軌道に乗せ、全員が十分な食物を摂り、満足のいく暮らしができるようにする責任がある。このようにして運営されているアイガはサモア人の理想なのだ。

マタイは、首長として他の複数のアイガの首長と共に村の合議体を組織して村の政治を司る。村の合議体は、首長称号保持者間に伝統で定められた格の違いがあり、発言権もそれぞれに異なるが、人々の合議の場で決定が行われていく。こうしたマタイを中心とした理想の生活は、現在では理念的に存在していても実態が伴っているわけではない。

フィリックス・キージングによれば、彼の調査した第一次世界大戦後、既に土地の実質的なコントロールは土地の占有者が行っており、上位レベルでのプレ（一七六—一七七頁参照）の意味は減少しているという。

「……自分の分枝を打ち立てた場合、その人は結婚して家族をもち、その家族が次世代で似たような親族集団を作り出す。だから今日の典型的なサモアの村では、共同体の土地権すべてはマタイ会議のメンバー各人のものとなっていて、彼らはその集団に属す特定の土地の受託者となっている。しかし、休眠中のプレがあちこちの土地、あるいはその全体の土地の背後にいることは忘れてはならない」(Keesing, 1978 [1934]: 276)。

プレをもつアイガの最高位首長には、スアという食物の献上を定期的に行うことで、占有が可能となる。* 筆者が住んでいた村でも、村内のタウレアレア（*taule'ale'a*——称号名を保持しない男性。複数形は *taulele'a* タウレレア）について、「彼は誰のアイガに属するの？」と尋ねると、人々からは、「*Tautua xx*（マタイのｘｘに仕える）」という答えがよく返ってきたものだ。これは彼が仕えるマタイに対して定期的に食物を納めることを意味している。また、そうしたタウレアレアは、村内の住居地域ではなく、農地に自分の妻子と共に居住することがしばしばあった。

＊　これをキージングはモノターガ（*monotāga*）と呼んでいるが、筆者の調査ではモノターガはアイガ内の高位首長に捧げる財ではなく、村落合議体に提出するもので、モノターガをなした結果他村のマタイがその村でマタイとして活動することを認められるものであった。

また、アイガの最高位首長から、身分の低い称号と共に土地を分けてもらった親族関係にないマタイは、しばしばタウツアと呼ばれていた。タウツアのマタイやタウレアレアが実際に食物の献上を行うかというと、それはごく形ばかりのものに過ぎなかったようで、そのような現場を見ることはあまりなかった。しかしその代わり、マタイが儀礼交換で細編みゴザを集める必要が出たときに、配下のマタイやタウレアレアには必ず規定枚数をもってくるように指示していた。今日の世帯間のやり取りは、多くが儀礼交換への供出によって精算されている。

サモア独立国は、人口増加に見合う以上にマタイの数を増やしてきた。その手法は称号分割と呼ばれるものであり、古くから見られる現象である。高位首長の称号であっても、系譜で数世代前に分割した記録が伺えるものもある（Yamamoto, 1994:182）。古い分割の場合、それぞれに相似的な複数のアイガは、イツー・パエパエ（*itū paepae*）という分枝として存在しており、それぞれには最高位首長として同名の首長称号名保持者がいる。このような場合、各最高位首長の土地も分割されており、各々のイツー・パエパエがさらにそのメンバー間で土地利用を図るようになっている。

現在ではさらにアイガ内での配下の首長称号名も数多く分割され、首長称号名をもたずに世帯を運営するタウレアレアはほとんどおらず、大概何らかの名前をもつ首長＝マタイとなっている。それぞれの位の低い首長はプレをもって自分のものとされる土地を耕しているわけではないが、実質的にその土地に対する権利をもっているとみなされている。

このように、慣習地も実際に分割して利用することが普通であり、それぞれの土地の占有権といったものが慣習的に存在している。これには法律的な規則は何もなく、全く慣習で行われているため、慣習地全体の扱いとも異なり、土地に関するもめ事などはアイガ内で決着をつける。概ね男性の土地はその息子たちで分割する。土地が足りなくなっている所では、兄弟間で調整して分割を避けることも多い。そのために、同じ兄弟で一つの村に住むのではなく、例えば婚入してきた親の実家のアイガなどに、もう一人は住んでいたりする。

慣習地の制度が定められた頃、サモア人のほとんどはタロイモ、バナナ、パンノミ（パンノキという喬木になるラグビーボール型の食用の実）、タームーイモ、ヤムイモ、ココヤシ等々を栽培してサブシステンスを営んでいた。コプラ生産をして小金を入手することはかなり古くから行われていたが、その他の換金作物は主に第二次世界大戦後の発展である。戦後、コプラ、バナナ、カカオが主たる換金作物で貴重な現金収入であった時代もあり、これらは先進国への輸出用だったが、現在は国内市場が成長してきたので、タロイモ、（主食用）バナナ、パンノミといった主食作物、トマト、キュウリ、キャベツといった野菜類の生産でも現金収入を得ることができる。近年では農業自体も現金収入の道となってきている。現在のところ土地に対する税金が課せられていないし、国内市場で農産物を売るのは実質的に非課税となっている。

農業生産については、以上のような展開が観察できる。人々の生活の中には現金がかなり浸透してきており、教員、看護婦など村内での現金収入をもつ人々に加え、首都のアピアにおいて現金収入によって生活している親族の影響もあるが、もっとも大きな影響力をもつのは海外移民である。海外への移民が始まったのは、第二次世界大戦後のことであった。当時宗主国であったニュージーランドへの移民の流れ――ニュージーランド自体は戦後に工業化が始まり工場労働者を必要とした――に始まり、同じくアメリカ領サモアから合衆国へと移民の流れが生じた後は、アメリカ領サモアを通じて合衆国へも移民した。人々の目的は、移民による教育機会の向上と送金であった。現在、東西サモア諸島の人口を併せた二五万人程度を超すサモア人を名乗る人々が海外に居住しているが、彼らの多くは故郷との太いパイプを維持し、定期的というよりも行事等にあわせた送金を行っている場合が多い。

このような環境下にあって、人々の暮らしにはますます現金が必要となっており、多人数のアイガ暮らしの世帯は今ではほとんど存在せず、現実にはいくつかの区画に分けて、個人有地として実質的に運営されている。J・ティム・オメアラは、サヴァイイ島とウポル島の両方で、村内の土地利用と社会関係を調べた結果として、ほとんどの土地は世帯毎の占有地に分けて耕作が行われていることを示し、その実際の運用に沿った土地制度改革を提唱している（O'Meara, 1995）。

(6) 慣習地と開発

アイガの土地は、アイガの中で相続し利用していく体制は比較的整っており、大きなもめ事には発展せずに運営できているが、問題は比較的広い遊休地をもっているアイガや村が、第三者にリースをする場合である。土地運営は最高位首長が勝手に行うのではなく、親族集団全員の同意が必要とされている。また村の場合は合議体で意志を確かめる。そのようなプロセスが必要となるため、現実にはそうした開発がなかなか難しくなっている。アイガ・ポトポト（*'āiga potopoto*）というのは、そのアイガに住んでいる人々ばかりではなく、そのアイガ出身で他のアイガに婚出している人々や、その婚家先で分枝を形成したタマ・ファフィネ系（*tama fafine*――アイガ出身の女性親族の子孫）の人々も含め、大勢が集合する集会である。ここで、アイガの人々の間での合意が図られる。主にアイガに居住するタマ・タネ系（*tama tāne*――アイガの男性親族の子孫）が主導して決定するのに対し、タマ・ファフィネ系は拒否権をもつとされる。アイガ・ポトポトの大きな役割は、アイガの最高位首長称号を誰に授けるかを決めることであるが、それればかりではなくアイガのあらゆる決定にはアイガ・ポトポトでの合意、ないしはアイガ・ポトポトの主要メンバーの同意が必要である。遊休地のリースなどもアイガ・ポトポトの議題となる。実際には、アイガ・ポトポトはいくつかの分枝で構成されているので、その間に合意をもたらすことはきわめて難しい。とりわけ近年のアイガ・ポトポトの合意は、以前よりはるかに得にくい傾向にあり、最高位首長称号名の継承者決定はアイガ・ポトポトでは決まらず、裁判に持ち込まれることが増加している。

＊ 土地問題と称号名継承を巡るもめ事だけを専門とする土地・称号裁判所がある。この前身は一九世紀末に作られた土地委員会である。

結果としてリース契約をアイガとの間に結ぶことは大変難しい。理想的な海水浴場となりそうな所に海外から来た多国籍企業がホテル建設を試みる、といったことが過去にはしばしばあったが、アイガや村がほとんど合意をみるには至らないので、そのような開発計画は余り進んでこなかった。しかし近年は、ちらほら出てきている。

一方で、近代化と開発を目指すサモア独立国政府も、慣習地の開発に向けた法的整備を行うべきであると開発計画の中で述べている。従来の法体系の中では、リースをしても借地人の権利の保護が薄い、また土地を担保に開発に必要な資金調達をすることができない、といった問題を抱えている(Government of Samoa, Ministry of Finance, 2008:23)。しかし、これまでの慣習地運営の方法を変えることに関しては旧習墨守の保守勢力からも新植民地主義を警戒する知識人層からも大きな反対があり(Iati, 2007 等)、困難を抱えている。政府はとりあえず、慣習地の権利者が土地を担保に借り入れすることができるようにするため、二〇一〇年に慣習地についても土地測量を行い、個人名で登記できるという法律を成立させた（Parliament of Samoa, 2010）が、この法律がサモアの慣習地運営に何をもたらすのかは、まだ現状ではよく見えていない。

さて一方で、独立（一九六二年）前後から、伝統的な手法を現代的に読み替えた土地の新たな囲い込みが生じている。これは、未開拓の村有地を開拓する方法である。村民は村の許可を得て誰もが開墾する権利をもつという習慣に則って、未開拓の土地がまだ多く残る田園地帯の村の首長称号取得後、村有地や地方有地を、雇い入れた労働者を使って開墾して広大な土地を囲い込む。そして囲い込み後は、労働者を使ってカカオやタロイモの商業的生産を営むのである。要するにサモア人自身がプランテーション農業を行っていることになる。

この代表格は、実業家の後に政治家となり、首相まで経験して二〇〇一年に亡くなったヴァアイ・コローネであろう。ジェラルド・ワードの報告によれば、ヴァアイはサヴァイイ島の西北の角にあるヴァイサラ村の首長であるが、労働者を使って二〇〇エーカーを耕してカカオ・プランテーションを作った。常時一四人の労働者を雇っていたが、そのうち一一人は中国人労働者であった（Ward, 1962: 269）。筆者が調査中の一九七〇年代終わりには、同様の土地の囲い込みを行っている人のうわさをよく聞いたし、そのような人に会ったこともある。サモアの慣習地はかつてほとんどがサブシステンスに用いられていたのだが、現在ではこうした手法で、プランテーションにも似た資本主義的農業経営を行うことが始まっているのである。

(7) フィジーとクック諸島——間奏曲

フィジーはメラネシア的要素を持つと同時に、ポリネシア的な首長制をもつ諸島で、サモア諸島の西に位置する。首長国が乱立し断続的に勢力争いが続いていた。首長国のひとつを率いるパラマウント首長のザコムバウが周辺を平定する過程であったが、志半ばで他の首長国のパラマウント首長と共にイギリスに主権譲渡し、一八七四年に大英帝国がここを植民地化した。植民地行政で有名なアーサー・ゴードン（後のスタンモア卿）が、現地人保護の必要性を訴え、ニュージーランドの土地戦争等の経験も踏まえて、国有地の取得は最低限としてこの植民地をスタートさせた。現在、国有地（state land）九・四五％、自由所有地（freehold land）八・一七％、原住民地（native land——サモアの慣習地に相当）が八二・三八％となっている（Ward, 1995:19）。ただし、原住民地の半分以上はリースされている。現在のサモア独立国と比べ、土地は六倍以上、人口は四倍以上の大国である。一九世紀末から、主としてリース契約で土地を取得し、インドから年季契約労働者を入れて、サトウキビ・プランテーションの経営が盛んになった。現在、インド人労働者の子孫が人口の約半分近くを占めるが、同じ国民でも原住民地はフィジー系の人々しか持つことができず、インド系の人々が土地をもつことは難しい、という問題を抱えている。

写真3　フィジー王，セレ・エペニサ・ザコンバウ
（撮影者不明，1883 年）

原住民地は、マタンガリ（*mataqali*）というリニージ（一六四頁参照）に相当する親族集団に分配されており、フィジー人たちは、マタンガリへの父系的帰属に基づき、土地を入

手可能となっている。またマタンガリがリース契約の当事者となる。土地のほとんどはフィジー人のために確保されている。* ほぼサモアと同様の現地人保護政策といった制度であるが、実はフィジーの方が先にこの制度を実施しているのだ。

＊ ただし、優良な土地のほとんどは、公有地と自由所有地であり、原住民地の良い部分はリースに回されているという。

フィジーとサモアとの大きな違いは、マタンガリを通じて父系的に土地にアクセスするので、人々は必ず一つのマタンガリにしか帰属できず、権利のあり方はフィジー系についていえば比較的平等である点である。もう一つ大きな違いは、年季契約労働者の子孫であるインド系住民の存在であり、彼らはほとんど土地所有から排除されていることに注目しなくてはならない。フィジーでは一九八七年以来、何回かクーデタが生じているが、これらもフィジー系とインド系の政治の主導権を巡る争いが原因となっており、土地問題はその争点の中にある。

さてもう一つ、フィジーの土地制度がサモアと異なる点は、ピーター・フランスらによってこの土地制度が今流にいえば「伝統の創造」であったという批判を受けたことである。* フランスは、フィジーの社会組織と土地の結びつきが一様ではなく、さまざまなバリエーションもまた親族集団の移動（すなわち占有地の移動）があったにも関わらず、原住民地の制度を作ったことにより、フィジー中にマタンガリが生成・固定化し、土地保有集団として大きな権力を握ることになったという（France, 1969）。

＊ しかもフランスは、この制度作りはゴードンの生半可な人類学的理解から生じたと断罪している。ルイス・H・モーガンやロリマー・フィソンなどの人類は過去において「共同体的土地所有」を行っていたという議論に影響され

ているが、フィジー人の土地制度のあり方とは異なっていた。

しかし、フィジーの原住民地が現在どのように運用されているかに関するケーススタディを行ったワードは、必ずしも耕作者のマタンガリの土地に作られていない畑も散見し、現実にはほぼ個人の慣習的占有で使われていたり、小作など現行法を無視したやり方も多く、ゴードンが考えたマタンガリ毎の土地所有のやり方で実際に動いているわけではないことを示している。むしろゴードンが想定した「古典的土地所有モデル」は首長の権力との関連で意味を有する、とワードは述べている（Ward 1995:245-49）。

一方、同じく一八八八年にイギリスの保護領となり、一九〇一年にニュージーランドの属領となったクック諸島――面積が少ないため土地は生産手段として稀少――の土地も、植民地行政によって大きな変容を受けたと言われている。クック諸島には一九〇二年に土地権法廷が設けられ、そこで土地の歴史の語りを集積し、慣習として法廷記録にとどめる作業を行った。棚橋は次のように指摘している。

「……慣習法の諸原理を固定化したはずの土地権法に則ってなされる土地権法廷の裁定とマオリ（クック諸島人）たちの土地権の主張が、逆にマオリたちと土地の関係に大きな転換をもたらす契機となった」（棚橋 1999:56）。

クック諸島駐在弁務官となったウォルター・グジョンは、ニュージーランド戦争において功績があり、マオリ人に関する専門家であるとみなされている人であった（棚橋 1997:40-41）。グジョンは、平等な「共同体的所有」がクック諸島の土地制度の本来のあるべき姿であると考えていた、という。ただし、「封建的」な首長の権力は認めず、首長は一種の管財人と考え、そこに居住する個人や家族が土地に関することを決定するべきであるとし、一筆の土地ごとに共同所有者を登記する作業を熱心に行った。土地カテゴリーとしては、王室御料地(crown land)、慣習地(customary land)、原住民自由所有地(native freehold land)、ヨーロッパ人有地(European land)の四つに分けられ、それぞれのカテゴリー間の移動もカテゴリー内の移動も王室御料地に献納する以外は禁じられており、リースしか許されない。代替りの登録権を、父系・母系のすべての子孫、さらには養子にまで認めているため、代替り毎に名義人の数はネズミ算的に増えて狭い土地が多人数の共同所有名義となってしまった。棚橋が具体的に調査したXリニージは、平均〇・〇二平方キロメートルの土地七筆であるが、一筆当たり六〇人を優に超える共同所有権者が存在している、という(同上:55–56)。

ただし、現地人の生活を変えたということについて、植民地行政官にその源を辿ることはあまり意味がないように思う。もともと何か新しい制度なり方式なりを持ち込んだときに、社会の何かが変わってしまうことを人類学者はしばしば目にしてきた。サモアの称号名の円滑な継承の裁定を下す土地・称号裁判所は、慣習に則ってことを運んでいるにも関わらず、そのような裁定を下す場所(権力)を作ったことで、人々の暮らしをずいぶん変えてしまったのだ。

フィジーにしてもクック諸島にしても、植民地政府の側の「固有な」「伝統的」土地所有という概念に基づき立法がなされ、登記が行われるわけだが、むしろ「登記」や「土地法廷」という制度自体が新しいものを作り出していくことになる。また為政者の理想の「共同体所有」の観念がそこに加わる。文字化されない慣習は一様ではなく、フィジーなどでは地域的なバリエーションがかなり存在していた。そしてその都度、そこに参加するアクターの互いのせめぎ合いの中で読み替えや妥協が行われていた。

しかし、フィジー人やクック諸島人が一方的に植民地政府の思うままになっていたわけでもない。彼らの中にも、新しい制度の中で自己利益を追求する人物が存在していた。植民地政府の土地制度の整備は、どんなに土着の制度に則ろうとしても、同じものにはなり得なかったのである。サモアの土地所有制度について「伝統の創造」という声はあまり出ないが、こちらもやはり同じ視点での分析が可能であろう。

第2節　トンガ——土地均分制と王権

トンガはサモアの南にある諸島で、ツイトンガ（トンガの主人）の称号をもつ王を頂点とする統一王朝（いわゆる初期王制）が西欧人の到来前に存在していた。南のトンガタプ島がトンガ全土の半分の土地を占め、ここに首都ヌクアロファ市がある。その北にまずハアパイ諸島、さらに北にヴァヴァウ諸島と配置されており、狭い島が無数に連なっている。トンガはクック諸島ほどではないが、土地不足は近年顕著である。トンガはかつてのポリネシアに典型的なピラミッド状の位階をもつ社会であり、再分配の財の流れがその位階制を辿り上下に移動していく社会であった。クックは一七七三年、一七七四年、一七七七年と、都合三回トンガを訪れ、特に最後の訪問では長らく滞在して人々の生活をつぶさに観察している。初穂儀礼についても詳細な記録を残してくれている。クック訪問直後から統一王権が揺らぎ、一八世紀末頃から「戦国時代」となる。そこでは、首長の位階に対する認識はあるものの、むしろ戦闘能力や経済力が権勢に結びつくこととなった。

写真4　トンガ王ジョージ・ツポウ1世　（年代不明）

トンガの転機はミッショナリーの来島と関わる。一八二二年、トンガにやってきたウェズリー派宣教師たちは、身分の高い首長で、実力者であったツイカノクポル家*のタウファアーハウと結託し、この首長がキリスト教を広めるための聖戦を行うという形で全トンガを征服する事業を行った。統一は一八四五年であり、ジョージ・ツポウ一世を名乗った。ツイトンガは第三九代ラウフィリトンガが一八六五年に亡くなって終了したが、ジョージ・ツポウは婚姻関係を通じてツイトンガ家、ツイハアタカラウア家のそれぞれの血筋を、新しい王朝の下に繰り入れた。

＊　ツイカノクポルは、ツイトンガの傍系であるツイハアタカラウアのさらに傍系に当たる第三の家柄である。

タウファアーハウは一八七五年に憲法を作り、首長制度、土地制度を改革して、トンガに近代化をもたらし新しい時代を築いた。ピラミッドをなしていた首長称号名のうち、一部だけを王をとりまく貴族と認定し、その他は制度的には平民とした。ジョージ・ツポウ一世の死後も王朝は継続し、一九〇〇年にはイギリスに外交権を預けることとなるが、一九七〇年にはそれも回復して、二〇一二年現在七世代目に相当するツポウ六世が王位にある。王国自体はここ二〇年ほど民主化運動で揺れてはいるが、国としては安定している。

(1) ツポウ一世の土地改革

ツポウ一世の行った土地改革は、ピラミッド型の真ん中以下を担う首長勢力をそぎ、国王と人民を直接結びつけたことであろう。また、そのような土地改革は、サモアやフィジー、ハワイ、タヒチでの植民地化状況を知って、外国人への土地譲渡を阻止する意味ももっていたと考えられる(James 1995:162)。

以下では、ケリー・ジェイムズと青柳真智子の記述に従って制度の概略をまとめてみよう(James 1995:162-63;青柳 1964:125-27)。

一八八二年のトンガ土地法が根源であり、それを修正しつつ現在の土地法が存在する。トンガの土地は名目的には全土が王に帰属する。土地のカテゴリーでは王室所有地(Royal Estates)、貴族所有地(Noble Estates)、政府所有地(Government Estates)に区分される。貴族は首長およびマタプレ(*matāpule*——首長の従者称号)の中の選ばれた者で全部で三九名となる。すべての平民男子は一六歳になると、その居住地において八・二五エーカーの課税用割当地(*api tukuhau*)と〇・四エーカーの住居用割当地(*api kolo*)とを割り当ててもらう権利をもつ。すなわち、サブシステンス用の土地をもち家族を養うことができるようになるのである。課税用の割当地を得た者には納税の義務が生じ、それぞれの土地所有者に八シリングを支払うこととなっている。地主が貴族の場合には貴族に、王室と政府の場合には土地大臣に支払いをする。三年以上納税を怠ると土地を没収されることがある。割当を受けたら一年以内に規定本数のココヤシを植え付けなくてはならない。割当は終身であるが、その者が死亡した場合は子供が相続する。男子優先、年長者優先である。未亡人や女子が相続しても、結婚、私通、姦通によってその権利は剥奪される。土地を借地することは可能だが、割当地の面積を超えることはできない。また土地の売買や抵当に入れるなどの行為は禁じられている。

基本的に男子を中心とした制度であるが、それはこれがサブシステンス経営を行う核家族を前提としているからであろう。平民から首長へと献上されていた貢納は、このようにして現金化して納められることになったが、首長がどれだけ平民から取り立てるかは国家によりコントロールされている、ということになる。また貴族として認定を受けなかった首長は、それまで得ていた貢納をあきらめることになったはずである。この土地制度のために、トンガは早くから核家族制に移行し、隣国のサモアなどと比べても、小さい核家族中心の暮らしを営んでいたといわれる。

(2) 土地改革の実態

しかし、具体的に調査を行った青柳は、この制度がどこまで貫徹したかは疑わしいと述べている。まず、青柳の調査した村はその時点で一六歳以上の男子は一〇七名であり、この中には一四名の非専農がいるが、割当を受けていない該当男子が七二名もいる。また、割当てられている土地面積もさまざまである。最大（該当男子が二名の世帯ではあるが）は五七エーカー、最小は二エーカーまである。将来、父親から土地相続の当てのある者は土地なしでもよいが、他所から婚入した人や移り住んだ人などで、土地を実際に欲しがっている者もいる。地主の貴族に課税割当地を申し込んでいるが、ちょっと待て、といわれたままになっていて、なかなか土地は得られない、これが普通のことだ、という。土地を得るのは、決して容易なことではないのである。

青柳の滞在中にまだ土地測量は進行中であったが、土地台帳に登記するためには結構な金額が必要らしく、何とこの村で登記しているのはたったの二名に過ぎなかった、というのだ。つまり貴族との間では口約束しかなく、あとは村の中で耕作して既成事実を積み上げているだけということになる。測量図ではきちんと八・二五エーカーに区切られているが、実際の境界との間には、ずれがあるという。

宅地の方は、課税割当地に比べるとあまり問題なく運用されているようだが、やはり面積にはばらつきがある。

興味深いのは納税であるが、貴族に実際に八シリング納めている者はいない。貴族は不在地主となっていて、首都ヌクアロファに住んでいる。貴族が必要とするときに、ヤムイモやブタなどを提供する。それも毎年決まった量ではないらしい。また貴族が村に来たときに、ウム（地面に掘った穴に焼け石と食物を入れて火を通す伝統料理）を作って持っていく者もいる。しかし現金収入の限られている村人には、そのほうが具合がよいらしいのだ（青柳 1964）。

土地改革で盛り込まれた制度がどれだけ実現しているかについて、青柳はかなりシニカルに書いているが、この新しい土地制度の導入が目指していたことを考えれば、まずまずの成功だといってもいいのではあるまいか。まず一つには、首長の権力が直接平民に及びにくくなっていることがある。確かに土地分配を貴族がしなければ平民は困るわけだから、その意味で貴族は権力を握っているのだが、既に割当を受けている人々に対して、貴族が専制君主的な力を持っていたとは思えない。それよりも王と国民の方が直接に近い関係を結んでいた。借地は口約束などで行われていたようだが、土地の売買を行ったり担保に入れるということはなかったようである。また、ツポウ一世が恐れていた外国人への土地売買もなく、サモアやフィジーのようによそ者が来てプランテーションを作ることもなく、成人男子を単位とした核家族主体のサブシステンスを基本に、ゆったり暮らす社会の建設ができていたと思われる。しかし残念なことだが、それは永遠に続いたわけではなかった。

＊ 貴族は平民に課税割当地を分け渋っているが、平民に土地を分けてしまえば、その土地からの収入をあきらめることになるからであろう。また青柳の調査では課税割当地の面積にばらつきがあったが、ジェイムズの議論に従えば、規定より大きな土地をもっているのは、貴族になれなかった旧首長層がそのまま土地を保有している場合、もしくは貴族の親類縁者であると推測できるようだ（James, 1995:165-71）。

(3) 近年の土地状況

青柳の調査の後、ほぼ半世紀が経過した。トンガもサモアと同様に、海外移民が戦後に増加した。サモアほどではないが、現在の人口約一〇万三〇〇〇人とほぼ同数のトンガ人が主に環太平洋の海外のコミュニティで暮らしている。移民の影響が顕著になったのは七〇年代以降であろうが、移民の送金等により、この社会も現金経済が相当浸透したと考えられる。それに伴い、換金作物の生産が顕著になった。最近落ちてきているが、一九九〇年代にはトンガでは日本向けカボチャの生産が大変盛んであった。南半球に位置することをメリットにした商品作物生産である。

ジェイムズは、法律上の土地制度と実態との乖離について次のような四つの歴史的事情をあげている（James, 1995:159）。

① 人々が次第に憲法の見直しをして法的権利を実行し土地登記を行うようになったこと。

② 人口増加により、既に一九五〇年代から土地不足に陥っていたこと。

③　政府が最初に作られた土地制度を変えようとしなかったこと。その理由は啓蒙的キリスト教国家の基盤から生じる改革の重要さが一方にあり、他方には特定の見直しが一部貴族や平民に有利になるからである。

④　第二次世界大戦終了後あたりから、非公式・非合法の土地売買市場ができあがってきていること。

近年のトンガでの民主化運動につながる人々の覚醒の時点で、憲法上の権利を人々が意識するようになり、土地を何とか入手し登記しようとする動きがおそらく青柳の調査後に顕著となっていく。筆者が一九八二年にトンガを訪れた際も、教育省勤務の友人のトンガ人が隣のエウア島で土地を入手するつもりだと語っていた。その裏には、サブシステンス農業から商品作物農業へとトンガの農業が変質したことがある。現金をもたらす生産手段として人々は土地の価値に目覚め、入手に向けて権利を主張し始めた。

しかしその一方で、土地不足もかなり深刻である。自分の住んでいる村で入手できない場合、近隣の村での可能性も求めるが、場合によっては遠方の土地しか入手できない場合もある。そうして、遠方の村の土地を得たときはそれを小作に出す場合もある。また、土地の割当を受けたものの、海外移民となってその土地を親類縁者に使わせていたり、リースに出したりする。筆者の友人も、仕事があるし、隣の島の土地だから自分で耕作することは全く考えていなかった。商品作物の生産のためには、自分で耕作する場合でも労働力が必要となる。かつては親族から調達していたが、現在では賃金を支払って雇用することもしばしばである。

土地不足は、宅地についても、とりわけヌクアロファやその近郊では深刻である。商業地としてのリースは役所の許可を得ることが決まっているが、なかなか規則通りにはいかず、闇市場で高値で取り引きされている（James, 1995：192-96）。

ジェイムズは結論として、「土地財産の相続による保持者も課税割当地の保持者も、土地利用から親族を外し、土地や労働提供に対し他人に金銭を支払うことによって、西欧型の資本主義に典型的な非人格的生産関係へと移行しつつある。この動きはおそらく不可逆的なものに違いない」（同上：197）と述べている。

おわりに

第一章では、サブシステンス社会の概略について述べ、第二章では、サブシステンス社会としてのハワイとニュージーランドで先住民からの土地の簒奪がいかに行われたかということを示した。第三章では、一九世紀に行われた、そうした土地売買の圧力から現地人を保護する対策とその顚末を描いた。リブシステンスを保護するための土地売買の凍結の中で、一〇〇年以上の時が経ち、それぞれの社会にも資本主義的な土地への取り組みが次第に入り込んでいる。

サブシステンス社会の人々の土地への意識、生産手段としての土地に対する態度について、本論ではいくらかなりとも伝えることができたであろうか。リチャード・ボーストは、マオリ人たちと入植者たちとでは、土地を所有したいという希求の気持に始めから大きな差があったと述べている（Boast 2008:3-4）。マオリ人たちは貧しさに耐えかねて——その貧しさは社会全体が市場経済の中に取り込まれていく中で生じているのだが——糊口がしのげれば土地を売ってもいいと思ってしまうのだが、その一方には、ともかく何としてでも土地を入手しようとする入植者たちがいる。同じ頃ハワイでは、入植者たちが広大なアフプアアを囲い込んでプランテーションを経営しようとしていた。どちらの社会も先住民人口の減少や社会体制の大きな変化にさらされていた。ワードはオセアニア社会の人々の土地制度の論集の序章で、この社会の人々がもっていたのは土地所有というよりは、土地利用の権利であり、それも換言すれば土地よりも作物に対する権利に意識的であったと述べている（Ward, 1995:7–8）。

サブシステンス社会は、ポランニーの用語に従うならば、経済が社会関係に埋め込まれた社会である。それが急激に辺境として世界的市場経済の中に取り込まれ、経済の離床していく過程は大変無残なものであった。とはいえ、いったん市場経済から切り離してサブシステンスを保護しようとしたサモアでもトンガでも、経済の離床プロセスは不可逆的に生じており、サブシステンスを前提とした土地制度には限界が来ていると思われる。

しかし自己利益を追求しようとする資本主義に典型的な経済的態度が、サブシステンス社会の人々に欠けているかというと、そういうことではない。その意味で、最後に、トロブリアンド諸島で行われている土地の貸借・移譲に関して、アネット・ワイナーの紹介する慣習に触れておきたい。ワイナーは、喪明けに行われる儀礼交換（サガリ——女の葬礼）について綿密な研究を行い、これをウリグブの制度と絡めて、トロブリアンド社会で取り交わされる各種の贈り物について理解可能なモデルを提供してくれている（Weiner, 1976）。

ワイナーによると、トロブリアンド諸島で土地をもつのは母系の親族集団ダラであるが、ダラの土地はいくつかの村に分散している。そのような土地を、実際に管理下においている母方オジ（カダラ）の元を訪ね、ポカラ（現金や魚、檳榔子や石斧などのよきもの）を贈ってオジの気をひいて土地を譲ってもらう努力をする。オジのもつものは土地だけでなく、呪術や樹木だったりで、それらもポカラを贈って譲ってもらう。競争相手がいると、一番多くポカラをした者のものになるか、さもなければ土地を分割する。しかし、他に相続する者がいなければポカラがなくても自動的に姉妹の息子が相続する。また、継承者がいない場合には、他の縁者を連れてきて土地が継承される。

もし、豊かな者が、よそのダラの土地を使いたいと思うときには、その土地を管理する男にポカラを贈って自由にすることができる。ポカラをする男性はポカラを受ける男性より身分が高いことがしばしばある。土地を借りているとき、借り手のダラで葬礼がある度に、借り手は貸し手にポカラをしなくてはならない。これが実施されている限り、借り手は土地を利用し続けることができる。貸し手が土地を返してもらうためには、借り手自身が亡くなった葬礼のときに、返還の希望を明確に口にしなければならないのである。しかしワイナーによれば、その関係は微妙なようで、借り手はしばしば貸し手より高いダラの出身であったり、姦通などの負い目があったりすることが、その関係に微妙な影をおとし、借り手がしまいに土地のもち主になることもある。

すなわちトロブリアンド人たちは、さまざまな「贈与せよ」のシグナルに取り囲まれているのであるが、誰に何をどのくらいあげるかについて加減することができるので、それらの規則は自己利益の排除とはならないのである。

コミュニティ全体の生き残りを守ろうとするモラル・エコノミーは人間の本性であるとされ、とりわけサブシステンス社会では顕著であるが、その一方で資本主義の神髄である自己利益の追求もまた、人間の本性として、サブシステンス社会においても見出すことができるのである。

参考文献・引用文献一覧

※本文中では、原則として、当該箇所に（著者・執筆者名　著書・論文の発行年：参照頁数）の形式で掲出。

①邦文文献

青柳真智子 1964：「トンガにおける土地制度」、『民族学研究』二九―二（124-140）。

石母田正 1971：「東洋社会研究における歴史的方法について―ライオット地代と貢納制」、『岩波講座世界歴史　現代歴史学の課題』岩波書店。

ウィットフォーゲル、カール・A 1995：湯浅赳男訳『オリエンタル・デスポティズム――専制官僚国家の生成と崩壊』新評論。

川北　稔 1996：『砂糖の世界史』岩波書店。

栗本慎一郎 1979：『経済人類学』東洋経済新報社。

サーリンズ、マーシャル・D 1984：山内昶訳『石器時代の経済学』法政大学出版局。

杉島敬志編 1999：『土地所有の政治史――人類学的視点』風響社。

田中二郎 1971：『ブッシュマン』思索社。

棚橋　訓 1997：「裁かれるマオリ・カスタム――ポリネシア・クック諸島と土地権法廷」、山下晋司・山本真鳥編『植民地主義と文化――人類学のパースペクティヴ』新曜社。

棚橋　訓 1999：「ポリネシア・クック諸島における土地問題の淵源――歴史的省察」、杉島敬志編『土地所有の政治史――人類学的視点』風響社。

ドウス昌代 1985：『ハワイに翔けた女――火の島に生きた請負師・岩崎田鶴子』文藝春秋社。

中嶋弓子 1993：『ハワイ・さまよえる楽園――民族と国家の衝突』東京書籍。

内藤暁子 2008a：「ニュージーランドの植民地化（一八四〇年）」、歴史学研究会編『世界史史料9　帝国主義と各地の抵抗2』岩波書店。

内藤暁子 2008b：「ニュージーランド・マオリ人の土地戦争（一九世紀後半）」、歴史学研究会編『世界史史料9　帝国主義と各地の抵抗2』岩波書店。
橋本征治 2002：『海を渡ったタロイモ――オセアニア・南西諸島の農耕文化論』関西大学出版部。
深山直子 2003：「ワイタンギ審判所に関する一考察――マオリの歴史が再構成される場」『日本ニュージーランド学会誌』一〇巻。
ポランニー、カール 2005：玉野井芳郎・栗本慎一郎訳『市場社会の虚構性』岩波書店。
ミンツ、シドニー・W 1988：川北稔・和田光弘訳『甘さと権力――砂糖が語る近代史』平凡社。
モース、マルセル 2009: 吉田禎吾・江川純一訳『贈与論』筑摩書房。
山本真鳥 1984：「ファレアタの地縁組織――サモア社会における称号システムの事例研究」、『国立民族学博物館研究報告』九―一（151-189）。
山本真鳥編 2000：『オセアニア史』山川出版社。
山本真鳥編 2008：「サモアの地位に関する列強の協定（一八八九年）」、歴史学研究会編『世界史史料9　帝国主義と各地の抵抗2』岩波書店。
山本泰・山本真鳥 1996：『儀礼としての経済――サモア社会の贈与・権力・セクシュアリティ』弘文堂。

②欧文文献

Achiu, Jason Kapena, language specialist, 2002 : 1839 & 1840 Constitutions. *Ka Ho'oilina : The Legacy* 1:30-59. (http://hooilina.org/collect/jcurnal/index/assoc/HASH0166.dir/5.pdf) (2011/10/27)
Belich, James, 1996 : *Making Peoples*. Penguin.
Birdsell, Joseph B. 1971 : Australia:Ecology, spacing mechanisms and adaptive behaviour in Aboriginal land tenure. Ron Crocombe ed. *Land Tenure in the Pacific*, pp. 334-361. Melbourne:Oxford Univ. Press.
Boast, Richard, 2004 : Maori land and the Treaty of Waitangi. Richard Boast, Andrew Erueti and Doug

McPhail eds. *Maori Land Law* [second edition], pp. 22–39. Wellington:LexisNexis.

Boast, Richard, 2008 : *Buying the Land, Selling the Land: Governments and Maori Land in 1865–1921*. Wellington: Victoria Univ. Press.

British Parliamentary Papers, House of Commons, 1890 : Final Act of Conference on Affairs of Samoa, Berlin, June 1889. vol 81, p. 955–966.

British Parliamentary Papers, House of Commons, 1895 : Diplomatic and consular reports on trade and finance. Western Pacific. Report for the year 1984. No. 1587, p. 603.

Campbell, I.C., 1992 : *Island Kingdom: Tonga Ancient & Modern*, Christchurch:Canterbury Univ. Press.

Cannelora, Louis, 1974 : *The Origin of Hawaii Land Titles and of the Rights of Native Tenants*, Honolulu:Security Title Corporation.

Chinen, Jon J., 1958 : *The Great Mahele: Hawaii's Land Division of 1848*. Honolulu:The Univ. Press of Hawaii.

Chinen, Jon J., 1961 : *Original Land Titles in Hawaii*. Honolulu.

Cumberland, Kenneth B., 1962 : Plantation Agriculture. James W. Fox & Kenneth B. Cumberland eds, *Western Samoa: Land, Life and Agriculture in Tropical Polynesia*, pp. 239–265. Christchurch:Whitcombe & Tombs Ltd.

Davidson, James, 1967 : *Samoa mo Samoa: The Emergence of the Independent State of Western Samoa*, Melbourne: Oxford Univ. Press.

Erueti, Andrew, 2004 : Maori customary law and land tenure:An analysis. Richard Boast, Andrew Erueti and Doug McPhail eds. *Maori Land Law* [second edition], pp. 41–63. Wellington:LexisNexis.

Firth, Raymond, 1972 : *Economics of the New Zealand Maori*. Wellington:A.R.Shearer, Government Printer.

France, Peter, 1969 : The *Charter of the Land: Custom and Colonization in Fiji*. Melbourne:Oxford Univ. Press.

Gifford, Edward, 1929 : *Tongan Society*, Honolulu:Bishop Museum.

Gilson, R.P., 1970 : *Samoa 1830 to 1900 : The Politics of a Multi-Cultural Community.* Melbourne:Oxford Univ. Press.

Goldman, Irving, 1970 : *Ancient Polynesian Society*, Chicago:Univ. Chicago Press.

Government of Samoa, Samoa Bureau of Statistics, 2010 : *Environment Indicators:Samoan Land Ownership.* (http://www.sbs.gov.ws/Statistics/Environment/SamoaLandOwnership/tabid/3459/language/en-US/Default.aspx 2012/1/29)

Government of Samoa, Ministry of Finance, 2008 : *Strategy for the Development of Samoa 2008-2012.* Apia: Government Printer.

Heath, 1839 : *The War of A'ana: A Samoan Tale*, Malua, Western Samoa:London Missionary Society Press.

Iati, Iati, 2007 : *Civil Society and Political Accountability in Samoa,* MacMillan Brown Centre, Univ. Canterbury, Working Paper no.1. (http://www.pacs.canterbury.ac.nz/documents/Civil_Society.pdf 2012/01/29)

James, Kelly, 1995 : Right and privilege in Tongan land tenure. R.Gerald Ward and Elizabeth Kingdon eds. *Land, Custom and Practice in the South Pacific*, pp. 157-197. Cambridge:Cambridge Univ. Press.

Kamakau, Samuel M., 1961 : *Ruling Chiefs of Hawaii.* Honolulu:Kamehameha School Press.

Keesing, Felix M., 1978 [1934] : *Modern Samoa: Its Government and Changing Life*, New York:AMS Press.

Keen, Ian, 2004 : *Aboriginal Economy and Society: Australia at the Threshold of Colonisation*, New York : Oxford Univ. Press.

Keenan, Danny (n.d.) *The New Zealand Wars, Nga Pakanga Whenua o Mua.* (http://www.newzealandwars. co.nz/index.html 2011/12/20)

Kirch, Patrick. 2010 : *How Chiefs Became Kings: Divine Kingship and the Rise of Archaic States in Ancient Hawai'i*, Berkeley, CA: Univ. California Press.

Krämer, Augustin, 1994, 1995 [Theodore Verhaaren trans.] : *The Samoa Islands : An Outline of a Monograph with Particular Consideration of German Samoa.* 2 vols. Honolulu :Univ. Hawaii Press.

Kuykendall, Ralph, 1938, 1953, 1967 : *The Hawaiian Kingdom*, 3 vols. Honolulu:Univ. Hawaii Press.

Levy, Neil M., 1975 : Native Hawaiian land rights. *California Law Review* 63:848-885.

Linnekin, Jocelyn, 1983 : The hui lands of Keanae:Hawaiian land tenure and the Greate Mahele. *The Journal of the Polynesian Society* 92:169-188.

Malinowski, Bronislaw, 1922 : *Argonauts of the Western Pacific:An Account of Native Enterprise and Adventure in the Archipelagoes of Melanesian New Guinea.* London:Routledge.

Malo, David, 1971 [1898] : (translated by N.B. Emerson) *Hawaiian Antiquities.* Honolulu:Bishop Museum Press.

Meleiseā, Malama, 1987 : *The Making of Modern Samoa: Traditional Authority and Colonial Administration in the Modern History of Western Samoa.* Suva; IPC, University of the South Pacific.

Meller, Norman & Robert H. Horwitz, 1971 : Hawaii:Themes in land monopoly, Ronald Crocombe ed. *Land Tenure in the Pacific*, pp.25-42. Melbourne:Oxford Univ. Press.

Oliver, Douglas, 1989 : *The Pacific Islands,* 3rd ed., Honolulu:Univ. Hawaii Press.

O'Meara, J.Tim, 1995 : From corporate to individual land tenure in Western Samoa, R.Gerald Ward and Elizabeth Kingdon eds. *Land, Custom and Practice in the South Pacific*, Cambridge:Cambridge Univ. Press.

Parliament of Samoa, 2010 : *Survey Act 2010.* Apia:Parliament of Samoa. (http://www.parliament.gov.ws/Portals/185/Documents/ListOfActs/2010/ENG/Survey%20Act%20%202010%20-%20Eng.pdf)

Pool, Ian, 1991 : *Te Iwi Maori:A New Zealand Population Past, Present & Projected.* Auckland:Auckland Univ. Press.

Sahlins, Marshall, 1958 : *The Social Stratification in Polynesia*, Seattle:Univ. Washington Press.

Salesa, Damon Ieremia, 1997: 'Troublesome Half-Castes':Tales of a Samoan Borderland, MA Thesis,

Department of History, University of Auckland.

Schmitt, Robert C., 1977 : *Historical Statistics of Hawaii*, Honolulu:Univ. Press of Hawaii.

Stair, John, 1983 (1897) : *Old Samoa, or Flotsam and Jetsam from the Pacific Ocean*. Papakura, NZ:R.Macmillan.

Sutton, Peter, 1996 : The robustness of Aboriginal land tenure systems:Underlying and proximate customary titles. *Oceania* 67 (1):7–29.

Turner, George, 1984 [1861] : *Nineteen Years in Polynesia:Missionary Life, Travels, and Researches in the Islands of the Pacific*. Papakura, New Zealand:R. McMillan.

Van Dyke, Jon M., 2008 : *Who Owns the Crown Lands of Hawai'i*, Honolulu:Univ. Hawaii Press.

Ward, R. Gerald, 1962 : Agriculture outside the village and commercial systems. James W. Fox & Kenneth B. Cumberland eds, *Western Samoa:Land, Life and Agriculture in Tropical Polynesia*, pp. 266–289. Christchurch: Whitcombe & Tombs Ltd.

Ward, R. Gerald, 1995 : Land use and tenure:Some comparisons, R. Gerald Ward and Elizabeth Kingdon eds. *Land, Custom and Practice in the South Pacific*, pp. 6–35. Cambridge:Cambridge Univ. Press.

Ward, R. Gerald, 1995 : Land, law and custom: Diverging realities in Fiji, R.Gerald Ward and Elizabeth Kingdon eds. *Land, Custom and Practice in the South Pacific*, pp. 198–249, Cambridge:Cambridge Univ. Press.

Weiner, Annette B., 1976 : *Women of Value, Men of Renown:New Perspectives in Trobriand Exchange*. Austin:Univ Texas Press.

Williamson, Robert W., 1937 : *The Religion and Social Organization in Central Polynesia*. Cambridge:Cambridge Univ. Press.

Yamamoto, Matori, 1994 : Urbanisation of the chiefly system in Western Samoa. *Journal of the Polynesian Society* 103 (2):171–202.

第3部　パレスチナの土地と農民
――ヨーロッパ管理下から植民地化への道

藤田　進

はじめに——一八八三年のパレスチナ

一八八三年九月、イギリス外交官のローレンス・オリファントは、パレスチナのマルジュ・ビン・アーメル平野の光景を次のように記している。

「カルメル山のふもとは森林へと続き、広大な牧草地とよく実った耕地が姿を現していた。……ウンム・アルファファム村から地中海沿岸まで達する広大な平野には、牧草地と全面トウモロコシ畑の耕地が広がり、それらの間にはナラの林が点在しており、全体が巨大な公園のようだ。……畑では村住民が総出で作物の収穫にあたっており、作物を村の脱穀場へと運ぶラクダの列が続いていた」(Oliphant, 1887:178)。

パレスチナの美しさに触れる一方で、オリファントは農民の置かれている厳しい現実についても記している。

「あちこちに開いた日傘の下に、アッカやベイルートからやってきた高利貸たちが坐っており、農民たちが彼らに渡る前の収穫物から抜き取りをしないようにと、見張っていた。高利貸はフェッラー(農耕民)たちに法外な利子で金を貸しつけており、フェッラーたちは搾取者に復讐するため

パレスチナ農民の秋の鋤起し

パレスチナの穀物収穫風景

出典：共に［Jonathan Dimbleby, n.d.］より引用.

あらゆる手を用いて収穫物をごまかし、高利貸の取り分を極力減らそうと試みていた」（同上：181）。

さらにオリファントは「土地の広さ豊かさとは対照的にフェッラーがあまりに貧しく悲惨なことに、パレスチナを旅する者は困惑させられる」と述べ、その悲惨さは不可避的だとして次のように説明している。

「オスマン帝国政府は国内諸経費捻出に加えて外国債務団体の取り立てに応じなければならず、膨張する財政負担を前に税収増大の新しい仕組みをたえず導入し、最近になって納税の金納化を義務づけた。税の金納は農民にはまったく困難であり、パレスチナの農民は驚愕させられた。農民は納税義務を果すため、三〇～四〇％の利子分を先取りする悪徳高利貸に頼るしかなく、その結果フェッラーは軒並み借金返済不能に陥った。高利貸は農民の土地を村丸ごと手に入れ、農奴となって村に留まったフェッラーたちは、収穫物からわずかに餓死を免れる程度のものを受け取ることになった」（同上：178）。

右の説明にあるように、外国債務に圧迫されたオスマン帝国政府が増税策を重ねて農民を追い詰めた結果、パレスチナの農民は高利貸の農奴と化したのであった。

オスマン帝国運営は、一八四〇年以降ヨーロッパ列強の事実上の管理下に置かれており、西欧化を志向する帝国改革《タンジマート》の取組みは対外債務の累積につながった。引用中の高利貸たちはアッカやベイルートからやってきたが、そこは、キリスト教徒ヨーロッパ人が多く集まる港町で、貿易、金融、穀物・綿花取引、土地投資などの経済活動で活気づいており、英・仏語を武器とするキリスト教徒たちは、様々な蓄財のチャンスをそこに見出していたはずである。

ヨーロッパの外債累積に国家も農民も疲弊しているときに、高利貸だけが跋扈して利益をむさぼるような事態はどのようにしてもたらされてきたのか。筆者はその問いを掲げて、以下に、オスマン帝国の衰退からヨーロッパ管理下へと陥っていく過程でパレスチナに生起した諸事実を確認しながら、第二章第1節（二六四頁）で再びわれわれの前に登場することになるローレンス・オリファントが眺めた、一八八三年のパレスチナの情景に至る歴史を、たどり直すことにしたいと思う。

第一章

オスマン帝国領アラブ地域の土地と農民

イスラム国家のオスマン帝国

一五一七年、オスマン帝国はシリア・エジプト・イラクにわたる東アラブ地域を軍事征服し、イスラム二大聖地メッカ・メディナの管理権を獲得してオスマン朝スルタンがイスラム共同体（イスラム国家）の最高権威としてのカリフ*の地位も兼ねることになった。そしてこのことによって、オスマン帝国はイスラム世界＝ダール・アルイスラームの盟主の座につき、広大な領土をイスラム法に基づき公正に統治することを義務づけられたのである。

＊　元来は「後継者《ハリーファ》」を意味するアラビア語。預言者ムハンマド没後、「神の使徒であるムハンマドの後継者」たる初代カリフにアブー・バクルが選出されて以来、カリフはムハンマドを代理するイスラム共同体（イスラム国家）の最高権威者とされた。一〇世紀以降は軍事・行政の実権はカリフの手を離れ、イスラム法を公正に施行することがカリフの職責とされた。

オスマン帝国は多くの非ムスリム住民《ジンミー》を擁しており、また一五世紀末にはレコンキスタのイベリア半島を追われた多くのユダヤ人（ユダヤ教徒）たちも受け入れていた。キリスト教各宗派およびユダヤ教住民はそれぞれに「非ムスリム宗教共同体《ミッレト》」という自治組織を認められており、各ミッレトは最高責任者の統率のもと、宗教共同体の租税徴収、共同体の冠婚葬祭や内部紛争の解決などに当たると共にミレト法廷という独自の裁判所も備えていた。帝国内のミッレトの住民は、自己の宗教と伝統文化とそれぞれの生活環境のもとで比較的平穏に生活することの出来る状況に置かれていた。オスマン帝国の非ムスリム住民に対する安全保障は、正当なイスラム国家であることの証となったのである。

第1節　奴隷エリート統治体制と軍事封土《ティマール》制

奴隷エリート統治体制

オスマン帝国には、バルカン被征服地のキリスト教徒農民から子弟を集め、その中から主として十代の少年を強制的に徴集し君主の奴隷として使用するデウシルメ制度（少年徴集制度）があった。集められた少年たちはムスリムに改宗させられ、戦闘や行政の訓練や教育を施され、スルタンへの絶対的忠誠に貫かれた白人奴隷の軍人・官僚エリート集団として育て上げられた。帝国の統治は、奴隷《マムルーク》故に「富や血縁者への依怙贔屓という誘惑から隔離された」（ゲルナー 1991:159）エリート集団に委ねられ、その一方でイスラムの学者《ウラマー》たちが、裁判官《カーディー》やムフティー*として地方行政組織の隅々にまで配置された。このようにして白人奴隷とウラマーとの組合せによって目指された公正な統治による国家運営は、当初、シャリーア（イスラム法体系）の忠実な実践による最も完成されたイスラム国家の姿である、と言われたのである。

＊　法にかかわる諸問題について法学意見書を発布して、イスラム法の解釈や適用を示す資格を持った者。

オスマン帝国の土地と封土《イクター》制

オスマン帝国の土地は、宗教寄進地《ワクフ》、スルタン所領など一部の私有地の他は圧倒的部分を国有地が占めており、征服された土地もすべて国有地《ミーリー》に編入された。

オスマン帝国は、スルタンが国有地を分轄して軍人・官僚たちに封土として賦与することで成り立っている封土制国家であり、帝国の土地は、基本的には大・中・小の三つの規模の封土*によって構成され、農村や農民の耕地はそれらの封土区画の中に存在していた。

封土の主要部分をなすのは、シパーヒーと呼ばれる騎兵軍人たちに与えられる〈中〉〈小〉規模の軍事封土であった。シパーヒーたちは軍事封土を与えられる代償として、戦時に封土の規模に応じた兵士を従えて出征することを義務づけられていた。シパーヒーには軍事封土に対する所有権はなかったが、所領農民からの決められた税額の徴集権を与えられており、その税収で国家への納税義務を果たすと共に配下の兵士たちを養い、自らの経済的蓄積をはかった。

＊　封土《イクター》には、規模の違いによって、ハス（大）、ゼアメト（中）、ティマール（小）の三種類があり、それぞれの封土の規模に応じて支払う税額が、アクチュと呼ばれた貨幣単位（銀貨）で一〇万アクチュ以上、一万九九〇〇アクチュ以上、二〇〇〇〜三〇〇〇アクチュと定められていた。なおイクターは封土を意味するアラビア語であり、トルコ語のハス・ゼアメト・ティマールに相当する。トルコ史では、オスマン帝国の軍事封土制をティマール制と呼び、シパーヒーは〈小〉軍事封土《ティマール》授与者だったとされている（日本イスラム協会編 2002:344）。だが、アラブ地域ではシパーヒーの主力は〈中〉〈小〉規模の軍事封土授与者からなっていた（ʻAwaḍ 1969:223）。

イクター所領内の耕作農民たちには、先祖代々受け継がれてきた土地に対する用益権（事実上の所有権）が認められていた。イクター領主の軍人と農民との間には、領主が土地を貸し与え、農民たちは土地を提供されているのと引き換えに、土地を耕作して得た収穫物から収穫物の一〇分の一と領主の一定の取り分（領主の所領地における労働力の提供を含む）とを領主に差し出すという契約関係が成り立っていた（al-Jundī, 1986:86）。

オスマン帝国においては、支配領土（国有地）における徴税に国家が直接関与することはなく、税が国庫に収まれば、土地の運用はその用益者に任せていた。イクター所領の軍人たちは基本的に都市部に居住し、所領における徴税は徴税請負人《ムルタジム》に任せていたが、また軍人たちは税の確実な徴収や所領における紛争解決のために武器の使用を認められてもいた（Poliak, 1977:49）。農民がムルタジムによる過度の税徴収や領主の用益地における暴力的脅威にさらされる危険性については、オスマン帝国のシャリーアに基づく公正で厳格な統治体制が農民を保護することになっていた。

パレスチナの農民

オスマン帝国に編入されたパレスチナは、もともと「半分以上を砂漠や岩山が占める」（Ṣāigh, 1984:176）未開墾地の多い土地であった。六三六年、シリア*がムスリム・アラブ軍に占領されて、イスラム第二代カリフ、ウマル・ビン・アルハッタープの「開墾地はハラージュ税と引き換えに開墾者のもの」との判断が下ったとき、パレスチナの農民は土地用益権を先祖代々にわたり保障されることになった。以来パレスチナの農民は「村と村との間に広がっている山・岩場などの荒蕪地《マワート》を含めた全体がわれわわれの土地だとみなして」（一九三〇年アラブ執行委員会声明、[al-Ḥūt, 1984:21] より引用）、開墾地を増やし、穀物畑やオリーブの林を拡げていき、荒蕪地も、イチジク・ブドウの栽培地、放牧、水場、薪集めの場所として利用してきた。

＊ ここでいうシリアは歴史的シリア（シャーム）、即ち今日のシリア・レバノン・イスラエル・ヨルダンを合わせた地域のことであり、パレスチナはその南部地方に当たる。パレスチナという地名は、聖書にもあるペリシテびとの国フィリスティアに由来する。ローマ支配・ビザンツ支配下ではパレスチナという行政区が置かれ、アラブ支配はこれを継承してパレスチナ（フィラスティーン）軍区を置いたが、地理的区画としてのパレスチナは漠然とした地方名であった。

パレスチナの農民社会は、古来、大家族《ハムーラ》と共同土地所有《ムシャーア》を特徴としており、村はいくつかの大家族からなっていて、村住民はいずれかのハムーラの一員だった。耕地はハムーラごとの共同土地所有であり、村人は自分の土地というものを持っていなかった。

「耕作者《フェッラー》たちは耕地を毎年一年間割り当てられ、彼らの土地に有する権利は収穫物に対してだけであり、農作物の収穫を終えると土地に対する権利も消滅した」（Simpson, 1930:31-32）。

「雨期が近づくと、ハムーラの土地は抽選で男たちに割り当てられ、耕作者は土地を手にすると鋤起こしに取りかかった。女たちが種をまき、芽が出ると子供たちも加わって間引き・除草作業をおこなった。雨期が明けて暑い乾期の五、六月の麦の収穫、八、九月のトウモロコシの収穫時には、ハムーラの一族全員で取り組んだ」（Newton, 1948:39-41）。

パレスチナの共同土地所有のもとでのこのような営みは、先祖代々受け継がれてきたものだったが、この共同土地所有下の耕作と生活が保証されている限り、パレスチナがオスマン帝国のイクター所領となっても、農民にとって以前と変わるところは何もなかった。問題は、ムルタジムによる過度の税徴収や領主の用益地における暴力的脅威が生じたときに、オスマン帝国のシャリーアに基づく公正で厳格な統治体制が本当に農民を保護できるかどうか、ということだった。

第2節　帝国州における徴税機構と徴税請負制

奴隷軍人・官僚エリート集団の士気の低下

オスマン帝国統治を担う奴隷の軍人・官僚エリート集団は、帝国支配組織の巨大化とともに、中央から派遣された州総督、県知事、郡長官などの要職にも任命されて絶大な勢力となった。しかし一六世紀末になると、「世襲的な特権階級化する傾向を見せ始め」、また宮廷自体が「君主の奴隷の養成機関としての性格を次第に失い、様々のコネクションをもつ有力者の子弟を受け入れ始めていた」（鈴木 1993:50）。当時は貨幣経済の拡大、戦利品収入の縮小などを原因として帝国財政が逼迫してきており、そのことも、滅私奉公を旨とする軍人・官僚エリート集団の変質の一因となっていた。

シリア州総督政治と徴税請負制

帝国エリート官僚が州総督のポストを自らの私腹を肥やすために利用する現実がはびこってきた。その現実を、帝国アラブ地域のダマスカス州の場合で見てみよう。

ダマスカス州は一六〇九年当時、大・中・小あわせて九八八の軍事イクターからなっており（al-Jundī, 1986:86）、スルタンに任命された州総督の主な統治任務は、現地支配勢力（the local chieftains）を統括し、シリア砂漠地帯を通っているメッカ巡礼路および交易ルートの整備とその安全を維持し、州の税収を管理してそこから定められた年貢を中央政府の国庫へ納入すること、の三つであった。総督は州の税収から中央政府への年貢を納め、州の諸経費をまかない、税収の残りの部分を自らの収入とした。

ポリアークは、一六～一七世紀のダマスカス州では、各地で集められた税金が各レベルの徴税吏《ムカータージー》を経て州総督のもとへと集まってくる経路を、③ muqāṭaʻājīs (village farmers of village muqāṭaʻās)→②muqāṭaʻājīs (local farmers of the district muqāṭaʻās)→①governor of the province (super farmer) のように示している（Poliak, 1937:51-52）。それによって、村々で徴収された税が県（the distric）レベルの徴税吏のもとで集計されたあと、総督のもとへと送られてくる様子が分かる。ここで注目されるのは、総督から末端の徴税吏にいたるまで、すべてが徴税請負人（farmers）とされており、州の税収業務全般が利益の取得を前提とする徴税請負人に委託されていることである。各レベルにおける徴税請負人は、ポリアークによれば、①が②を任命するというように上位の者の任命によって決まっている（同上）。

帝国財政は、帝国を構成する諸州政府から送られてくる年貢を主要財源として成り立っており、中央政府にとっては年貢さへ納入されれば、州統治は総督一任である。州税政における徴税機構において、総督を頂点とする徴税請負人（farmers）のピラミッドが築かれた結果、「税金の徴収、とりまとめを委託された者は、その業務をさらに地元の有力者たちや下級官吏たちに委託し、それらの者たちがさらにまた小口の徴税請負人たちに請け負わせ、徴税請負人たちのそれぞれが取得した儲けの合計額は、国庫に納入される年貢をはるかに上回わる巨額なものになる」(Tibawi, 1969:25-27)という事態を生み出した。ティバウィーは、州政治を行うダマスカス総督が自分の私利私欲を徴税に絡めていたことを次のように述べている。

「州総督のポストを欲する者は、人事にコネのきく宮廷の閣僚級の者たちに付け届けをするのが習わしとなっていた。新しく州総督に着任する者は、いままでかかった分を倍にして取り戻すために、州の様々な収入から抜き取りをした。また徴収された税を州総督宛に送る各地のムカーターージー(徴税吏)たちに対して、総督は自分への付け届け分を上乗せしておくようにと予め圧力をかけた。するとそのムカーターージーたちも、総督にならって下位のムカーターージーたちに対して、自分の取り分を上乗せするように強要することになった」(同上:25-26)。

パレスチナ支配勢力の徴税請負人化《ムルタジム》

パレスチナはダマスカス州内の一つの県《サンジャック》であったが、イスラムの三大聖地の一つエルサレムの存在故に、しばしばスルタン直轄の独立県という特別の扱いを受けてきた。パレスチナは一六〇九年当時、四六八の軍事イクターによって構成されており、その他にスルタンの親族たちのイクターや、パレスチナ支配層が功労の恩賞として賦与されたイクターによっても占められていた。

パレスチナの、エルサレム、ヤーファ、ヘブロン、ナブルス、アッカ、ガザなどの主要都市には、フサイニ家、アブドゥル・ハーディー家、シャワー家、ダッジャーニー家などパレスチナの有力一族が集まっており、その多くがアシュラーフ*の家系に属していた。アシュラーフの一族は、イスラム初期に聖地メッカから預言者ムハンマド昇天の地たるエルサレムにやってきた者たちの子孫や、エルサレムの聖地管理人の重責を担う一族の者たちであり、彼らはムスリムが多数派をなすパレスチナ社会では畏敬の対象であった。またムスリムであるトルコ人支配層もアシュラーフの一族に信頼を寄せ、彼らに支援を与えて優遇した。イスラムの学問的価値が重要な時代において、それに卓越しているパレスチナ支配層の多くは、オスマン帝国地方行政のイスラム法廷裁判官、ムフティー、官僚、イスラム学問所の教師などの要職に抜擢され、「エフェンディー（地方名望家）」という特別の尊称で呼ばれた。エフェンディーたちはトルコ人官僚に立ち交じって、パレスチナ行政に大きな影響力を与えていた。

＊　アシュラーフは、イスラムの預言者ムハンマドの家族の子孫を意味するアラビア語シャリーフの複数形。

パレスチナの有力一族やエフェンディー層は、パレスチナのイクター所領における徴税請負人であった。彼らはオスマン政府からムルタジムになるように依頼される場合もあり、そのことを資料は次のように伝えている。

「オスマン政府は十分の一税の徴収をパレスチナの有力者たちに委託した。あるとき一人の有力者が政府によって、エルサレム市全域と近郊農村地域の一部の税金を徴収すること、徴集した税を直接国庫に納付することを依頼された。彼は政府の依頼を受諾した後、決められた税額よりはるかに高い額を住民たちに課して徴集した。アーヤーン（トルコ語・「地方名望家」）たちはそのようにして蓄財していったのである」（al-'Āref, 1986:330）。

徴税請負制《イルティザーム》普及と帝国衰退への道

イクター所領における徴税権が徴税請負人に代行されることを通じて、やがてオスマン帝国のエリート層における次のような事態がはびこり始めた。

「遊牧民出身のトルコ人たちは、都市に定住し豪邸での贅沢な生活の中で次第に堕落して行き、自らの官職を売り渡し、封土や村々の徴税権を競売にかけて法外な金を手に入れるようになってきた。その結果、農民は疲弊し、非ムスリム農民の多くは耕作を放棄して帝国外へ去り、不正を逃れて村を離れた住民たちはイスタンブルに姿を現した」（ʿAlī, 1952: ② 235）。

やがて都市において、次のような徴税請負権の競売光景が一般化するようになった。

「オスマン政府は徴税権を競売にかけるために村ごとの徴税額を公示した。徴税権を獲得した者は税額の一部を払い、残りの税額は、農民たちから十分の一税《ウシュル》、家畜税《アグナーム》、宅地税《ワルコー》などを徴集した後に納付した。徴税請負人の農民からの徴税は、最初は現金払いであり、しかも徴収額は徴税請負人のとり分を上乗せしたもので税額をはるかに上回り、農民は時として支払い不能に陥った。その結果、農民の耕地は徴税請負人の手に落ちることになった」（al-Jundī, 1986: 53）。

徴税請負制の普及と徴税請負人によるイクター所領の農民に対する収奪が増大することで、軍事封土制は、農民生産との共存という本来の姿を失い、オスマン帝国における小農民的土地所有権＝用益権は不安定化していった。

第二章 ヨーロッパ管理下のパレスチナ

オスマン帝国の「危機」の開幕

オスマン帝国の地方名望家層《アーヤーン》がムルタジムとなって土地を集積した結果、一八世紀以降、イクターとして分与されていた国有地が私的大土地所有《チフトリキ》へと変貌して行くことになった。一七七〇年代以降のエジプト・シリアでは、富裕な地方豪族と化したアリー・ベイ、ジャッザールらのマムルーク軍人や、レバノン山脈《ジャバル・ルブナーン》を拠点とするファフルッディーンやバシール・シハーブらのアラブ族長《アミール》が、自前の国家樹立による帝国支配からの離脱をめざしてトルコ人州総督を追放したり、相互に軍事対決する事態となった。さらにバルカンでは、トルコ人名望家層《アーヤーン》がキリスト教徒農民に対する収奪を強めたために反トルコ民族運動が激化してきた。

一方、ヨーロッパ列強のオスマン帝国への干渉は、一八世紀末から帝国領内への介入の形を取り始めた。帝国内介入の重要な手がかりとなったのは、ヨーロッパ諸国とスルタンとの間に締結されたカピチュレーション（capitulations）であった。

第1節　カピチュレーションによるヨーロッパの介入

イスラム世界《ダール・アルイスラーム》と対峙するヨーロッパ諸国は基本的にはオスマン帝国領内に踏み込むことは出来なかったが、帝国領内には東西交易路が通じており、内陸のキャラバン・ルートの中継都市や地中海に臨む貿易港には、ヨーロッパ人商人たちがやって来ていた。そこでスルタンは、オスマン帝国が優位にあることを背景に、帝国内特定地域における外国人の滞在と外国人の生命・財産の安全、治外法権（領事裁判権、免税）などの保障を特権的に認めるカピチュレーションという国際条約を設定し、これをフランス（一五三六年）、イギリス（一五七九年）、オランダ（一六一三年）に恩恵として与えた。しかし、オスマン帝国とヨーロッパとの政治的・経済的力関係が逆転した一八世紀以降、カピチュレーションは外国人保護のためにスルタンが恩恵的に賦与する特権条約から、オスマン帝国内への進出をはかる際にヨーロッパが「武器」として利用するものへと変化していったのである。

フランスのマロン派キリスト教徒への接近

カトリック教国のフランスは、一五三六年カピチュレーションを賦与されると、レバノン山脈地帯のカトリック教徒（マロン派キリスト教徒）の間でフランス人修道僧による活動を開始した。フランスは一六〇四年、オスマン帝国内のカトリック・キリスト教徒を保護する権利も認められ、マロン派支配勢力のアル・ハージン家をベイルートのフランス領事に任命した。アル・ハージン家が手にした外国人特権にともなう利益や、フランスの政治的イデオロギーの影響は一族の支配層ばかりか、マロン派教会・修道院を通じて地域社会にまで及んでいった。ワジーフはその模様を次のように観察している。

外国人特権に恵まれたマロン派修道僧たちが、レバノン山脈地帯にいくつもあるマロン派修道院に派遣され、修道院付属の広大な宗教寄進地《ワクフ》における農業活動に専念した。修道僧たちはその活動を通じて、マロン派村民の支配勢力と一緒に「フェッラー（農耕民）人民組織」と称される広域組織を立ち上げ、この組織はマロン派社会の運営に当たるとともに、マロン派の経済活動を指導するようになっていった。こうしてマロン派修道僧の活動を通じて、マロン派教徒の間にフランスに対する親近感とともにオスマン帝国への対立感情と反感とが育っていった（Wajiḥ, 1986）。オスマン帝国支配下のレバノン山脈地帯は、スルタンによってアミールに任命されたドルーズ派*のマアーン家の支配地域であり、マロン派キリスト教徒の村住民はドルーズ派のイクター所領の耕作農民として位置づけられていた。そうした中で、フランスによって外国人特権を賦与されたマロン派社会が独自に動き出すことは、レバノン山脈地帯における既存の支配秩序を脅かすことを意味しており、フランスの宗教を媒介とした影響力は対立をはらむ形で浸透していった。フランスは一七四〇年、パレスチナのベツレヘム降誕教会の鍵の保管権と帝国内カトリック僧侶全般に対する保護権をスルタンによって認められていたが、オスマン帝国内のカトリック教徒社会に対する影響力をこのようにしてさらに強めていくことになった。

＊ドルーズ派は、イスラムのシーア派の中のイスマイール派から派生した一宗派で、エジプトのファーティマ朝カリフ、ハーキムを神格化した。現在その住民は、レバノン、シリア、イスラエルにまたがって存在する。

ロシアのギリシャ正教徒への接近

ロシアは、バルカンにおける自国領土拡張のために対トルコ戦争を繰り返し、一七七二〜七三年には攻撃はベイルートにまで及んできた。一七七四年キチュク・カイナルジャ講和条約が締結され、ロシアは同条約によって黒海の自由航行権と黒海沿岸のトルコ領の一部を獲得すると共に、カピチュレーションを賦与された。スルタンはロシアの特権として、イスタンブル市内にギリシャ正教の教会建設とその管理を認めたが、ロシアはさらに要求を拡大し、ロシア領事のオスマン帝国在留ロシア人への保護権を、オスマン帝国臣民であるギリシャ正教徒にも適用することを認めるようにと、スルタンに迫った(Tibawi, 1969:102)。

オスマン帝国に広く存在するギリシャ正教徒は、帝国最大のミッレト(二二一頁参照)を形成しており、ギリシャ正教徒ミッレト代表のコンスタンティノポリス総大司教は一七世紀以来エルサレムの聖墳墓教会の鍵と教会施設の管理権を与えられ、帝国内キリスト教徒間で絶大な影響力を有していた。そのもとで、オスマン帝国の諸キリスト教徒ミッレトは東方教会のキリスト教徒という共通の立場において、平和裡に隣り合ってきていたのだ。

しかし一七四〇年のフランスに対する特権賦与によって、ギリシャ正教会の絶大な権威に変化が生じた。カトリック(マロン派)教徒とフランス、ギリシャ正教徒とロシアという特定関係の強化によって、それまでのミッレト間の共存的関係に亀裂が入り始め、ギリシャ正教会とカトリック教会は、パレスチナにおける教会管理権や帝国キリスト教徒全体の保護権をめぐって対立を深め、一七五七年には、両派の聖職者同士がエルサレムの聖墳墓教会内部で衝突し、流血の惨事を引き起こす事態にまで発展した。

ロシアが「ギリシャ正教徒臣民とロシア人は正教徒の同胞である」との主張を根拠に、ロシア領事保護権のギリシャ正教徒臣民への拡大適用を要求するのは、あくまでもオスマン帝国領内へのさらなる浸食を狙ってのことだった。

ロシアの要求にフランスもただちに反応し、オスマン帝国全体のカトリック教徒に対するフランス領事の保護権適用を認めるようにと、スルタンに求めた。このときはヨーロッパ列強間の利害対立に助けられて、スルタンはかろうじて仏・露の要求を退けることが出来た。

英のインド・ルートと仏のエジプト植民地化計画

オスマン帝国エジプト州は、アリー・ベイの帝国離脱宣言（一七七〇年）以来、マムルーク軍人反乱勢力の支配下にあったが、マムルークがカイロ在住フランス商人を迫害して国外に追放する事件を引き起こし、フランスにエジプト介入の絶好の口実を与えた（Crouchley, 1938:37）。一七九八年、フランス・ナポレオン遠征軍は「自国民保護」の領事特権をたてに進軍し、マムルーク軍人勢力（当時エジプトに一万人）に壊滅的打撃を与えてエジプトを軍事占領した。ナポレオンのエジプト軍事遠征の背景には、植民地経営をめぐる英・仏の対立と角逐があった。

イギリスとフランスは、産業革命を背景に自国工業製品の市場拡大と原料供給地の確保をめぐって争っていた。イギリスは、七年戦争勝利（一七六三年）後にフランスから制海権とカナダ・インドにおける巨大市場を奪うと、アジアの植民地と本国を結ぶ喜望峰回りの航路に代わるインド・ルートを確保するために、アラブ地域のペルシャ湾・紅海・エジプト・地中海における自己の勢力圏固めに乗り出した。これに対してフランスは、インド・ルートを妨害する戦略としてエジプトの植民地化を計画し、自らの植民地経営の立て直しを図ろうとしていた。

一方でフランスは、エジプトに大農場を建設して本国への穀物輸出を促進するという野望を抱いており、フランス占領軍はエジプト北部デルタ地帯に広がるマムルークの所領での穀物農場開発に期待をかけ、所領内の耕作農民に対する収奪支配を築いているムルタジムとの共同経営を目指した（Polk 1977: 75-76）。しかし、エジプト耕作農民《フェッラー》の反ムルタジム蜂起が勃発し、フランス軍はムルタジムを支援して農民を武力弾圧するや、激しい反仏抵抗に直面した。イギリスがオスマン帝国と組んで軍事介入するに及んで、一八〇一年フランス軍はエジプトを撤退し、さらにシリア占領を試みたがここでも反仏抵抗に直面し、ナポレオンのエジプト・シリア占領による植民地化計画は失敗に帰したのである。

ナポレオンの軍事行動はイギリス植民地政策の転換点となった。イギリスは一八〇一～九九年にかけて、インド・ルートに沿ってアラビア半島のペルシャ湾沿岸からアデンにいたる地域の首長《アミール》や部族長《シャイフ》との間に保護条約を次々に締結しながら、インド植民地を脅かす勢力が接近して来ることを阻止するための戦略拠点を、いかにして確保するかの取組みを続けていくことになった。

ワッハーブ王国の反乱

エジプトがフランスに軍事占領されたのと同時に、ペルシャ湾岸のクウェートがオスマン帝国支配に対決するアラブ遊牧民ワッハーブの反乱勢力によって占領され、占領地域はその後、イラクのカルバラー（一八〇二年）、ヒジャーズのメッカ（一八〇三年）、シリア穀倉地帯のハウラーン（一八一〇年）

へと拡大していった。

ワッハーブ派によって一八世紀半ばアラビア半島内陸部で始まったイスラム改革運動は、コーランと預言者のスンナに立ち戻りイスラムの純化をめざす復古主義的な立場から、「オスマン国家はイスラム世界を逸脱している。イスラムの聖地の主権は回復されねばならない」(Halevi, 1987:6-7)という主張を掲げていた。同運動に共鳴するサウード家のワッハーブ王国(一七七三年樹立)の拡大とともに、同運動の影響力も強まっていった。

ワッハーブ王国支配地域が拡大していく一八〇五〜一一年には、占領地域は遊牧民による焼き打ち、略奪、破壊に見舞われたが、そのときアラビア半島全域は長期間の旱魃状態にあって、遊牧民は深刻な飢餓状態と放牧家畜の甚大な被害にさらされていた(Tibawi, 1969:42-43)。アラブの遊牧民は、古来、砂漠地帯を横切る隊商や巡礼キャラバンにつながる商業・輸送・家畜提供などに従事して暮らしてきた。だが一六世紀末以降の東西交易路の変更で遊牧民社会の経済的衰退が進行した。加えて一八世紀以降オスマン帝国の経済的衰退とマムルークの圧政、およびヨーロッパ勢力によるオスマン帝国侵食の事態が、アラビア半島周辺にも迫ってきた。オスマン帝国がアラブ遊牧民の窮状を放置しており、そうした中でワッハーブ王国の反乱は拡大して行ったのである。

一八〇五年以降、ダマスカスおよびエジプトからの聖地メッカへ向けての巡礼キャラバンは、ワッハーブ王国勢力に阻まれてメッカに到着することが出来なくなった。聖地メッカを守護し巡礼ルートを維持することは、カリフを兼任してイスラム世界の盟主たるスルタンにとっては最重要の義務であり、メッカ巡礼の封鎖状態はスルタンの威信失墜につながった。

一八世紀後半から一九世紀初頭にかけてのオスマン帝国は、以上みてきたような内憂外患の危機的事態の中に置かれていた。フランスのエジプト軍事占領でエジプトのマムルーク勢力は壊滅的な打撃を受けたが、マムルーク残党勢力はエジプト南部とスーダンに居座っていた。スルタンはマムルーク残存勢力の駆逐とフランスのエジプト軍事占領打破によるエジプトにおける帝国支配回復のために、一七九八年、スルタンの奴隷軍人《マムルーク》精鋭部隊をエジプトに派遣した。

第2節　ムハンマド・アリーのシリア統治

反乱討伐と近代的軍事産業の確立

フランス軍撤退後のマムルーク反乱勢力の掃討作戦は、精鋭部隊の副官メフメト・アリーの徹底した武断主義によって成果をあげた。彼は、エジプト北部から反乱勢力を一掃してエジプト民衆の支持を得る中で、一八〇五年、エジプト州総督の地位につき、一一年には南部の反乱勢力残党をカイロに招聘し集団虐殺することで一掃し、エジプトをスルタン支配下に戻した。メフメト・アリーは引き続きスルタンのワッハーブ王国反乱の鎮圧命令を受けて、七年間に及ぶ同反乱鎮圧へ向けてエジプト軍事遠征を開始した。

メフメト・アリーの強権的手法は反乱鎮圧で発揮されただけでなく、マムルーク一掃後の徴兵制施行による国民皆兵軍の組織化や、以下のような農村におけるイクター所領の没収および徴税請負制廃止にも威力を発揮した（以下の要旨は［'Āmir, 1958:78-79］による）。

エジプトの農地は検地によって耕作農民に再配分されると共に、土地の売却・相続は禁止され、土地の集団耕作や一年ごとの土地割替えが義務づけられた。税は村単位に課税され、納税はムルタジムに代わる村長が責任をもって義務を果たすよう定められた。また農産物の国家専売制が導入され、農民は穀物の全収穫量を政府に売り渡すことが義務づけられ、農民は穀物の自己消費分まで安く売り渡し、高値で購入するように強制されたのである。耕作費用の前貸から、耕作の監督、収穫後の前貸金と利息の清算、税金・手数料の徴収に至るまですべてに政府が介入し、商人の関与はいっさい排除された。メフメト・アリーは土地制度の手直しによって、土地と農民に対する一元的で強力な直接支配を確立し、エジプト農村はエジプト州総督メフメト・アリーの「直営農場」の観を呈した。

メフメト・アリーは穀物の独占販売で掌握した巨額の富を、フランス近代思想と先端技術の吸収による官営軍事産業の振興に投じ、ワッハーブ王国の反乱鎮圧への最初の派兵を機に、軍艦建造を軸とするエジプト海軍の創設に着手した。ここに、エジプトにおける近代的軍事・統治機構の確立が図られていったのである。

ムハンマド・アリーのアラブ帝国構想

メフメト・アリーはマムルーク軍人として、エジプト州総督並びに反乱鎮圧軍の指揮官としてスルタンに仕えるうちに、征服諸地域を糾合してアラブ帝国を築き「アラブの王たるムハンマド・アリー」(Halevi, 1987:6）として君臨する野望を抱くようになり、野望実現の機会を待った（これ以降、表記をムハンマド・アリーに統一する)。

一八二四年、スルタンはオスマン帝国軍が開始したギリシャ独立運動(一八二一〜二九年)鎮圧作戦にエジプト軍の派兵を命じた。トルコと近代装備のエジプト軍の連合軍は、独立運動を制圧寸前にまで追い込んだが、ヨーロッパ列強の介入に会い、一八二七年、ナヴァリノの海戦で英・仏・露連合艦隊に壊滅的な敗北を喫することになった。この敗北を機にスルタンは、ヨーロッパ列強が突きつけてくる要求に唯々諾々として従うようになり、帝国の統率力はさらに弱まっていったのである。

一方ムハンマド・アリーは、ナヴァリノの海戦で破壊されたエジプト軍の再建にあたって問題に直面した。長期にわたる兵役と多くの農民兵の戦死は農地の未耕作状態と農民の疲弊を生み出した。さらに、人口二〇〇万のエジプトにおける兵士の不足が問題化し、また軍艦建造用の木材不足という問題も浮上し(Tūmā, 1985:39)、エジプトに隣接する「肥沃な三日月地帯」のシリアに自ずと関心が注がれた。

当時のシリアは十分な人口を擁し、木材・石炭・諸農産物を豊富に産する地域であったが、一方で強権的農民収奪状況のもとで支配は不安定化していた。特に、アミール・バシール・シハーブ統治下のレバノン山脈地帯とサイダ州総督アブドッラー・パシャ支配下のパレスチナ・ナブルス地方では、苛酷な税と威嚇的・暴力的徴税方法とに抵抗する農民闘争(アンミーヤと称された)が発生し、ナブルス地方の反乱は一八二九年以来絶えることがなかった(Tibawi, 1969:50-51)。

ムハンマド・アリーはこのようなシリアの獲得による「アラブ帝国」の実現に乗り出すことを決意した。彼は一八三一年一〇月、スルタンに対してギリシャ戦争参戦の報償としてシリア州総督のポストを与えるように要求、拒否されるや、エジプト艦隊と兵士四万をシリア占領へと送り出した。

イブラヒーム・パシャのパレスチナ占領統治

エジプト軍総督はエジプト育ちの息子イブラヒーム・パシャであり、ムハンマド・アリーと異なり「アラビア語世界の住民」を自認する人物であった。彼はパレスチナ占領に際して住民に次のように呼びかけた。

「シリアにおける戦いは、民族的団結と差別的分裂主義のどちらをとるかの戦いである。諸君はアラブとして、民族同胞と家族のために命をかけて戦わねばならない」。

この呼びかけに、エジプト軍を迎えるパレスチナの諸都市は次々に無抵抗で占領に服し、エルサレム城塞駐屯のマムルーク軍団もエジプト軍に服することを宣言したと伝えられている（al-Dabbāgh, 1975: ⑨ 18–19）。

エジプト軍は、一八三一年一二月、パレスチナのオスマン帝国軍を打ち破り、軍指揮官でシリア全体を統治するサイダ総督アブドッラーをアッカ城塞に追い詰め、総督辞任を要求して封鎖作戦を敷く一方、パレスチナにおける占領統治を開始した。イブラヒーム・パシャは占領統治開始時、アブドッラー直属の軍人・官吏の追放以外はムルタジム勢力や地元支配勢力を追放したりすることはせずに、以下のような諸策を講じた。

① 徴税請負廃止への取組み

1　税の種類と税額の明確化による税の水増し徴集の禁止。

2　ムルタジムが農作物の五分の一を取得することの禁止。

3　投書箱設置によるムルタジム告発制度の導入。

② 農民保護・支援策

1　エジプト当局による農耕民への耕作用種子の配分。

2　耕作費用融資のための農業銀行設立。

3　付加価値の高い養蚕、麻、亜麻、オリーブ等の生産の奨励。

4　収穫期のイナゴ駆除作業への軍隊の動員。

③ 治安維持対策

1　治安の維持と交通路の整備（遊牧民襲撃頻発地域の安全保障を重視）。

2　地中海沿岸の肥沃な未耕地に遊牧民を定住させ開墾の促進につなげる。

強大な軍事力をもったエジプト占領当局は、ムルタジム支配下で抑圧されてきた農民への救済・支援の諸策を具体的かつ効果的に打ち出した。またワッハーブ王国反乱時に定住民を震撼させた遊牧民の襲撃を封印するために、遊牧民にも土地を提供して定住化をはかったことで襲撃が減少し、治安の安定につながったことは画期的なことであった。それは次のような連鎖反応を引き起こした。諸都市を結ぶ街道やシリア・イラク間のキャラバン・ルートの安全性は増大し、インドやイランからシリア経由でヨーロッパへ向かう商品の流通が拡大し、ヨーロッパ諸国領事の介入を警戒したイブラヒーム・パシャが、キリスト教徒・ユダヤ人のエルサレム巡礼者の優遇策を指示して、聖地への行き帰りや聖地滞在中の巡礼者たちへの課税・料金徴収のいっさいを禁じたことも、都市の様々な職業集団の活動の活発化につながった（以上の記述は、［al-ʻĀref, 1986: 288-90］に依拠している）。このようにしてエジプト軍事占領が住民の圧倒的支持を得て安定したことは、実はオスマン帝国支配体制を大きく揺るがす効果をもったのである。

ヨーロッパ列強にとっての「エジプト問題」

アブドッラー総督が降服した一八三二年五月、イブラヒーム・パシャ指揮下のエジプト軍は破竹の勢いでシリア全土を占領し、一二月トルコ領内のコンヤにまで達した。エジプト軍事占領がトルコ本土にまで及ぶ中で、イブラヒーム・パシャはエジプト・シリア両州の総督ポストをムハンマド・アリーに正式に認めるようスルタンに迫った。

オスマン帝国の衰退に乗じて利益を得ている英・仏・露などのヨーロッパ列強は、エジプトのオスマン帝国領占領が自らの利益を脅かす事態を「エジプト問題」と呼んで危惧していたが、特にイギリスは、インド・ルートが脅かされる懸念を次のように述べていた。

「ムハンマド・アリーの意図は、アラビア語を話す国々を糾合してアラブ王国を築くことにある。そのこと自体には何の支障もないが、しかし、それがトルコの分断を意味していることは容認できない。インド・ルートが通過する地域を統治するのにふさわしい君主は、トルコ王をおいて他には考えられず、精力的なアラブ君主の登場などは論外である」（一八三二年三月二一日付パーマストンのナポリ駐在英大使宛書簡、［Antonius, 1938:31］より引用）。

ヨーロッパ列強は、エジプト軍を全シリアから撤退させ同地域をスルタン支配下に戻すことで一致し、その要求をエジプト側に突きつけた。これに対しマムルーク軍人のムハンマド・アリーは、一八三三年四月、君主たるスルタンとの間にキュタヒア条約を結び、エジプト軍のトルコ領土撤退と引き換えに、エジプト・シリア両州の総督ポストをムハンマド・アリーに、アダナ州の徴税権をイブラヒーム・パシャに与えることを認めさせた。エジプト軍がシリアに残存したことで、ヨーロッパにとっての「エジプト問題」は決着せず、英・仏・露は利害対立による手詰まり状態に陥ることになった。

エジプトのシリア政策の反動的後退

ムハンマド・アリーはシリア統治を正式に認められると、シリアにおけるオスマン帝国軍の解体に着手し（一八三三～三五年［ʿAwad, 1969:225］）、それと平行してイクター制の廃止に向けて、全シリア住民に対する次の諸策の実行を命じた（al-ʿĀref, 1986:279）。

① 全住民の武器押収――アシュラーフやアーヤーンなどの支配層の武器ばかりか、遊牧民襲撃に備えた住民の自衛用武器まで没収された。

② 苛酷な諸税の新規導入――(a)「ファルド税」(一種の人頭税)：一五～六〇歳の男性一人当り一五～五〇キルシュの課税、(b)「シューナ税」：エジプト駐留軍への食料・その他必要物の提供、(c)「通過関税」：商品市内搬入時に六・五～一二％の関税、(d)「許可税」：農産物市内搬入時の関税、(e)「製粉料」：穀物製粉手数料、(f)「家畜税」：羊・山羊・ラクダへの税金。

③ 兵役・強制労働――耕作農民の農耕・運搬に不可欠な家畜を軍事輸送用に調達、軍事要塞建設・木材伐採・石炭採掘などでの強制労働やわずかな賃金による労働、また強制的徴兵へと住民を動員した。

息子のイブラヒーム・パシャは「トルコ支配からのアラブ解放の戦い」を呼びかけ、それに基づいて当初打ち出した諸策によってシリアの住民たちの支持を得てきた。だが一転、ムハンマド・アリーが住民に苛酷な諸要求を突きつけたことは、住民がエジプト占領以前の状態へ逆戻りすることを意味した。キュタヒヤ条約締結後一年足らずのうちに、シリアで反エジプト反乱が始まった。

全住民からの武器押収の狙いはイクター制根絶のために地元有力層の住民支配力を奪うところにあったのだが、追い詰められた有力層がまず反乱に動き出した。例えば、エルサレムのアブー・ゴーシュ家はイクター制の廃止に加えて、外国人巡礼者からエルサレム街道通行税の徴収を禁止され、富の基盤を失った(al-'Āref, 1986:280)。一方で農民たちには、エジプト軍の徴兵は最短でも一五年間におよび、長期間家族や家を離れて遠い戦場へ送られてしまうと、家族の経済は崩壊してしまう。一家の大黒柱が家族を守ることが出来ないのは屈辱的な事態であり、死や身体損傷の危険を冒してまで為政者のために戦うなど、シリアの住民には耐えられないことだった(Tibawi, 1969:80)。一八三四年四月、アブー・ゴーシュ家は住民たちを率いてエジプト軍への襲撃を開始した。そして同様の反乱はパレスチナ諸地域で多発し、全シリア規模へと拡大していった。

エジプト当局は大軍を投入して一八三六年までには反乱を押さえ込み、住民二万人を徴兵しエジプト軍に送り込んだ。重要課題であるイクター制の廃止は、ようやく一八三八年になって開始されたが(Poliak, 1977:78)、反乱はその後もやまず、住民の抵抗による軍事コストの増大に加えて、エジプト側の腐敗も生じた結果、エジプトのシリア統治は期待通りの収益を上げることが出来ず、次第に「アラブ帝国」経営全体にとって重荷となってきた(Tibawi, 1969:78, 81)。ムハンマド・アリーはスルタンへの貢納の値下げを要求し、一方でスルタンは、反エジプトの動きに乗じてシリア奪還を画策した。一八三八年六月、ムハンマド・アリーがエジプト・シリア総督ポストの世襲権を要求すると、両者の対立は決定的となり、スルタンは武力対決に備えてイギリスに援助を求めた。

第3節　イギリスの「エジプト問題」の決着

「エジプト問題」対策と「ユダヤ人保護」政策

インド・ルートを支えに大英帝国体制を築いたイギリスは、インド・ルートをインド―バスラ・スエズ、イギリス―エジプト・シリアというエジプトをはさむ二つの定期航路によってすでに一本につなげており、英商船がオスマン帝国領海内を横切るインド・ルートを活発に往来していた。イギリスにとって、オスマン帝国との自由貿易の重要性は著しく高まっており、アラビア半島・エジプト・シリアに広がっているムハンマド・アリーの「アラブ帝国」は何としても解体する必要があった。

イギリスはスルタンの要請に応じる条件として、イギリス・トルコ通商条約の締結を持ち出した。①イギリス商人の帝国領内取引の自由、②輸出入関税のさらなる引下げの二項目からなる通商条約案は[*]、オスマン帝国の全面的門戸開放要求に等しかったが、スルタンは一八三八年八月、同条約締結に応じた。だがイギリスは仏・露の反応を見ながら、直ちには対エジプト軍事行動には移らず、代わりにまずはエジプト統治下のエルサレム進出へと動いた。

＊　①はエジプトを含む帝国内での英商人の直取引の自由、つまりは農産物の禁輸や専売制の廃止を、②は輸入関税

三%、輸出関税一二%、国内通過関税三%の固定化を内容としていた。

先にみた通り（二四一頁）、エジプトのシリア統治はキリスト教徒・ユダヤ教徒には寛大であったが、但しイスラム第三の聖地エルサレムに関しては、巡礼者・旅行者の滞在は許されたものの、ヨーロッパ十字軍撤退（一二九一年）以来外国人の居住は、キリスト教聖域管理人・修道僧を除いてすべて禁じられてきた。* この禁を破って一八三八年イギリスは、エルサレムに英国領事館を開設し、英外相パーマストンは翌三九年、聖地訪問のすべての外国人ユダヤ教徒を保護するようにとエルサエム領事に指示した。イギリスは軍事力の圧倒的優位を背景に、エジプト支配地域において英国領事特権を駆使しながら反エジプト工作を開始したのだ。

＊ 但し、ユダヤ教徒外国人は、一五世紀以降スペインなどからきたユダヤ難民や余生を聖地で送るユダヤ教徒たちの居住は許されていて、ユダヤ人地区を形成していた。

イギリス領事館へ最初にやってきた外国人ユダヤ人は、イギリス人豪商のモーゼス・モンテフィオーレであり、パレスチナの土地に魅了されたこの人物は日記に次のように記した。

「樹齢五〇〇年以上のオリーブの林、ブドウ畑、広い牧草地、多くの泉があり、またイチジク、桑の実をつけた木々も茂っており、小麦、大麦、レンズマメなど豊かな穀物畑が広がっている。ここはわずかな技術と労働力があれば豊かに実る土地である。（中略）一〇〇〜二〇〇の村が備わった土地を五〇年契約で貸してくれるよう、ムハンマド・アリーに頼んでみよう」（一八三九年五月二四日付モンテフィオーレの日記、［Barbour, 1969:32］より引用）。

当時、パレスチナ農民はエジプト支配下で様々な種類の税と徴兵・強制労働を課せられており、作物の豊かな実りは苛酷な労働によってもたらされていた。さらに、イスラム法は外国人に土地を売ることを禁じており、スルタンもムハンマド・アリーもイスラム法遵守の立場に変わりはなかった（Tibawi 1970:29）。イギリス領事はモンテフィオーレの申入れをムハンマド・アリーに伝えたが、それはエルサレム住民議会の強い反対にあって拒否された。

領事館が支援したモンテフィオーレの土地獲得の企ては失敗したものの、このことはイギリスによるユダヤ教徒外国人保護政策の具体的取組みの第一歩となった。領事保護権を駆使してマロン派キリスト教徒保護を掲げるフランス、ギリシャ正教徒保護を掲げるロシアと同様に、イギリスもまた、外国人ユダヤ教徒という自らの息のかかった「庇護民（protégé）」を設定して、オスマン帝国を内部から切り崩し自己の支配地域へと変えていこうとの取組みを開始したのである。仏・露が自国と同一宗派の現地コミュニティ（ミッラ）を「庇護民」としたのに対して、イギリスは「外国人ユダヤ教徒」を糾合して「庇護民」を作っていこうとしたところが異なっていた。

「エジプト問題」の決着と「東方問題」の発生

一八三九年四月、スルタン・マフムード二世はシリア奪回の兵を送ったが、これに失敗し、エジプト軍に逆襲されて帝国崩壊の危機を招く中で急逝してしまった。イギリスは後継スルタンのアブドュル・メジドを促して、一一月ギュルハネ勅令（イクター制・徴税請負制廃止などの欠陥是正を挙げた帝国改革令）を発布させ、帝国近代化への決意宣言たる同勅令によって、ヨーロッパ列強から帝国主権の尊重の合意を取り付ける手はずを整えた。一八四〇年七月、英・露・墺・普とトルコとの間に、ロンドン四国条約が成立、シリアからのエジプトの排除とオスマン帝国の主権回復の決定により英軍の対エジプト攻撃が開始され、四一年九月エジプト軍の撤退によってシリアはオスマン帝国支配下に復帰した。エジプト軍はスーダンを除くすべての占領地から撤退し「アラブ帝国」は崩壊し、ムハンマド・アリーにはエジプト州総督ポストの世襲権だけが残された。オスマン帝国をめぐってヨーロッパの利益が脅かされる事態、即ち「エジプト問題」は、イギリスの主導のもとに、このようにして決着が図られたのである。

オスマン帝国は門戸開放され、外国人のための混合裁判所（一八四七年）や商法（一八五〇年）も導入され、外国人に対する制約が大幅に取り除かれた。またパレスチナをはじめシリアの主要都市には、ヨーロッパ諸国の領事館が軒並み開設され、各国領事館はカピチューション協定に基づく領事特権を駆使して、自国民や「庇護民（protégé）」に保護と法的便宜を公然と与え始めた。だが、フランスはロンドン四国条約には参加せず、ロシアも四国条約で黒海を軍事的に封鎖されたことに不満を残した。かくて、オスマン帝国のシリア情勢が英・仏・露三列強の利害を脅かす新たな段階＝「東方問題」が始まり、その最初の事態がレバノン山脈地帯で発生した。

ドルーズ派とマロン派の衝突

エジプト・シリア統治期にレバノン山脈地帯を統治したアミール・バシール・シハーブは、ドルーズ派イクター所領を次々に没収しマロン派の修道院・豪農層間に配分した。エジプト撤退後ドルーズ派が土地返還を要求したがマロン派側は拒否、一八四一年、両者間に衝突が起きた（Hanā, 1990:82）。フランスは「マロン派保護」のため軍事介入し、ロシアはギリシャ正教徒のドルーズ派支援を画策し、イギリスもフランスへの対抗上ドルーズ派に武器援助し、レバノン山脈地帯の土地をめぐる衝突は、三列強の介入で国際紛争化すると共に「ドルーズ派対マロン派」の宗教セクト対立の様相を呈した。一八四二年、レバノン山脈地帯にドルーズ・マロン二宗派分轄の自治制（カーイマカーマイン体制）が導入されて「宗派対立」の決着が図られたことは、フランスと少数派のマロン派にとってはトルコ支配から切り離された「フランス庇護民自治区」の確保を意味したが、多数派で土地回収問題未解決のドルーズ派には山脈地帯分轄により一部地域からの排除につながった。またギリシャ正教徒保護により帝国内進出をはかるロシアにも何ら成果はなく、不満だけが残った。その事態は次の段階、クリミア戦争の勃発へとつながるのである。

クリミア戦争

一八五三年、スルタンからの聖地管理権獲得においてカトリックのフランスに遅れをとったロシアは、懸案のギリシャ正教徒臣民に対するロシア領事保護権の適用問題（二三三～二三四頁参照）でスルタンの承認を求めて最後通牒を突きつけ、拒否されるやクリミア戦争（一八五三年一〇月～五六年一月）に突入、黒海周辺トルコ領の軍事的獲得に乗り出した。しかし英・仏の対露参戦以降撤退を余儀なくされ、最終的にロシアはトルコをめぐる利権争いから大きく後退することになった。一方スルタンは一八五六年二月、帝国領土の保全と引き換えに英・仏の圧力で（新井 2001:54）「帝国第二次改革勅令」を発布、非ムスリム臣民《ジンミー》とヨーロッパに対する一層の権利拡大を約束させられた。戦争処理をめぐり難航したパリ講和会議は、帝国第二次改革勅令を履行するとのスルタンの言質を講和条約第九条に盛り込むことで、終戦にこぎ付けた。クリミア戦争終結を境にして英・仏のオスマン帝国に対する影響力は強まり、帝国住民の圧倒的多数を占めるムスリム臣民は、非ムスリム《ジンミー》・外国人優遇措置を前に不平等感を強めていくことになった。

第4節　英領事保護下のユダヤ人入植地の成立

ユダヤ人による土地購入

クリミア戦争を境にして欧米では聖地巡礼ブームが起きた。パレスチナはヨーロッパと定期航路で結ばれ、外国人訪問と対外貿易が目覚しく拡大していった。

　一八四〇年以降にオスマン帝国政府が講じた、ヨーロッパ諸国との不平等通商協定の下での様々な外国人商人優遇措置によって、輸出入貿易は外国人商人の独占するところとなり、彼らにつながる国内の商品流通部門においても、ヨーロッパ・キリスト教宣教団設立の学校で語学教育を受けた外国語（英・仏語）ができるキリスト教徒商人が主役を務めることになった。キリスト教徒商人たちはヤーファ、アッカ、ハイファ、ベイルートなどの貿易都市で外国人商人との商業取引を通じて多大な利益を蓄積していった。

　イギリスは一八三九年以来すべての外国ユダヤ人を保護する政策を打ち出しており、その結果としてイギリスを頼ってヨーロッパ諸国からパレスチナの地へやってくるユダヤ人巡礼者やユダヤ人商人は急増していた。一八五四年、イギリス人豪商のユダヤ人、モーゼス・モンテフィオーレが外国人としては初めて、エルサレム郊外のアル・マーリハ村に土地を取得した。彼が一八三九年に土地取得を試みて失敗したことは既に述べたが（二四六〜四七頁参照）、今回は何故成功したのか、土地を手放したアラブ側の事情から探ってみることにしよう。

エルサレム住民側証言によれば（Sa'īd, 1979:210）、モンテフィオーレがアル・マーリハ村に獲得した土地は、シャイフ・アブドゥラー・アルフスニーの所有地であった。農民が用益している国有地《ミーリー》は売買を禁じられており、国有地を外国人が取得するなどはあり得ないことだった。しかしアルフスニーのように、アラブ農民がエルサレム市内のユダヤ人から土地を担保に借金をした挙げ句に土地を売却するのは、半ば公然化していた。

一八五四年当時、パレスチナは異常気象とそれに伴う住民の苦難状況に見舞われていた。前年は大寒波に襲われ、農業不振と燃料不足の中、飢えと寒さで多くの死者が出た。そして五四年は再度の寒波とそれに続く暴風雨で農作物は大きな被害を蒙り、加えてクリミア戦争の勃発（一八五三年一〇月）が住民の窮状を一段と悪化させた。オスマン政府は戦争準備のために穀物を没収するか、それに近い安値で買い上げ、商人は穀物買占めに動いた。その結果、食糧不足による飢餓で三週間に八〇〇人もの幼児が死亡するという危機的状態となった。翌五五年も秋の鋤入れ・種まき時期には全く雨が降らず、一二月から翌年一月には一転して豪雨と降雪となり、またもやパレスチナ農業は壊滅状態となった（al-'Āref, 1986:294–95）。そのような住民の窮状にもかかわらず、サイダ州知事ムスタファ・パシャはエルサレム住民に法外な税金を課したのだ。アルフスニーは納税のためにエルサレム市内のユダヤ人から土地を担保に金を借り、借金返済ができずに土地の処分を余儀なくされた、その土地がユダヤ人金貸を経てモンテフィオーレの入手するところとなったのである。

つまり、アルフスニーの土地喪失には、トルコ官僚の圧政が大きく影響していたのだ。ギュルハネ勅令の打ち出した徴税請負制廃止・徴税官直接派遣などの改革は一八四二年三月には「一頓挫」(新井 2001:60)、以来、地方行政は州知事に一任された。トルコ人官僚サイダ州知事が農民の窮状にはお構いなしに「法外な」税を課しているのは、地方官僚の圧政・腐敗がはびこっていることの現れであった。

ムスリム住民のやり場のない怒り

一八五四年モンテフィオーレは、購入した土地にユダヤ人入植地の建設を許可するとの、スルタン・アブドュル・メジドの勅書を受け取った(al-Dabbāgh, 1975: ⑩291)。一八五六年改革勅令中には「国内法に従い、税を支払うことを条件に、外国人にも不動産所有が認められる」(新井 2001:55)の一項がある。スルタンが同勅令に先立ってモンテフィオーレのためにわざわざ勅書を認めたことは、イギリスがオスマン帝国に対していかに強大な影響力を持っていたかを如実に物語っていた。一八五六年を境にして、エルサレムにおける英・仏領事館は急速に威厳を増し、領事館には本国の国旗が掲揚され、トルコ軍城塞からは両国祝典用の号砲が頻繁に轟いたという(al-'Āref, 1986:293)。外国領事館の保護下にある外国人および庇護民(protégé)の係争には、オスマン帝国法は適用されず、外国法に基づく混合裁判所が独自に判断を下し、彼らはムスリム住民とは比べようもなく自由に行動することが出来た。エルサレムのムスリム住民たちは、ムスリム・コミュニティ(ウンマ)と非ムスリム諸コミュニティ(ミッラ)のそれぞれが生きていけるようなオスマン帝国が保ってきた均衡が、大きく崩されていくのを実感した。そしてこのような事態を招いた張本人として、スルタン・アブドュル・メジドを「信頼の裏切者」と罵倒していた（Tibawi, 1969:121）。モンテフィオーレのエルサレムにおける土地取得とユダヤ人入植地建設（一八五八年着工）は、このような状況の中で実現した。アラブ住民たちは、手放した土地がユダヤ人入植地ヤミン・モシェ（一八六二年完成）に変えられていくのを、ただ黙って見つめているしかなかった。

第5節　一八五八年土地法と共同土地所有の動揺

一八五八年土地法

一八五六年勅令の下で、「一八五八年土地法」が発布された。帝国の土地分類に基づいて土地国有の原則と農民用益権を再確認すると共に、地方有力者が徴税請負人《ムルタジム》のままで国有地を私有地化している現状を正すために、農民が用益地を自分名義で登録して政府発行の土地証書《ターボ》を受け取ることを義務づけた。

この土地法によって、土地は以下のように五分類された。

① 私有地《ミルク》――完全な私的所有地で、都市・村落の宅地とその周辺の広さ〇・五ドーナム*以内の空き地、オスマン帝国初期のスルタンが軍人に恩賞として与えた封土、非ムスリム宗教施設の土地などを指す。

　＊　一ドーナムは、約九四〇平方メートル。

② 寄進地《ワクフ》――所有権移転が永久停止した寄進地で免税地。所有者が用益権を放棄し、その土地から

の収益が公共的・慈善的目的にあてられる慈善ワクフと子孫のために私財を信託する家族ワクフとがある。ワクフの管理・運用はイスラム・ワクフ局が行ったが、オスマン帝国は一八二六年ワクフ省を設けた。

③ 国有地《ミーリー》――国家所有の農地。

④ 不毛地《マトルーカ》――湖、川、泉、渓谷、公道、町村の共用地（墓地、広場、脱穀場、放牧・薪集めに利用する雑木林）、等々。基本的に不毛地であるが、しかし「傾斜地、石のごろごろした渓谷、地中海沿岸の密林地帯などのマトルーカは、かなりの部分が土地改良を施せば立派な農地に変わるので、不毛地扱いはできなかった」（Ṣāigh, 1984: ① 175）。

⑤ 荒蕪地《マワート》――誰も利用していない無主地で、「村落末端の家から大声で叫んでも聞こえないほど離れている」土地（同上）。

①②は所有者が完全な処分権を持っている土地であるが、③④⑤は国家に帰属する土地とされた。特に、主要な徴税対象である③ミーリーのうちから、軍事封土制のもとで封土《イクター》として賦与された部分がチフトリキと呼ばれる地方有力者の事実上の私有地に変わり、ギュルハネ勅令による軍事封土制廃止後もそのままになっていた。その現状を許さず、ミーリーにおける国有地の原則を再確認することが、一八五八年土地法の重要な目標であった。

検地作業と一八六一年土地登記法

一八五九年には検地が始まった。パレスチナにおける検地は県知事管轄下の土地調査班が担当した。だがパレスチナではもともと「国有地《ミーリー》耕作農民の多くが共同土地所有《ムシャーア》の下で耕作地を割り当てられており」(Simpson, 1930:31-32)、農民の所有地というものは存在せず、そうした中での検地作業は、一八五八年土地法が目指していたムルタジム排除とは反対の方向で進められていった。

「村長《オムダ》が検地作業への協力を要請され、彼は村の土地所有者名簿の提出、検地場所への調査班の案内、土地についての助言、実測作業の手伝いなどを行った。土地の面積と境界は、古来行われてきた紐や歩数による実測の結果を照合し協議して確定された。村の土地は都市の有力一族が実効支配しており、村長、大家族《ハムーラ》の族長、土地調査班メンバーらは有力者の影響下にあった。土地区分は有力者の望む通りに確定された」(al-Jundī, 1986:91)。

検地作業が進む中で「一八六一年土地登記法」が発布されたが、そこでは国有地《ミーリー》名義登記について、次のように規定していた。

①「国有地の保有者は地価の決定後に、土地登記料(地価の五%)と証書代三キルシュを納めて自耕地の名義を登記し、政府発行の土地証書を取得せねばならない。名義登録の義務を怠った者は土地を没収される」(同上:90)。

②「土地を欲する者がいる場合は競売にかけて購入者を決定し、土地登記料(地価の五%)と登記手数料三キルシュの納付と引き換えに土地所有権を購入者に譲渡することが出来る」。

イスラム土地法にも土地没収の原則(ハック・アルマフルール)はあるが、それは土地用益者が一定期間(三年間)耕作を怠った場合に限られ、農民耕作奨励に重点が置かれていた。しかし、一八六一年土地登記法においては①のように、高額の土地登記料(地価の五%)を課しており、払えなければ土地没収*とされていた。一八五八年土地法が農民用益地の名義登記を掲げながら、六一年土地登記法ではこの規定に逆行したのである。そして同法は②において、売買禁止を原則としている国有地の売却を認めた。このことは国有地用益権が事実上、私的所有権に転化したことを表している。

＊　ただし一八六一年土地登記法は、不毛地《マトルーカ》と荒蕪地《マワート》に関して「不毛地の開墾を申し出る者には、土地登記料を免除し三キルシュの登記手数料の支払いのみでその土地の登記証書を与え、十分の一税の納税義務は地質に応じて開墾開始後一〜二年間免除する」との特例を設けて、農業用の土地開墾を奨励していた。

一八六一年土地登記法によって、大半の耕作農民の用益地は、農民が帰属するハムーラの長老や都市在住の名望家層の名義によって登記されることになった。その際「農民は自分名義での土地登記が税負担増や徴兵につながるのを危惧した」（‘Awaḍ, 1983:109）からだとされているが、ティバウィーによるとその実態は、有力者たちがそのように仕向けたのだとして、次のように述べている。

「都市在住の商人、金貸、不在地主の一部は、土地登記を自分の利益拡大に利用しようと考えた。彼らは、土地登記は農民に兵役や税負担強化をもたらすためだけに行われると農民たちに誤り伝えて、驚愕する農民たちを説得して、長年耕作してきた土地の用益権を渡すように、わずかな金と引き換えに約束させた」（Tibawi, 1969:176）。

シリアでは、エジプト統治期にイクター所領が強制的に没収されて土地は農民用益地として再配分されエジプト権力が管理していたが、エジプト軍撤退後はパレスチナの有力者たちが私的大土地所有を形成していたと思われ、*また彼らは「大抵はムルタジムか大商人」（al-Jundī, 1986:95）でもあったようだ。一八五八年土地法の第三六条には「農民の用益地は官吏が許可すれば譲渡できる」とあり（‘Awaḍ,

1969:230)、有力者たちは同条項に則して、自分が支配下に置いている農耕地の用益権を手に入れれば、その土地を自分の名義で登記することができると考えたはずである。この当時、村の農民は都市在住の有力者を介してしかオスマン帝国政府の情報に接することは出来ず、名義登記すれば徴兵と課税強化が直接及んでくると有力者から聞かされれば、クリミア戦争で徴兵・徴税に苦しんだ体験**も手伝って真に受けたことは間違いない。先にみた有力者たちの検地作業への介入も、土地支配の温存をはかっている証拠である。これらの諸点からして、ティバウィーの説明は、有産階級の有力者たちが農民に土地を差し出させて自分名義で登記するという形で土地登記が行われた実態を明らかにしている、と思われる。またポリアークは、共同土地所有（ムシャーア）部分の登記について「共有地は個人所有地に区分されて各所有者に渡された後、所有者は自分の土地を都市在住者や他の村の者に譲渡する権利を与えられた」と指摘している（Poliak, 1977:79）。この説明からは詳細は不明だが、やはり有力者が介在し第三六条を利用してムシャーア地をそっくり渡させようと画策した、ということであろう。イクター人土地所有者たちは多くの農民の土地を自分名義で登記することで、土地登記書に裏付けられた大土地所有者へ変貌したのである。***

＊　二五四頁で示した土地分類③が、イクター制廃止後チフトリキ化していた説明部分を参照。

＊＊　一八四〇～五〇年代のナブルス山間部の農耕民による徴兵拒否・納税拒否闘争、五四年レバノン山脈地帯の農耕民による納税拒否・徴兵拒否闘争などが、クリミア戦争時の負担と重圧を物語っている（Hanā 1990:94-95）。

＊＊＊　次に挙げるのは、パレスチナにおける巨大土地所有者とその所有規模の一例である。フサイニ家：約五万ドーナム、アブドゥル・ハーディー家：一七ヵ村の土地、シャワー家：約一五万ドーナムの土地、アル・バルグーティー家：三九ヵ村の土地、アル・ジュユーシー家：二四ヵ村の土地、アッタージー家：約五万ドーナムの土地（al-Jundī, 1986:93）。

農耕民たちは土地登記法が施行されても従来通り同じ土地で耕作を続けたが、用益地が有力者の名義で登記されたことで土地所有権（保有権）を失い、土地名義人に対して生産物の五分の一を差し出す小作農に転化した（al-Jundī, 1986:95; 'Awad,1969:109-10）。ただし、「パレスチナの多くの村では、ムシャーア地は四〜五人の都市有力支配層の名義となったが、共同土地所有という事態は崩れることなく維持されていった」（同上）と指摘され、また「土地登記作業の完了は二〇世紀初めまでかかった」（同上）ともいわれているように、「無登記地」即没収というわけでもなかったようである。いずれにせよ農民には、この時点では、「不毛地」「荒蕪地」とも合わせて、課税を免れながら独自に利用・開墾することの出来る土地がまだかなり残っていたようである。

レバノン内戦と外国人土地所有の承認

一八五八年、レバノン山脈地帯のマロン派アル・ハージン家の大所領で、ドルーズ・マロン両派小作農合同の農民革命が勃発した。土地分配と共和制（キスラワーン革命）が実現すると、ドルーズ・マロン両派の有力土地支配層は宗派衝突を作り出して革命を分断・埋没させることを画策した（Hanā, 1990:86-87）。ベイルートのマロン派富裕層は競って自派の村々の武装化に献金し、大量の武器が外国から持ち込まれ、マロン派武装民兵五万、ドルーズ派武装民兵一万二〇〇〇が対峙する、武力衝突の構図が出来上がった（Tibawi, 1969:123-24）。その結果一八六〇年五月以降、両派民兵組織は双方の村々が混在するキスラワーンからシューフにかけての地域で相手方コミュニティを標的に激しい戦闘をくり広げることになった。ダマスカスでキリスト教徒大虐殺が発生するとフランス軍が介入し、キリスト教徒難民で膨れあがったベイルートではイギリス領事館と英・米宣教師団が難民保護に当たった。レバノン山脈地帯には国際干渉のもとで「組織規約」*に基づく「自治」（ムタサッリフィーヤ）が据えられ、一八六四年には「レバノン独立県（サンジャック・ルブナーン）」としてオスマン帝国の直接支配から切り離された。ここにベイルートは、キリスト教徒が多数派を占めるフランスの影響力の強い、金融・商業・貿易で栄える国際都市となった。

＊　一八六〇年、レバノン山脈地帯キリスト教徒虐殺事件の決着に際して、ヨーロッパ列強の圧力の下で「組織規約」が定められ、各宗派代表（マロン派四、ドルーズ派三、ギリシャ正教三、ギリシャ・カトリック／スンナ派ムスリム／シーア派ムスリム各一）からなる行政会議が置かれた。一八六四年、レバノン山脈地帯とベイルート沿岸地域は「レバノン独立県」としてオスマン帝国支配から切り離された。

一八六二年、イスタンブル駐在ヨーロッパ諸国大使は、一八五八年土地法が外国人土地保有を無視しているとオスマン政府に異議を唱え、クリミア戦争パリ講和協定第九条にある「一八五六年勅令の尊重」を遵守するように求めた。一八五六年勅令には、「不動産の所有と売却に関する法は、臣民すべてに関して平等であり、国内法に従い、税を支払うことを条件に、外国人にも不動産所有が認められる」（新井 2001:55）の一項があった。一方一八五八年土地法第一〇九条には「オスマン臣民と外国人あるいはムスリムと非ムスリムの間での土地登記書譲渡は禁止される」（ʻAwad, 1969:23）とあり、外交団はレバノンが「自由化」された今こそ、外国人も非ムスリム臣民も国有地を入手できるように土地法を改訂せよと要求した。オスマン政府は一八六七年「外国人不動産法令」を制定し、外国人にオスマン帝国領土内の土地取得を正式に認めるに至った。帝国の土地はイスラム慣行に基づく国有地《ミーリー》原則と農民用益権を維持しながらも、土地証書の効力を通じて実質的には土地の商品化と外国人土地所有が貫徹した。農民は、小作農として在地有力者のみか外国人や非ムスリムの資金力の豊富な者たちの土地所有の下に組み込まれたのである。

第6節　豪商スルスクのパレスチナ巨大地主経営

大規模土地売却

一八六九年、農民への課税強化の影響によって納税不能による土地の没収が進む中、政府は、マルジュ・ビン・アーメル平野のナザレ周辺の一六ヵ村[*]の没収地を「村の土地は分割せず一括購入することを条件に」(al-Jundī, 1986:95) 競売にかけ、ダマスカスやベイルートの富裕層・豪商たち[**]が購入した。政府は一八七二年にも、同じ条件でナザレ付近の五ヵ村[***]の土地を競売にかけ、やはりシリアやベイルートの豪商[****]が買い取った。こうしてパレスチナに、レバノン・シリアの金融業者・豪商たちが大地主として登場した。突出して大規模な土地を所有したのはスルスク家で、先の一六ヵ村の土地のほぼすべてを転売によって手に入れ、五ヵ村の売却地も七五%はスルスク家の所有に帰した (Hamāda, 1982:37)。

* 一六ヵ村は次の通りである。ジンジャール、アル・アフーラ、アル・フーラ、ジャバータ、フナイファス、タッル・シャマーム、タッル・ヌール、マウルール、サムーナ、カファルター、ジャイダー、ベツレヘム、ウッム・アルアマウド、タブウーン、カスカス、シャイフ・バリーク。

** ダマスカスやベイルートの富裕層・豪商たちは次の通りである。スルスク、ティヤーン、サラーム、アル・マトラーン、アル・トゥワイニー、ムルール、ブストゥルス、ファアード・サアダキー・アル・ホーリー、ファラフ、ジャドゥウーン。

＊＊＊　五ヵ村は次の通りである。アル・マジュダル、アル・ハルバジュ、アル・ハーリシーヤ、アル・ヤージューラ、アル・ハリーバ。

＊＊＊＊　主な土地購入者はスルスクとサリーム・アルホーリーで、前者が売却地全体の七五％、後者が一七％を購入した。

豪商スルスク

パレスチナに広大な土地を取得したスルスク家とはどのような一族であったのか。いくつかの証言をもとにして、その姿を描き出してみたい。

スルスク家はベイルートに拠点を置くギリシャ正教徒の銀行家・豪商であった。一七四〇年バルカン方面からレバノンに移住し、一九世紀以降ベイルートを拠点にして富を築き始めた。一八五八年土地法を契機に大土地所有を実現すると共に、銀行家としてアッカにおける棉花と穀物の取引を支配して巨万の富を築き、その後土地所有はトルコ・エジプトにもおよび、一八六〇年ベイルートのキリスト教徒富裕層地区に、巨万の富の象徴たる「スルスク宮殿」を建設した（Int. 情報①による）。またスルスクが銀行家・豪商としてヨーロッパ人との緊密な関係（同上②による）だけでなく、巨大な利益を得る上でトルコ人の官僚や政治家とも金がからんだ親密な関係を築いていたことが、次の証言から知られる。

「スルスクは一八七二年、パレスチナで最良の土地約七〇平方マイルを一万八〇〇〇ポンドで購入した。だがオスマン政府の国庫に納入されたのは六〇〇〇ポンドのみで、残りの一万二〇〇〇ポンドはトルコ人政治家が着服したと噂されている」（Oliphant, 1881 : 330）。

スルスクが土地から得る利益の莫大さは次のコメントにうかがわれる。「スルスク家がマルジュ・ビン・アーメル平野から得る年間収益は二万ポンドを大きく上回ると言われている。だが、私の聞いたところでは四万ポンドに達するという」（同上）。広大な土地購入に要した資金をはるかに上回わる年間収入を生み出す仕組は、次のようになっていた。「スルスクの所有地には二〇以上の村があり、そこでは四〇〇〇人の小作農が働いている」、「スルスクは自分で利子を決め、十分な担保をとって農民たちに金を貸している。小作農たちは全員スルスクに債務を負っている」（同上 : 331–32）。さらに注目すべきことは、スルスクが、国の徴税吏に代わって税を徴収する徴税請負人《ムルタジム》だったということである。次の証言を聞いてほしい。

「スルスクは自所有地における十分の一税の徴税請負人である。小作農たちは一フェダーンにつき作物の十分の一を租税として、スルスクを通じて国に納める。同時にスルスクには、彼の取分として作物の十分の一と現金一〇マジーディー*を渡すのだ」（同上 : 330）。

スルスクは高利貸として農民を収奪すると共に、一八四〇年以降も存続していたムルタジムの地位を利用して、小作農からの徴税の際に自分の取分を上乗せして大きな利益を得ていた。本節冒頭で、ベイルートやアッカからやって来てパレスチナ農民収奪で活気づくキリスト教徒高利貸たちの姿をとらえたが、スルスク家はその代表的存在だったのである。

＊　マジーディーは二〇ピアストル相当のトルコ銀貨。一マジーディーは約四シリング六ペンスに相当した。

第三章

「パレスチナ植民地《コロニー》化」の開幕

第1節　スエズ運河安全保障とシオニズム入植地建設

ユダヤ人の大規模土地購入と入植地建設

一八七五年一〇月、オスマン政府は総額二億ポンドにのぼる債務の不履行を宣言して、帝国財政は破産した。だが国の財政破綻とは関係なく、ヨーロッパ資本が投じられた経済活動は活気に満ちた。一八六三年オスマン政府が帝国臣民の外国領事館勤務を合法化して以来、「外国領事たちが特定宗派住民との関係の緊密化を通じて住民を手なずけ、様々な陰謀をめぐらせてダマスカス州行政に一大混乱をもたらす」（ʻAwad, 1969:323）事態を前にして、一八七四年ダマスカス州はシリア州に改編され、エルサレム県は帝国内務省直轄県として分離された。聖地がヨーロッパ支配地域と化したベイルートの二の舞を恐れたスルタンのこの措置にはお構い無しにヨーロッパの資本と人は流入し続け、七〇年代後半のエルサレムには、金融、貿易、徴税請負、家屋・土地斡旋等に従事する外国人と各国領事保護下の「庇護民（protégés）」が五〇〇〇人に達し、その多くはユダヤ人だった（Schölch, 1986:28）。

一八七八年、エルサレムのユダヤ人がイギリスのシャフツベリー卿と外交官ローレンス・オリファンの斡旋で、ヤーファ近郊のムラッバス村の土地一万ドーナムをレバノン人豪商のタッヤーンから購入し、パレスチナの広大な土地がユダヤ人入植地建設用に売られた第一号となった。購入された土地は一八八一年には、ペタ―・ティクヴァ入植地に生まれ変わった（Barbour, 1969:33; al-Dabbāgh, 1975:⑽48）。同年、ヤーファ近郊のウユーン・カーラ村の土地三三四〇ドーナムが納税不能のため政府に没収されて競売にかけられ、ロシアからのユダヤ人が落札しようとした。これは、スルタン・アブデュル・ハミト二世が発した外国人ユダヤ人のアラブ農地取得を禁じる勅令によっていったんは拒まれたが、在ヤーファ英国領事の地位にあるユダヤ人社会の有力者ハイム・アムザラグが土地を買い取った上でユダヤ人側に譲渡した。そしてその土地はリション・ル・ツィオン入植地に生まれ変わった（al-Rahman, ed., 1979:25–27）。またフランス領事がハイファ近郊に購入した五〇〇〇ドーナムの土地は、ロシアのユダヤ人組織「ホヴェヴェ・ツィオン」*に転売され、それはジクロン・ヤークーブ入植地に変わった（'Arafāt, n.d. :30）。

＊「シオンを愛する者たち」の意。一八八一年四月以降ロシアにおける反ユダヤ襲撃・殺戮（ポグロム）の高まりの中で、ロシア国外へのユダヤ人移民を促進する協会がロシア、ルーマニア、ポーランドの諸都市で、主に若いユダヤ人青年たちを組織母体に設立され、「ホヴェヴェ・ツィオン」もその一つ。青年たちは、オデッサの医師レオ・ピンスケルがパンフレット『自力解放』（一八八二年）において唱えた、「周囲の民族と完全に同化しようとする幻想を捨てて、ユダヤ民族の故国たるパレスチナにおいて土地に根ざした経済的自立を実現することで名誉を回復しよう」との呼び掛けに感化されており、そうした青年たちをパレスチナへ送り出す「ホヴェヴェ・ツィオン」の活動は、富豪ロスチャイルドの援助に支えられてパレスチナへの入植・居住地基盤作りにつながった。「ホヴェヴェ・ツィオン」

は一八八二～一九〇四年のユダヤ人入植・入植地建設の中核をなしたが、入植者たちは理想と現実との大きなギャップに苦しめられることになった。

イギリス・ロスチャイルド協力下のユダヤ人入植活動

一八八二年、ロシアからユダヤ人青年たちがパレスチナにやって来た。彼らの故郷はロシア帝国西部のユダヤ人定住地域（the Jewish Pale of Settlements）内にあり、定住地域は八一年のロシア皇帝暗殺事件に端を発したユダヤ人大襲撃《ポグロム》に見舞われて多くの犠牲者を出し、そのためロシアとその周辺から国外へ移住するユダヤ人が急増したが、その余波がパレスチナにも及んできた。*青年たちは「ホヴェヴェ・ツィオン」のメンバーであり、パレスチナに入植して自らの手で土地を開墾し、ユダヤ人解放の地を建設する夢を抱いてやってきた（Gilbert, 1976:27）。ユダヤ人移民たちは、ペタハ・ティクヴァ、リション・ル・ツィオン、ジクロン・ヤークーブなどの新設された入植地に収容された。

＊　一八八二年のロシアからの移民は、アメリカへ四万人、パレスチナへは三〇〇〇人にのぼった（Gilbert, 1976:29）。

イギリスは、一八三九年にパーマストンが「外国人ユダヤ教徒保護」政策を打ち出して以来、オスマン帝国領パレスチナへやってくる外国籍ユダヤ教徒に対しては領事特権を駆使して様々な便宜を与え、イギリスの息のかかった「庇護民（protégé）」として、オスマン帝国内部に定住化させることに努めてきた。一九世紀半ば以降ヤミン・モシェを先頭に、ユダヤ人入植地建設によって外国人ユダヤ教徒のパレスチナ定住化の数的拡大を見込めるようになり、イギリスは、ムラッバス村やウユーン・カーラ村の場合のように、イギリス領事特権を駆使し、あるいはイギリス人重鎮の力添えによってユダヤ人の土地購入を支援した。国際的大金融資本家ロスチャイルド家の援助がユダヤ人の大規模土地購入と入植地建設を支えていたが、オスマン帝国領パレスチナで外国人が土地購入や入植地建設を進めるには、イギリスの「外国人ユダヤ教徒保護」政策の後ろ楯が必要だった。イギリスにとっても、スエズ運河以東のパレスチナを出来るだけ多くの「外国人ユダヤ教徒」とユダヤ人入植地で埋めることは、スエズ運河の安全保障上望ましいことであった。

エジプト軍事占領とスエズ運河の安全保障

一八七五年一一月、エジプトの対外債務九〇〇〇万ポンドを前にして、ヘディーヴ・イスマイールはエジプトの持つスエズ運河株（全体の四四・四％）を売却し、イギリスがこの運河株を買い取ってスエズ国際運河会社経営の実権を握った。その際、ロンドンのロスチャイルド銀行が購入資金四〇〇万ポンドを融資してイギリスを助けた。ロスチャイルド家は「資本の新たな流出もしくは現存投資価値の大きな変動を伴うところの重大な政治的行動は、すべて、この小さいグループの金融王たちの許可と実際上の援助を受けなければならない」（ホブスン 1951:108-09）と指摘されているように、その金融力はエジプトにおいても絶大な威力を発揮していた。イスマイールは株売却収入を対外債務返済にあてたが利子の一部支払にしかならず、翌七六年一一月エジプト国家財政は破綻した。債権者団体は債務償還を目的に、英・仏二元管理（歳入をイギリス人、歳出をフランス人が担当）体制をエジプト政府内に築き、エジプト財政の監督に乗り出した。

エジプトの巨額債務の発生は、サイード・パシャ治世の一八五四年に開始されたスエズ運河建設工事を起点としており、六九年運河完成までに要した費用は英・仏銀行からの借金三五〇〇万スターリング・ポンドに達しており、その他開発事業費用やエジプト支配層の浪費とも重なって債務は冒頭に述べた九〇〇〇万ポンドの巨額に達した。運河建設はエジプト国民にとっては苦しみの元凶であり、債務累積に伴う増税の原因になると共に「掘削工事は強制労働ですすめられ、エジプト人労務者・農耕民一二万人の命を奪った」(al-Khūlī, ed., 1976:18)。

スエズ運河建設特許はフランスが獲得し、イギリスは当初、フランスが運河開通によってエジプトおよびインド・ルート沿いのイギリス権益を脅かすとして運河建設に強力に反対した(Fawzī, 1958:48-49)。だが一八六九年運河完成後、イギリスはスエズ運河をインド・ルートの戦略的要衝と位置づけ、それを自己管理下に置く機会を待った。

ムハンマド・アリーの帝国建設解体後のエジプトは、一八六一年アメリカ南北戦争による棉花の枯渇状況を前にして、イギリス向け棉花供給地として再開発された。棉花ブームと英・仏二元管理体制下、バールーディ外国人内閣の増税強化のもとで、王族・豪農の所領においては「シリア・ギリシャ人高利貸が農耕民に法外な利子で金を貸して証文を書かせ、混合裁判所(一八七一年一二月開設)ではその証文をもとに、外国人裁判官が外国法に基づいて農民の土地を没収する判決を下す」('Āmir, 1958:89)光景が増えた。一八八二年六月アレキサンドリアで、外国人内閣辞職要求・ギリシャ人高利貸排撃の住民暴動が勃発、エジプト軍人アラービーの指導する「エジプト人のエジプト」を唱えるエジプト革命運動の展開に、七月イギリス軍が投入され、九月アラービー軍を撃退、そのままイギリス総領事クローマーのエジプト占領統治に移行、イギリス軍は念願のインド・ルートの要衝スエズ運河地帯を英軍直接管理下に置いた。と同時に運河以東のシリア南部（パレスチナ）一帯（サンジャック・エルサレム）を掌握することが、運河の安全保障上の残された重要課題として浮上してきた。イギリスにとっては、パレスチナの土地を具体的に確保することが重要になってきたのである。

第2節　ユダヤ人入植地建設とアラブ農民の土地耕作権の喪失

アラブ農耕民のユダヤ人入植地襲撃

富豪ロスチャイルドの資金が大規模土地購入に注がれることで、パレスチナに広大な土地を有するべイルートの商人や富豪が大きな利益を得る機会が生まれた。土地との結びつきの希薄な彼らは、利益が見込めれば、躊躇なく土地を手放した（al-Kayyālī, 1973:48）。不在地主がユダヤ人に土地を売ることで、広大な土地が入植地へと変わっていくことに抗議するアラブ住民の声が高まり、スルタン・アブデル・ハミト二世は、ユダヤ人のパレスチナでの国有地購入および帝国臣民のユダヤ人向け土地売却を禁じる勅令を発したが（'Awad, 1983:132）、ヨーロッパ諸国は「外国人保護」を理由に異議を唱え、実際には勅令の効き目はほとんどなかった。

スルタン・アブデル・ハミト二世の治世（一八七六〜一九〇八年）は、憲法も議会も停止した独裁体制として悪名高く、民衆の政治的行動は厳罰に処せられた。にもかかわらず一八八六年、ムラッバス村とアル・マスミーナ村の元農民たちがペター・ティクヴァとフルダのユダヤ人入植地を襲撃し、自分の意志に反して土地から立ち退かされた怒りをユダヤ人入植者たちにぶつけた（同上:48-49）。アラブ農民は何代もの間土地耕作権を保障されて、共同土地所有《ムシャーア》のもとで一丸となって労働し生活の糧を得てきており、そのことは、一八六一年土地登記法を境に彼らが土地所有（保有）権を失って小作農に転化しても変わらなかったのだ。

しかし、ベイルートやシリアの不在地主が土地をユダヤ人に売却すると、事態は一変した。アラブ農民たちは土地から追い出され耕作権も失い、路頭に迷う危機に瀕することになった。そして、ペター・ティクヴァ周辺のアラブ農民にとっては腹に据えかねる、次のような事態が出現した。「ペター・ティクヴァ入植地では、農耕民にとって重要な小麦・とうもろこしの生産が放棄されて全く見当たらなくなった」（一八九七年ラメン神父の証言、[al-Hallāq, 1978:140-41] より引用）。

またユダヤ人移民が、アラビア語を理解せず農民たちと没交渉なことや、アラブの農法に無知なこと、他人の土地への立入りや農閑期に遊牧民が入り込むことは何の問題もない等々の、アラブの慣行を知ろうともしないことに、住民たちは反発したのである（al-Kayyālī, 1973:48）。

ユダヤ人入植者の苦悩

ユダヤ人入植者たちも苦悩していた。パレスチナでは一一月から二月にかけて雨期がやってくる。ペター・ティクヴァやジクロン・ヤークーブの入植地では、その季節になると泉から溢れた水や雨水で沼ができ、沼は夏の終わり頃まで姿を消さず、暑い季節にはマラリヤ蚊の発生源と化して（Smilansky, 1935:12）、農耕作業には大いに手を焼いていたのだ。

「長い間、都市生活の習慣が身についたユダヤ人が一夜にして農業労働者に変身するのは、ロシアにおいてさえ容易でないのに、ましてや気候にも慣れず土壌の地質も皆目分からぬパレスチナとなればなおさらであった」(Baratz, 1960:14)。

入植地建設は始まったばかりで、多くの働き手が必要だったにもかかわらず、ユダヤ人入植者の数は決定的に不足していた。そのような中で、ユダヤ人入植者側から周辺のアラブ農民に接近し、次のような光景が出現することもあった。

「ユダヤ人農民がアラブ労働者を雇い、両者はお互いの家や耕地を訪問し合った。アラブの農耕民たちは家に帰ると、ユダヤ人の旦那は賃金をはずむ良い人達だと話していた。……入植者とアラブ地主との間にも友好的な関係が築かれた。ユダヤ人農民とアラブ村のシャイフが馬を共同で購入・飼育して交互に利用し合い、また羊や牛を共同飼育するということもあった」(ユダヤ入植協会関係者の証言、[Barbour, 1969:114] より引用)。

一八九一年、ロシアの「ホヴェヴェ・ツィオン」の指導者アハド・ハアムは、初のユダヤ人入植地訪問後に次のような意見を述べた。

「エレツ・イスラエル(パレスチナのこと――引用者)の外側にいるわれわれは、そこがいまやほぼ完全に不毛の土地であり、土地を買いたい者は好きなだけ入手できると信じてきた。だが実際には作物無き土地など、国中探しても見つからない。耕作に不向きなのは砂地と岩山だが、そことて果物の樹木が茂っていたりする。非耕地の開墾は、並々ならぬ労働と排水・整地のための多大な費用を投ずることなしにはむずかしい。……だがわれわれのパレスチナでの生活が発展し、現地住民の諸権利を侵すことになれば、そのときアラブは簡単には引き下がらないだろう」([Ha'am, 1891]

の報告)。

一八九八年段階のユダヤ人入植地は一八ヵ所で、大半は「村」とは呼べない貧弱な入植地であり、入植者数も四五〇〇人にとどまっていた(Marvin, 1958:276)。ユダヤ人入植初期段階では、パレスチナの現実を度外視した入植地建設への疑念や、アラブ住民との共同作業の萌芽が入植者側に生まれ始めていたが、しかしそれは束の間のことで終わってしまった。

シオニズム・イデオロギーに支えられた入植地

一八九六年、テオドール・ヘルツルはユダヤ人入植・入植地建設はユダヤ民族国家実現の取組み(シオニズム)であるとの持論を『ユダヤ人国家』に著し、翌年世界シオニスト会議を主催して世界シオニズム機構を立ち上げた。彼は初代総裁として、パレスチナでのユダヤ人入植者による入植地建設活動の大規模で組織的な展開に大きな役割を果たすことになった。同機構はユダヤ人富裕層の支持者たちから寄付金を集めて、「ユダヤ民族基金(JNF)」(一九〇一年)、資金運用の「アングロ・パレスタイン銀行」(一九〇五年)、購入地の整備・開発に当たる「パレスチナ土地開発基金(PLDC)」(一九〇八年)を設置した。

ヘルツルは、著書の中で次のように述べている。

「パレスチナは我々の忘れられぬ歴史的故国である。……ヨーロッパのために我々はその地でアジアに対する防壁の一部を作り、野蛮に対する文化の前哨の任務を果たすであろう。我々は中立の国家として、我々の存在を保障せねばならない全ヨーロッパと連携するであろう」(ヘルツル

1991:33-34)。

一九世紀末、ヨーロッパの反ユダヤ主義の高まりの中で、パレスチナにおける「ユダヤ人国家」建設こそがユダヤ民族の解放実現につながるとのヘルツルの主張は、東欧の隔離地区に閉じこめられていた多くのユダヤ人青年たちを引きつけた。

ヘルツルは「文化」と「野蛮」を口にする一方で、一八九八年の最初のエルサレム訪問時には次のように述べていた。

「狭く悪臭漂う通りには、二〇〇〇年に及ぶ残酷、不寛容、不潔さが異様なかたちで堆積している」、「労働者住宅は城壁の外側に建て、ネズミの巣たる不潔な建物群を取り壊し、聖跡でない廃墟はすべて焼き尽くし、バザールは他に移転させ、そのあとで古代建築様式を極力活かした風通しの良い、下水設備の整った快適な現代風の建物群の中央に聖域を配した新しいエルサレムを建設したい」(一八九八年一〇月三一日のヘルツルの日記、[Marvin, 1958:283-84] より引用)。

以上の引用中には、アラブ住民への言及はない。アハド・ハアムとは対照的にヘルツルは、自らの側からの「パレスチナ」語りに終始していた。ヘルツルの「ユダヤ人国家」論に沿ったユダヤ人入植地建設の取組みが、一八九〇年代末期から二〇世紀初頭にかけて、世界シオニズム機構の諸機関を通じて彼の信奉者たちによって急激に展開していくのである。

シオニズム入植地の拡大

一九一〇年秋、ベイルートの不在地主スルスクがナザレのアル・フーラ村の土地九五〇〇ドーナムを

「パレスチナ土地開発基金（ＰＬＤＣ）」に売却し、多くの小作農民たちが立ち退かされる事態に立ち至りたとき、ナザレ郡長官のアルアスリーはその土地の登記を認めなかった（Avneri, 2009:112–13）。スルスクとＰＬＤＣの圧力を受けたトルコ人のベイルート州知事とアッカ県知事がアラブ郡長官を説得したが、彼は「アル・フーラ村の土地からユダヤ人が手を引くまで闘う」として登記を認めず、シオニスト側がメルハヴィヤ入植地建設準備のためアル・フーラ村に現れると、警官隊を派遣して彼らを追い払った（同上）。

しかし結局、土地の登記はベイルートで行われた。アラブ小作農たちは補償金を渡されて土地から立ち退かされ、メルハヴィヤ入植地建設が開始され、そして入植地は翌年には完成し、アル・フーラ村は消え去った。

メルハヴィヤ入植地周辺の警備は「ハショメール*」のメンバーが担当し、放牧の羊を連れて付近を移動するアラブ遊牧民や近隣のスーラム村住民たちと頻繁に衝突した。村住民を射殺して入植地住民が報復を怖れて緊張する場面もあった（同上:113）。「ハショメール」のメンバーたちは、一九〇四年以降ロシアから到着した青年男女**で構成され、その献身的な活動ぶりは「シオン労働者組織（ポアレ・ツィオン Poale Zion）***」のメンバーであるところからきていた。一九〇八年春、ヤーファで発生したアラブ人労働者とユダヤ人労働者の衝突の「緊張を高めた責任は大部分ポアレ・ツィオンの青年たち」にあり、「彼らは大きな棍棒を持ち一部の者はナイフやライフル銃で武装して街をうろついており、アラブ人に対しては傲慢で蔑視するような態度をとっていた」（アングロ・パレスタイン銀行支店長の報告、［ラカー 1987:315–16］より引用）という。

＊　ユダヤ人入植地からのアラブの労働者や警備員のボイコットが進む中で、一九〇八年アラブに代わる自警組織とし

パレスチナにおけるユダヤ人入植地分布図（1914年）

（解説） ●はユダヤ人入植地．以下①〜⑥は本文で触れたもので，（　）内は設立年，消失したアラブ村落名，本文関連頁を示す．

①メルハヴィア（1912年，アル・フーラ村，272-73頁）
②ジクロン・ヤークーブ（1881年，264・69頁）
③ペター・ティクヴァ（1881年，ムラッバス村，265・268-69頁）
④リション・ル・ツィオン（1881年，ウューン・カーラ村，265頁）
⑤フルダ（？年，アル・マスミーナ村，268頁）
⑥ヤミン・モシェ（1862年，アル・マーリハ村，253頁）

○は主要都市．
□はユダヤ人都市（1909年完成）．

斜線地域はパレスチナで最も地味豊かなマルジュ・ビン・アーメル平野．

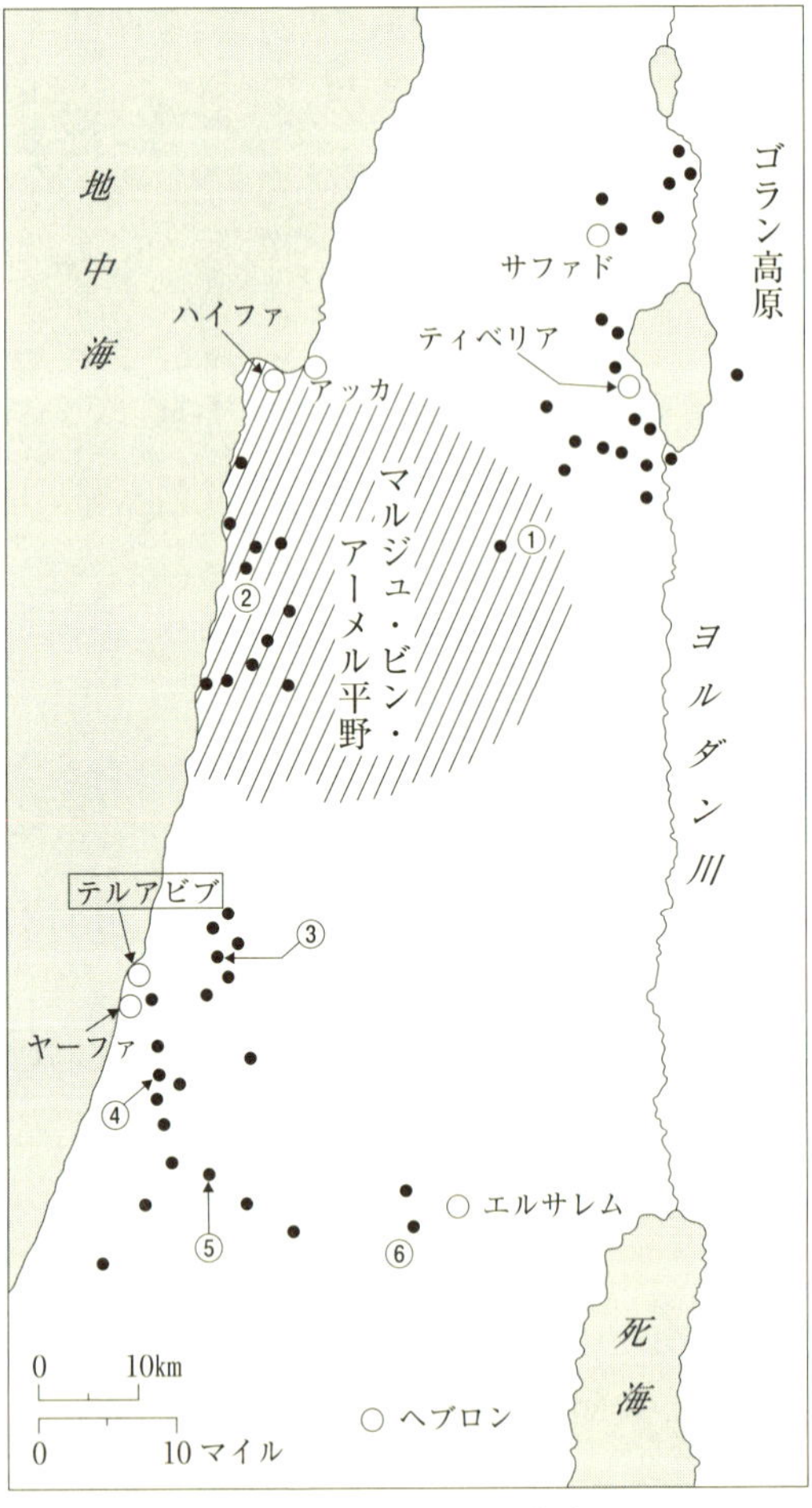

出典：［Martin, 1979 : 29］を参考に加工作成．

て結成された。

** 「第二アリア」期（一九〇四〜一四年）のシオニスト移民として三万五〇〇〇〜四万人がパレスチナにやって来た。

*** 一九〇二年にベン・グリオンが、パレスチナへの移住と労働を呼び掛けるために組織、「エレツ・イスラエルにおけるすべての労働部門のユダヤ人による征服はシオニズム実現の不可欠の条件である」との綱領を発表した。

入植者たちの武器を所持し反アラブ意識に根差した組織活動の一方で、シオニズム機構は豊富な資金を投入し、帝国の腐敗に乗じて、不正・違法な形での入植と入植地建設拡大を図っていった。シオニズム機構総裁ワイツマンは次のように語っている。

「ユダヤ人入植者はいつでも官憲に国外退去させられ得ることも、トルコの法律がユダヤ人のパレスチナでの土地取得を禁じていることも承知していた。……しかし、入植者は追放されずに定住していき、土地の購入は偽の名義人を立て賄賂を用いて進められた。トルコ人官憲の腐敗ぶりはロシアとは比べようもないほどにすさまじく、家屋は法律に違反して次々と建てられた。入植地建設初期には小規模だった入植地が、賄賂のばらまきの中で、様々な口実を設けて、次々に建設されていった」（Weizman, 1949:41）。

こうして、パレスチナにおけるユダヤ人入植者は増え、入植地の規模は拡大して行った。オスマン帝国末期の一九一四年には、ユダヤ人入植者は一万一九九〇人（パレスチナのユダヤ人総数は八万五〇〇〇人）、ユダヤ人入植地は四七ヵ所（ユダヤ機関パレスチナ統計局報告、['Awad, 1983:64]より引用）、四一万八一〇〇ドーナム（ユダヤ民族基金報告書五一一八七八号、[Stein, 1984:226]より引用）に達した（「パレスチナにおけるユダヤ人入植地分布図」参照）。

むすびにかえて――イギリス支配下のパレスチナの土地

一九一四年一〇月、第一次世界大戦が勃発した。オスマン帝国は枢軸国側に加わって参戦したが、一五年七月、メッカのシャリーフ・フセインはアラブ民族の代表としてイギリスとの間に、オスマン帝国アラブ諸州を領土とするアラブ独立国家の樹立承認と引き換えに、反トルコ蜂起することによってイギリス軍の対トルコ戦支援を約束し（フセイン・マクマホン合意）、この協定に基づきアラブ反乱軍は一七年七月、スエズ運河を挟んでイギリス軍と対峙していたトルコ軍を背後から急襲、これに壊滅的打撃を与え、その後もイギリス軍と連合して敗走するトルコ軍を追って北上して行った。かくして大戦の結果オスマン帝国は、最終的に崩壊したのである。

一九一七年一一月二日、フセイン・マクマホン合意に反する密約（バルフォア宣言）について、イギリス外相バルフォアから大富豪エドモンド・ロスチャイルドに宛てた書簡の中には次のように記されていた。

「イギリス政府は、パレスチナにユダヤ人の民族的郷土《ナショナル・ホーム》を設立することに賛成し、その目的達成を容易にするため最善の努力を払うであろう。ただし、パレスチナに現存する非ユダヤ人社会の市民的かつ宗教的諸権利、あるいは他の諸国におけるユダヤ人の享受する諸権利ならびに政治的地位をなんら損わないことは、明白に了解されている」(Weizman, 1949:256)。

署名はイギリス外相だが、書簡は世界シオニズム機構総裁ハイム・ワイツマンを中心にシオニストたちが文案を練り、それをクローマー元エジプト高等弁務官、エドワード・グレイ、ロード・ミルナーなどのイギリス政界におけるシオニズム信奉者たちの支援で政府に持ち込み、イギリス植民地へのユダヤ人入植構想を抱いてきたロイド・ジョージ首相やバルフォア外相の了承を得て、書簡として完成させたものだった(Weizman, 1949:253-62;Marivin, 1958:xxii-xxiii)。

イギリス政府の確約を得たことで、シオニズム運動にとってパレスチナにおける「ユダヤ人国家」建設の目標はにわかに現実味を帯びてきた。一方イギリスは、インド・ルートの要衝スエズ運河の安全保障のためパレスチナ占領を目前にしており、バルフォア宣言により、パレスチナにおける外国人ユダヤ移民の入植と入植地建設拡大の実績を積んできたシオニズム運動を利用して、パレスチナのイギリス植民地支配へと乗り出した。

一九一七年一二月八日、パレスチナのアラブ住民はイギリス占領軍をトルコによる圧政からの解放者として歓迎したが、バルフォア宣言のことはまったく知らされていなかった。やがて明らかになってきた同宣言は、アラブにとっては到底認めることの出来ない内容だった。

バルフォア宣言に記された「ユダヤ人」のための「ナショナル・ホーム(事実上のユダヤ人国家)」の建設がアラブを脅かすのは、これまでの彼らのやり口から見ても明らかだった。イギリスの庇護する「外国人のユダヤ人(foreign protégé)」はアラブ住民にとって、イスラム世界で隣り合って暮らしてきたユダヤ人（教徒）《ジンミー・ヤフーディー》とは全く異質の存在であり、彼らは入植地建設のために、アラブ農民が先祖代々にわたって開墾・用益してきたパレスチナの土地を、金に物を言わせて、スルスクなどの巨大不在地主たちから手に入れ、耕作権という農民の生きる糧を認めず組織的に追い出すことに終始してきた連中であった。

「われわれはシオニストを客人として受け入れてきたが、シオニストたちはトルコ人の支配下においても悪辣な狼藉振りを発揮し、幾人もの弱い非ユダヤ教徒を殴打したり、自分たちの入植地に閉じ込めたり、入植地を通り過ぎるのさえ許そうとしなかった」（一九一八年英軍司令官アレンビー宛てヤーファ・ムスリム＝クリスチャン協会抗議書、［al-Ḥūt, ed. 1984:1］より引用）。

この抗議書からも明かなように彼らの入植地建設は、パレスチナの共存型平和を脅かす危険な営みであると見做されていた。

またバルフォア宣言には「パレスチナに現存する非ユダヤ人社会（the existing non-Jewish communities of Palestine）」とあり、ムスリムとキリスト教徒の住民は「非ユダヤ人」の表現に、強く反発して次のように語っている。

「アラブがパレスチナ人口の九二％（一九一七年）を占めているにもかかわらず、ユダヤ人に従属的な取るに足りない少数民族だとの偽りの印象を植え付けて、ゆくゆくはアラブの土地所有権・居住権を奪い取ろうとする狙いである」（Hadawi, 1979:14）。

一九一八年五月、イギリス占領下エルサレムには世界シオニズム機構総裁ワイツマンが滞在中で、「パレスチナの土地は二千年来ユダヤ人のものである」と述べ、また「旧約聖書」に基づき「アブラハムはユダヤ人の預言者である」と主張し、「アブラハムに約束されたパレスチナはユダヤ人のものだ」、「われわれはパレスチナに来るのではない、戻るのだ！」と講演中に繰り返し叫んでいたという（先の抗議書による）。

イギリスはバルフォア宣言に先立って、もう一つの密約（サイクス・ピコ協定）を仏・露と結んでいた（一九一六年五月）。三国の密約によれば、アラブ独立予定地は英・仏間で分割されることになっており、パレスチナは列強による国際管理地域化が図られ、アラブの独立は英・仏支配地域での保護国としてのみ許されていた。フセイン・マクマホン合意に違反する二つの秘密協定によって、アラブがトルコ支配からの独立後に実現しようとしていた「イスラムの多民族共存型統治システムの再生」の取組みは、完全に葬り去られたのだ。

イギリスの「庇護民（protégé）」たる「外国人ユダヤ人（教徒）」のシオニストは、一九二〇年以降成立したイギリス委任統治領パレスチナにおいて「パレスチナ国民」の資格を与えられ、シオニズム擁護の土地政策に守られてユダヤ人入植と入植地建設拡大を推進することによって、イギリスのパレスチナ植民地経営とその結果としてのインド・ルート防衛に、大いに貢献することになった。

第二次世界大戦後、シオニスト擁護の役割はイギリスからアメリカに移り、一九四七年一一月、国連総会における「イギリス委任統治終了後のパレスチナ分割案」はアメリカの強力な根回しで可決され、シオニストは念願の「ユダヤ人国家」の実現にこぎつけた。翌四八年五月に誕生したイスラエルは、「非ユダヤ人」の存在を認めず、その財産を没収する政策*を打ち出し、領土的膨張に乗り出した。イスラエルは、パレスチナに残されたアラブの土地を占領・併合して自らの入植地に変えてしまうという行為を

アラブ民族「独立」の挫折の過程

(A 図：解説) 1915 年 5 月，アラブ民族中央委員会（アラブ諸地域指導者層の結集体）は，トルコ支配を離脱して外国人諸特権を廃したアラブ独立国家を樹立する方針（ダマスカス綱領）を決めた．メッカのシェリーフ・フセインは民族代表として，反トルコ蜂起と引き換えにイギリスからアラブ独立承認を引き出す会談に臨み，同年 7 月のイギリス宛の書簡でアラブ独立国家予定地域（A 図内に太線で囲んだ領域）を示した．イギリスはアラブ独立承認を表明してアラブ蜂起を利用する一方で，フランスと共に秘密裡にアラブ地域支配に向けて画策し（B 図・C 図），最終的にはアラブ民族独立予定地を英・仏で分割して「アラブ独立」を葬り去ることになった．

(B 図：解説) 1915 年 10 月，12 月のフセイン宛の書簡で，イギリスは「メルシンとアレキサンドレッタ両地域およびダマスカス，ホムス，ハマ，アレッポの西側地域は純粋にアラブ地域とは言い難く，(アラブ領土として) 求められている地域から除外されるべきである」と要求した（John, 1970:32-33, 37, 39）．イギリスは秘密裡にフランスとオスマン帝国崩壊後のアラブ領土の取扱い

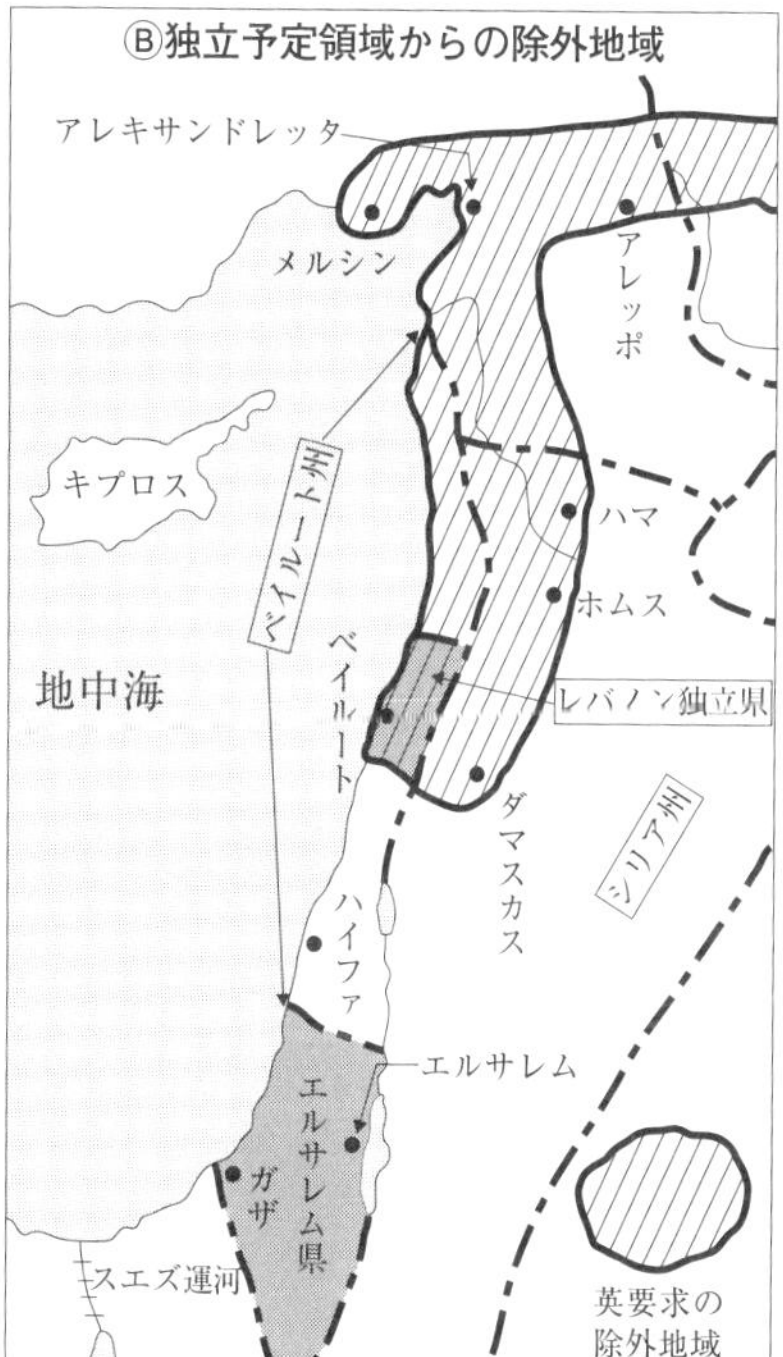

Ⓑ独立予定領域からの除外地域

を協議しており，そうした中で出された要求は，オスマン帝国治下で外国支配地域化した「レバノン独立県」などフランスの息のかかった地域をはずせということであり，外国人特権を否定する「アラブ独立」の方向と対立する要求であった．

(C図：解説) 協定はアラブ領土を5分轄しアラブ国家を英・仏のⅠ・Ⅱ地域の属領と位置づけた．

Ⅰ地域：フランス勢力圏
Ⅱ地域：イギリス勢力圏
Ⅲ地域：フランス直轄支配圏
Ⅳ地域：イギリス直轄支配圏
Ⅴ地域：国際管理地域

イギリスによる「アラブ独立」正式承認2ヵ月後にこの秘密協定は締結され，アラブはその存在を知らずに反トルコ蜂起を開始した．アラブ領土分轄計画は第一次世界大戦後，英・仏委任統治領の形で実現し，「アラブ独立」は完全に葬り去られた．バルフォア宣言(密約)が「ユダヤ人国家」建設予定地と定めたパレスチナは，イギリス委任統治領の中に埋め込まれた．

出典：[John, 1970] の地図を参考に作成．

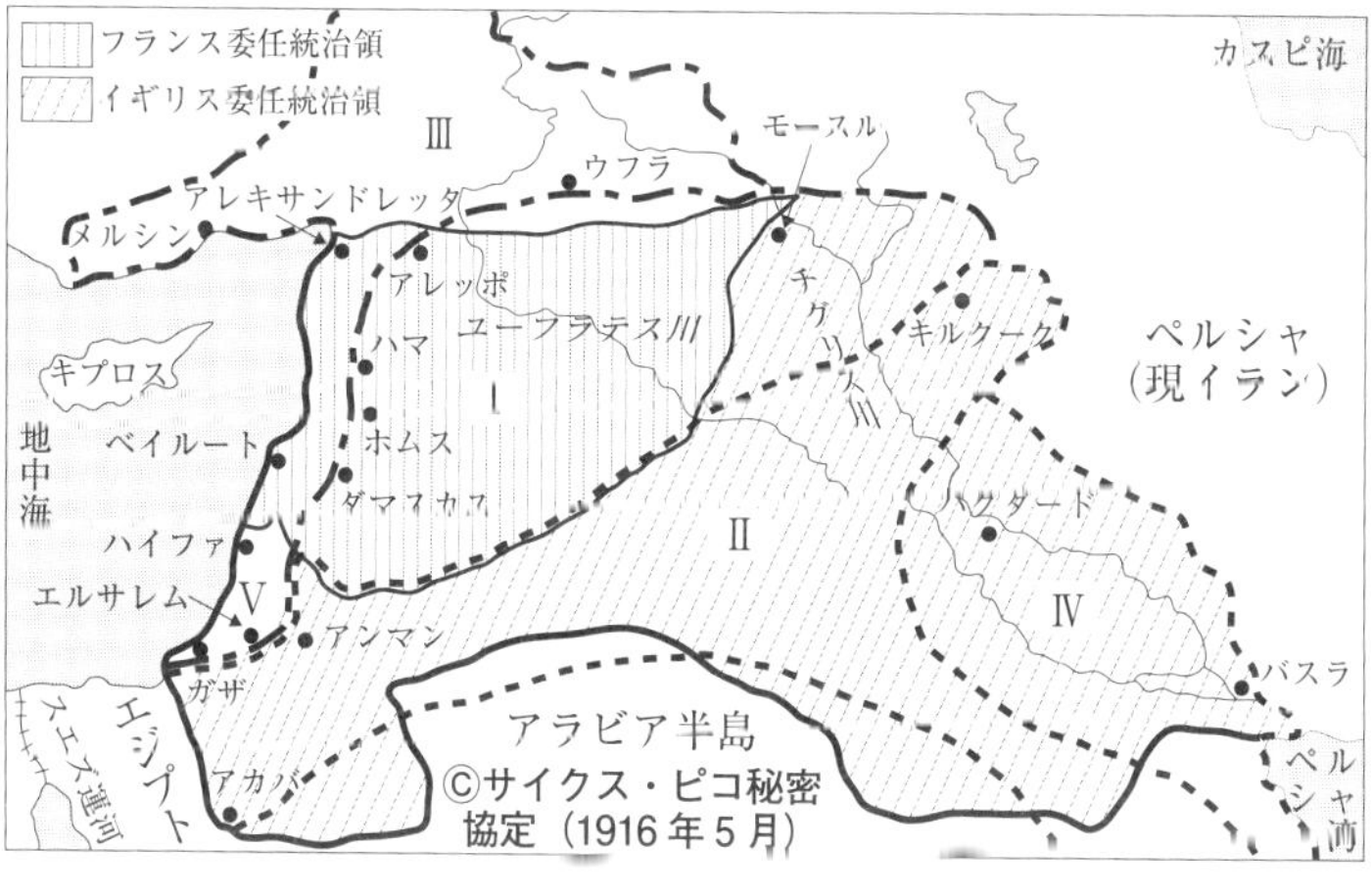

Ⓒサイクス・ピコ秘密協定（1916年5月）

二一世紀の今も休みなく続けており、その一方で湾岸産油国から先進消費国へと延びる石油輸送ルートの要衝であるスエズ運河と東地中海を防衛する中東最強の軍事国家として、アメリカの巨万の富と利益を維持することに貢献しているのである。

＊一九五〇年制定の「帰還法」は「ユダヤ人」を「本人ないし母親がユダヤ教徒」と規定し、イスラエルの市民権をユダヤ人以外には認めなかった。「非ユダヤ人」とされたアラブ住民は、同じ年に制定された「不在者財産法」（不在者の財産は没収し国家の不在者財産管理人に移管される）における「不在者（absentee）」（一九四七年一一月二七日=国連パレスチナ分割決議日以降にイスラエル支配地域を離れた非ユダヤ人）の規定によって国内にとどまることを許されず、大半が国外追放された。国内にわずかに残った者は「不在者住民」（present absentee）という奇妙な位置づけをされ、一九五二年制定のイスラエル国籍法により国籍は認められたものの市民権は認められず、諸権利を奪われたイスラエル下層社会の窮状を押しつけられて、今日に至っている。

参考文献・引用文献一覧

※本文中では、原則として、当該箇所に［著者・執筆者名　著書・論文の発行年：参照頁数］の形式で掲出。

①日本語文献

新井政美 2001：『トルコ近現代史』みすず書房。

アラブ連盟・毎日新聞社編 1981：『エルサレム問題を考える』毎日新聞社。

板垣雄三 1991：『歴史の現在と地域学――現代中東への視角』岩波書店。

板垣雄三 2012：「人類が見た夜明けの虹」、『歴史評論』二〇一二年一月号。

石田　進 1974：『帝国主義下のエジプト経済』御茶の水書房。

岩波講座『世界歴史』1969・71：「8西アジア世界」「22帝国主義時代Ⅱ」岩波書店。

臼杵　陽 2001：『イスラムの近代を読みなおす』毎日新聞社。

大岩川和正 1983：『現代イスラエルの社会経済構造――パレスチナにおけるユダヤ人入植村の研究』東京大学出版会。

加藤　博 1995：『文明としてのイスラーム――多元的社会叙述の試み』東京大学出版会。

ゲルナー、アーネスト 1991：宮地美江子・堀内正樹・田中哲也訳『イスラム社会』紀伊國屋書店。

サイード、エドワード 2004：杉田英明訳『パレスチナ問題』みすず書房。

佐藤次高 1991：『マムルーク――異教の世界からきたイスラムの支配者たち』東京大学出版会。

鈴木　薫 1993：『オスマン帝国の権力とエリート』東京大学出版会。

鶴見太郎 2012：『ロシア・シオニズムの想像力』東京大学出版会。

中岡三益・板垣雄三 1959：『アラブの現代史』東洋経済新報社。

永田雄三・羽田正 1998：『成熟のイスラーム社会』中央公論社。

日本イスラム協会編 2002：『新イスラム事典』平凡社。

林佳世子 1997：『オスマン帝国の時代』山川出版社。
藤田　進 1989：『蘇るパレスチナ——語りはじめた難民たちの証言』東京大学出版会。
藤田　進 1992：「占領下エルサレムのアラブ民衆」、『歴史学研究』一九九二年七月号。
藤田　進 2010：「故郷喪失者が問う地域——パレスチナ難民の現場から考える」、首都大学東京・都市教養学部人文・社会系国際文化コース編『メトロポリタン史学』第六号。
ヘルツル、テオドール 1991：佐藤康彦訳『ユダヤ人国家』法政大学出版局。
ホブスン、J・A 1951・52：矢内原忠雄訳『帝国主義論　上・下』（岩波文庫）岩波書店。
三木　亘 1998：『世界史の第二ラウンドは可能か——イスラム世界の視点から』平凡社。
ラカー、ウォルター 1987：高坂誠訳『ユダヤ人問題とシオニズムの歴史』第三書館。
ラブキン、ヤコブ・M 2010：菅野賢治訳『トーラーの名において——シオニズムに対するユダヤ教の抵抗の歴史』平凡社。

②アラビア語文献
Aḥmad, ʻAbd al-Raḥman, ed., 1979: *filasṭīn al-thawra*, 1979/10/8, Cyprus, Bisan Press & Publication Institute.
ʻAlī, Muḥammad Kurd, 1952 (1st. ed., 1925–28): khiṭat al-shām, 6vols. Damascus, Ghūṭa Dimashq.
ʻĀmir, Ibrāhīm, 1958: al-arḍ wa al- fallāḥ: al-masʼalat al-zirāʻīya fī miṣr, Cairo, Maṭbaʻat Dār al-Miṣrīya.
ʻArafāt, Jumair (ed.) n.d.: *min dhākira al-waṭan al-qurā al-filasṭīnīya al-muhajjara fī qaḍā ḥaifā*, Nazare, al-Mashhid.
al-ʻĀref, ʻĀref, 1986: *al-mufaṣṣal fī tārīkh al-quds*, Jerusalem, Maṭbaʻat al-ʻĀref.
ʻAwaḍ, Muḥammad, 1969: *al-idārat al-ʻuthmānīya fī wilāya sūrīyā 1864–1914*, Cairo, Dār al-Maʻārif.
ʻAwaḍ, Muḥammad, 1983: *muqaddima fī tārīkh filasṭīn al-ḥadīth 1831–1914*, Beirut, Maktabat al-Muḥtasib.
al-Dabbāgh, Muṣṭafa Murād, 1975: *bilādnā filasṭīn*, 10vols, Beirut, Dār al-Ṭalīʻa.
Fawzī, Jirjis, 1958: *dirāsāt fī tārīkh miṣr al-siyāsī mundh al-ʻaṣr al-mamlūkī*, Cairo, Maṭbaʻat al-Dār al-Miṣrīya.

al-Ḥāllaq, Ḥassan ʻAlī, 1978: *mawqif al-dawlat al-ʻuthmānīya min al-ḥarakat al-ṣahyūnīya 1897-1909*, Beirut, Dār al-Hudā.

Ḥamāda, Ḥusayn, 1982: *tārīkh al-nāṣira wa qaḍāhā*, Amman, Dār al-Manār lil-nashr.

Ḥanā, ʻAbdullā, 1990: *al-ʻāmmīya wa al-intifāḍāt al-fallāḥīya fi jabal ḥawrān 1850-1918*, Damascus, al-Ahālī.

al-Ḥūt, Nuwayhiḍ, ed., 1984: *wathāʼiq al-ḥarakat al-waṭanīya al-filasṭīnīya 1918-1939, min awrāq akram zuʻaitar*, Beirut, Muassasa al-Dirāsāt al-Filasṭīnīya.

Jonathan Dimblbī wa Dunald Māk Kūrin, n.d.: *al-filasṭīnīyūn*, Beirut, al-Dār al-ʻArabīya lil-Mawsūʻāt.

al-Jundī, Ibrāhīm Radwān. 1986: *siyāsīyat al-intidāb al-barītānīya al-iqtiṣādīya fi filasṭīn 1922-1939*, Amman, Dār al-Karmal.

al-Kayyālī, ʻAbd al-Wahhāb, 1973: *tārīkh filasṭīn al-ḥadīth*, Beirut, al-Muassasa al-ʻArabīya.

al-Khūlī, Luṭfi, ed., 1976: al-ṭalī a, 1976 April, Cairo, Muassasat al-Ahrām.

Saʻīd, ʻAlī , 1979: shay'un min tārīkhnā, Jerusalem, Wikālat Abū ʻUrfa lil-Ṣiḥāfa.

Ṣāigh Anīs, ed., 1984: *al-maʼsūʻa al-filasṭīnīya*, 4vol.s, Damascus, Haʼīʻat al-Maʼsūʻa al-Filasṭīnīya.

Tūmā, 'Amīr, 1985: *Tārīkh masīra al-shuʻūb al-ʻarabīya al-ḥadīth*, Acca, Dār al-Aswār.

Wajīḥ, Kuthrāni, 1986: *al-ittijāhāt al-ijtimāʻīya al-siyāsīya fi jabal Lubnān wa al-mashriq al-ʻarabī 1860-1920* (al-Lajnat al-Waṭanīya al-Markazīya lil-Muhajjarīn n.d.: *al-muhajjarūn ḍaḥāyā al-mukhattit al-inʻizālī*, Beirut, Dār al-Nahār).

③欧米語文献

Antonius, George, 1938: *The Arab Awakening*, London, Hamish Hamikton.

Avneri, Ariel L., 2009 (1st. ed., 1984): *The Claim of Dispossesion : Jewish Land-Settlement and the Arabs 1878-1948*, New Brunsk and London, Transaction Books.

Baratz, Joseph, 1960 : *A Village by the Jordan —Story of Degania*, Tel Aviv, Reference Liabrary.

Barbour, Nevill, 1969 (1st. ed., 1946) :*Nisi Dominus —A Survey of the Palestine Controversy*, Beirut, The Institute for Palestine Studies.

Crouchley, A.E., 1938: *The Economic Development of Modern Egypt*, London, Longmans.

Gilbert, Martin, 1976: *The Jews of Russia —Their history in maps and photography*, Jerusalem, Steimatzky and the Jerusalem Post.

Ha'am, Ahad, 1891:"Truth from the Land of Israel", Paul R. Mendes-Flohr (ed.), 1983:*A Land of Two Peoples*, Oxford University Press.

Hadawi Sami, 1979: *Bitte Harvest, Palestine Between 1914-1979*, New York, The Caravan Books.

Halevi, Ilan (tr. by A.M. Berret), 1987: *A History of the Jews*, London, Zed Books.

John, Robert & Hadawi, Sami, 1970: *The Palestine Diary*, 2vol.s, Beirut, The Palestine Research Center.

Marvin, Lowenthal, 1958: *The Diaries of Theodor Herzl*, London, Victor Gollancz.

Newton, Frances Emily, 1948: *Fifty Years in Palestine*, London, Coldharbour Press.

Oliphant, Laurence, 1881: *The land of Gilead, with excursions in the Lebanon*, New York, D. Appleton.

Oliphant, Laurence, 1887: *Haifa or Life in Modern Palestine*, London, William Blackwoodand Sons.

Pappe, Ilan, 2004:*A History of Modern Palestine —One land, Two Peoples*, Cambridge, Cambridge University Library.

Poliak, A.N., 1977 (1st. ed., 1939) :*Feudalism in Egypt, Syria, Palestine, and the Lebanon 1250-1900*, Philadelphia, Porcupine Press.

Schölch, Alexander, 1986:*European Penetration and theEconomic Development of Palestine 1856-82*, Beirut, Dar al-Hoda.

Simpson, Hope, 1930: *Cmd. 3686 Palestine Report on Immigration, Land Settlement and Development*, London.

Smilansky, Moses, 1935: *Pioneering Palestine: Hadera* (tr. by Lotta Levensohn), Tel-Aviv, Jewish National Fund Library.

Stein, Kenneth, W., 1984: *The Land Question in Palestine 1917-1939*, London, University of North Carolina Press.

Tibawi, Abdul Latif, 1969: *A Modern History of Syria*, London Macmillan.

Tibawi, Abdul Latif, 1970: "Jerusalem: Its Place in Islam and Arab History", Ibrahim Abu-Lughod (ed.), *The Arab-Israeli Confrontation of June 1967: An Arab Perspective, Evanston*, Northwestern University Press.

Weizman, Chaim, 1949: *Trial and Error*, London, Kenneth W.Stein.

④インターネット

Int.① Sursuq Family: information from Answers.com (http://www.answers.com/topic/sursuq-family?&print=true)

Int.② Prominent Sursuq family releases major historical records By Nohad Topalian in Beirut for Al-Shorfa.com 2010-07-09 (http://www.al-shorfa.com/cocoon/mell/xhtml/en_GB/features/mell/features/main/2010/07/09/feature-02)

著者紹介

小谷汪之（こたに ひろゆき）

1942 年生まれ、東京都立大学名誉教授

主要著書：『マルクスとアジア』（青木書店、1979 年）、『大地の子《ブーミ・プトラ》——インドの近代における抵抗と背理』（東京大学出版会、1986 年）、*Western India in Historical Taransition: Seventeenth to Early Twentieth Centuries*（New Delhi: Manohar, 2002）

山本真鳥（やまもと まとり）

1950 年生まれ、法政大学経済学部教授

主要著書：『儀礼としての経済』（共著、弘文堂、1996 年）、『オセアニア史』（編著、山川出版社、2000 年）、『性と文化』（編著、法政大学出版局、2004 年）

藤田　進（ふじた すすむ）

1944 年生まれ、東京外国語大学名誉教授

主要著書・論文：『蘇るパレスチナ——語りはじめた難民たちの証言』（東京大学出版会、1989 年）、「占領下エルサレムのアラブ民衆」（『歴史学研究』1992 年 7 月号）、「第三次中東戦争」（『講座世界史 10：第三世界の挑戦』東京大学出版会、1996 年）、翻訳：ムアンマル・アル・カッザーフィ『緑の書』（第三書館、1986 年）

研究会「戦後派第一世代の歴史研究者は21世紀に何をなすべきか」編集
シリーズ「21世紀歴史学の創造」第3巻

土地と人間——現代土地問題への歴史的接近

2012年7月30日　第1刷発行

著　者　小谷汪之
　　　　山本真鳥
　　　　藤田　進
発行者　永滝　稔
発行所　有限会社　有　志　舎
〒101-0051　東京都千代田区神田神保町3-10
宝栄ビル403
電話　03(3511)6085　FAX　03(3511)8484
http://www.18.ocn.ne.jp/~yushisha/

企画編集　一路舎（代表：渡邊　勲）
DTP　言海書房
装　幀　古川文夫
印　刷　株式会社シナノ
製　本　株式会社シナノ

ISBN978-4-903426-60-0

シリーズ「21 世紀歴史学の創造」全 9 巻

研究会「戦後派第一世代の歴史研究者は 21 世紀に何をなすべきか」編集

＊第 1 巻	国民国家と市民社会	伊藤定良・伊集院立 著
＊第 2 巻	国民国家と天皇制	宮地正人 著
＊第 3 巻	土地と人間――現代土地問題への歴史的接近	小谷汪之・山本真鳥・藤田進 著
第 4 巻	帝国と帝国主義	木畑洋一・南塚信吾・加納格 著
第 5 巻	人びとの社会主義	古田元夫・南塚信吾・加納格・奥村哲 著
第 6 巻	オルタナティヴの歴史学	増谷英樹・富永智津子・清水透 著
第 7 巻	21 世紀の課題	油井大三郎・藤田進 著
別巻 I	われわれの歴史と歴史学	研究会「戦後派第一世代の歴史研究者は 21 世紀に何をなすべきか」編
別巻 II	「3・11」と歴史学	研究会「戦後派第一世代の歴史研究者は 21 世紀に何をなすべきか」編

※既刊書は＊印を付しています。